CampusKunst

düsseldorf university press

d|u|p

CampusKunst

Jürgen Wiener, Andrea von Hülsen-Esch, Hans Körner (Hg.)

düsseldorf university press

d|u|p

**Bibliografische Information
der Deutschen Nationalbibliothek**
Die Deutsche Nationalbibliothek verzeichnet diese Publikation in der Deutschen Nationalbibliografie;
detaillierte bibliografische Daten sind im Internet über http://dnb.dnb.de abrufbar.

http://www.dupress.de
Einbandgestaltung: Monika Fastner, Düsseldorf
Satz: Friedhelm Sowa, LaTeX
Herstellung: DruckVerlag Kettler GmbH, Bönen/Westfalen
Gesetzt aus der URW Garamond und der URW Classico
ISBN 978-3-943460-49-0

Inhalt

Kunstwerke

Vorwort

Alles begann mit dem Projektseminar „Kunstpfad" im Wintersemester 2004/05. Dieser Lehrveranstaltung, durchgeführt von Andrea von Hülsen-Esch und Hans Körner, lag die Überlegung zugrunde, wie der Düsseldorfer Campus für Studierende, für Lehrende, für die nichtwissenschaftlichen Mitarbeiter aber auch für Besucher von außen attraktiver gestaltet werden könnte. Studierende des Instituts für Kunstgeschichte erarbeiteten dann die Konzeption eines ‚Kunstpfades', das heißt, die Verwandlung des Universitäts- und Klinikumsgeländes in einen Ort der Begegnung und des Dialogs mit Werken der Bildenden Kunst. Neben der Frage einer möglichen künstlerischen Neugestaltung des Campus stand dabei immer auch die Frage zur Diskussion, wie die geographisch, verkehrstechnisch aber eben doch auch mental begründete Distanz von Stadt Düsseldorf und Universität Düsseldorf durch eine Verlängerung der Kunstachse Düsseldorf (vom Ehrenhofgelände über K20 und K21) nach Süden verringert werden könnte.

Damals blieb es den Studierenden freigestellt, in den ‚Kunstpfad' die bereits vorhandenen Kunstwerke einzubeziehen, u. a. das Heine-Denkmal vor der Universitätsbibliothek, die Schalenplastik von Friedrich Werthmann auf dem Weg zur Mensa oder die Statue eines Jünglings von Gerhard Marcks im Klinikum. Dabei orientierten sie sich an bereits existierenden ‚Kunstpfaden' wie den städtischen Skulpturenpfaden (Duisburg, Essen), den Skulpturenparks (Stiftung Kröller-Müller, Otterlo; Stiftung Insel Hombroich; Skulpturenparks in Köln) sowie an den an anderen Universitäten bestehenden Campusgestaltungen (Gießener Kunstweg; Kunstpfad Ulm). Wenngleich dieses Seminar für die Studierenden nur ein Mosaikstein auf dem Weg ihres Studienabschlusses war, so hinterließ es bei den Dozierenden doch einen nachhaltigen Eindruck: Die eingehende Beschäftigung mit dem Campus führte schließlich dazu, dass im Wintersemester 2006/07 die beiden Dozierenden unter Verstärkung von Jürgen Wiener ein Seminar zur Bestandsaufnahme der Kunst und Architektur des Düsseldorfer Campus ansetzten, das über den Sommer erweitert wurde. Archivrecherchen und Gespräche mit den Architekten Kurt Hesse, Jens-Peter Volkamer und Thomas Fürst, dem Landschaftsplaner Georg Penker sowie Botanikern ließen Stadtraumerschließung und Arbeitsplatzkonzeptionen der ausgehenden 1960er Jahre lebendig werden und führten bei allen Beteiligten zu einer größeren Annäherung an die als zeittypisch unwirtlich geltende Architektur und ihre Materialien sowie zu einem tieferen Verständnis für ein niemals gänzlich umgesetztes Konzept, in dem sich die materielle Radikalität und dynamische Logistik des Brutalismus mit der Buntfarbigkeit der Popart verbanden. Damals entstand der Gedanke, die bei Kälte und Hitze *in situ* diskutierten Kunstwerke und Bauten in einem Buch zu versammeln, um auch anderen den Campus näher zu bringen. Inzwischen sind einige Kunstwerke und Gebäude hinzugekommen, manche bereits wieder verschwunden, viele Baustellen auf dem Gelände lassen die anstehenden Veränderungen innen und außen erahnen.

Mit diesem Buch erfolgt eine Bestandsaufnahme der Architektur und der Kunstwerke der Düsseldorfer Heinrich-Heine-Universität zu einem Zeitpunkt, da die Universität sich im Hinblick auf die baulichen Gegebenheiten neuen Herausforderungen stellen muss und dies mit einer Reihe von Neubauten (Juridicum, Oeconomicum, O.A.S.E., Studierenden Service Center) sowie mit Umbauten und Renovierungsmaßnahmen der brutalistischen Bauten der Anfangszeit der Universität tut. Daher verstehen wir das Projekt auch als eine Dokumentation eines baulichen und bildungssoziologischen Konzepts, das trotz seiner räumlichen und inhaltlichen Offenheit bereits historisch geworden ist und daher immer stärker und immer schneller überschrieben wird.

Unser Dank geht an alle studentischen Autoren, die mit sehr viel Geduld auf ihre teilweise ersten Publikationen warten mussten, an Wiebke Arnholz, Carina Dahlhaus und Ilka Mildenberger für ihre redaktionelle Mitarbeit, an Friedhelm Sowa für den Satz, an Hans Süssmuth für die Aufnahme in das Programm der DUP und an den Rektor Michael Piper für die Finanzierung.

Andrea von Hülsen-Esch — Hans Körner — Jürgen Wiener

Einführung

Jürgen Wiener

Wie sich Gesellschaften in ihren Bildungssystemen definieren, findet immer auch seinen Niederschlag in der Standortwahl sowie in der institutionellen und damit auch baulichen Struktur von Universitäten.[1] Über die Architektur der Heinrich-Heine-Universität zu reden, heißt über historische Konzepte des Verhältnisses zu Metasystemen wie Staat und Stadt und zu den Subsystemen (Fakultäten, Institute) zu reden, in dem es unübersehbar kriselt, weil in einem ideologisierten Diskurs vordergründige Nützlichkeitserwägungen und eine Mythisierung des Kompetitiven gegenüber weniger exakt bezifferbarer Nachhaltigkeit gegeneinander ausgespielt werden. Das vor der offiziellen Gründung der damals noch namenlosen Düsseldorfer Universität entwickelte Konzept hilft nicht nur den historischen Standpunkt einer als verteilt und vernetzt entworfenen Wissenschaft und Lehre zu verstehen. Vielmehr wird dieses in der Campusuniversität Gestalt gewordene Konzept auch, gerade weil es von einer Nachhaltigkeit ausging, durch die Universitätsarchitektur perpetuiert. Dass eine Universität über den Augenblick hinaus langfristig funktionieren muss, wird nicht zuletzt durch ihre bauliche Erscheinung manifest, die jenseits von tagesaktuellen Erwägungen eine Kontinuität für ein komplexes Wissenschaftssystem leistet. Die bauliche Gestalt war nicht nur Symbol für die Entscheidung zur Massenuniversität, lange bevor dieses oft genug negativ eingesetzte Wort für ein Phänomen, das unbestreitbar gesellschaftlichen Fortschritt symbolisiert, aufkam, sondern auch einer ihrer wichtigsten Katalysatoren. Die Massenuniversität war und ist ein außergewöhnlich leistungsfähiges Modell, das, von interessierter Seite gering geredet, einem Zwei- oder Dreiklassensystem von mehr oder weniger staatlichen, mehr oder weniger scheinselbständigen Universitäten weichen soll. Mit dem aus dem Sprachgebrauch des globalisierten

[1] Die Einleitung basiert teilweise auf den einführenden Überlegungen in: Jürgen Wiener, Architektur, Stadt- und Landschaftsplanung der Heinrich-Heine-Universität: Eine Bestandsaufnahme, in: Jahrbuch der Heinrich-Heine-Universität Düsseldorf 2007/2008, S. 743–771.

Kapitalismus entwendeten Zauberwort ‚Konkurrenz', das – ohnehin immer schon mehr symbolische Form einer ökonomischen Rationalität, die ihre Realität erzwingen will, denn gleichsam naturgegebener Ausdruck einer Realität – längst eine Eigendynamik entfaltet hat, wird der mit den brutalistischen Universitätsbauten anerkannte parteiübergreifende Konsens, die gesamtgesellschaftliche Dimension von Bildung zu denken, aufgekündigt. In einer banalen dialektischen Konsequenz produziert der Konkurrenzbegriff einen verheerenden Image-Verlust für die überwiegende Anzahl an Universitäten und kreiert damit wesentlich erst jenes Verständnis von Massenuniversität, das der Kritik an ihr zugrunde gelegt wird. Mit der eher mentalen als faktischen Distanzierung von der Massenuniversität werden sich Universitäten auch von ihrer architektonischen Gestalt distanzieren. Dieser Prozess ist allenthalben zu beobachten und auch die Heinrich-Heine-Universität macht dabei keine Ausnahme.

Der erklärte Wille, das Potential der gesamten Bevölkerung erreichen und ausschöpfen zu wollen, statt nur der Reproduktion der Elite zu dienen, war zum einen durch die Erfahrung des Nationalsozialismus, in dem die Bildungseliten versagt hatten und in dem insbesondere medizinische Fakultäten sich für die tödliche Radikalisierung eines schon lange virulenten völkischen Biologismus instrumentalisieren ließen, geschuldet und er war zum anderen, ebenfalls durch die historische Erfahrung des Nationalsozialismus motiviert, wesentlich ein Bekenntnis zur Demokratie. Auf innenpolitischer Seite war die Bildungsreform von der Einsicht getragen, dass eine funktionierende Demokratie auf breit stratifizierte Bildungsstrukturen angewiesen ist. Außenpolitisch war sie propagandistisches Mittel im Kalten Krieg. Mit dem Ausbau insbesondere der Gesellschafts- und Geisteswissenschaften wurde ein legitimatorisches Signal an die kommunistisch regierten Staaten gesendet, beruhte doch die Freiheit des Westens wesentlich auch auf der staatlich zugelassenen, ja geforderten, wenn auch nicht unbedingt geförderten freien und kritischen Meinungsäußerung.[2]

[2] Wolfgang E. J. Weber, Geschichte der europäischen Universität, Stuttgart 2002, S. 164 f.; bestätigt wurde die These einer systemstabilisierenden Instrumentalisierung einer Wissenschaftsliberalität nach 1989. Nachdem die Geistes- und Sozialwissenschaften für die rechtsstaatliche

Als in Düsseldorf die Entscheidung für den Ausbau der medizinischen Akademie zu einer Mehrfakultätenuniversität fiel, bestimmten – anders als bei anderen Neugründungen – die vorhandenen akademischen Strukturen die gestalterischen Prozesse von Konzeption und Planung.[3] Düsseldorf ist nicht im selben Maß eine Neugründung des Landes wie Bochum oder Dortmund (oder später Duisburg, Essen, Siegen, Bielefeld, Paderborn), sondern hatte Voraussetzungen, die Schritt für Schritt in Richtung Universität führten, weshalb es sehr schwierig ist, von einem definierten Anfang zu sprechen, auch wenn im November 1965 die Umwandlung der Medizinischen Akademie in eine Universität beschlossen und am 16.2.1966 mit einem offiziellen Festakt symbolisch besiegelt wurde. Ein markanter Punkt war dieses Datum für die Geschichte der Universität jedoch nicht. Wenn von der „schleichenden Gründung" gesprochen wurde, dann traf das Wort auf die baulichen und universitären Entwicklungen nach der offiziellen Gründung noch mehr zu als auf die Jahre und Jahrzehnte davor.[4]

Legitimation an Bedeutung verloren hatten, wurden sie deutlich stärker auf den Prüfstand gestellt als andere Fakultäten und kapitalistischen Effizienzerwägungen unterzogen. Der strukturelle Abbau der Massenuniversität, deren „Massen" in erster Linie durch die Geistes- und Sozialwissenschaften betreut wurden, entzieht sich der gesellschaftlich brisanten, doch politisch ignorierten Frage, wie langfristig auf einem für die Zukunft einer Dienstleistungsgesellschaft unabdingbaren, hohen Niveau nicht kleinere, sondern höhere Kapazitäten bewältigt werden sollen, für die sich die brutalistischen Bausysteme als überaus tauglich erwiesen haben. Zur Kritik an einer Bildungspolitik des globalisierten Kapitalismus vgl. zuletzt u. a. Richard Münch, Globale Eliten, lokale Autoritäten. Bildung und Wissenschaft unter dem Regime von PISA, McKinsey & Co, Frankfurt am Main 2009; Jens Maeße, Die vielen Stimmen des Bologna-Prozesses. Zur diskursiven Logik eines bildungspolitischen Programms, Bielefeld 2010.

[3] Grundlegend: Hans Schadewaldt (Hg.), Von der Medizinischen Akademie zur Universität Düsseldorf 1923 bis 1973, Berlin 1973; Max Plassmann, Heinrich-Heine-Universität Düsseldorf. Von der Gründung bis zur Exzellenz, Düsseldorf 2014

[4] Zur schleichenden Gründung jetzt ausführlich Plassmann (wie Anm. 3), der diesen Begriff im Wesentlichen auf die Entscheidungsprozesse der 1960er reduziert und weniger auf die Gesamtgeschichte der allmählichen Umwandlung der Städtischen Krankenanstalten in eine Universität. Nachdem mit der Wirtschaftswissenschaftlichen und der Juristischen Fakultät zwei neue Fakultäten (1992 bzw. 1993) hinzugekommen waren, hatte die Entwicklung zur Volluniversität ihren vorläufigen Abschluss gefunden. Zugleich war damit ein Wendepunkt markiert, da

Als 1962 das Land Nordrhein-Westfalen die Verantwortung und Fürsorge der medizinischen Akademie übernahm, weil die finanziellen Mittel für eine kostenintensive medizinische Forschung die fiskalischen Möglichkeiten der Stadt überstiegen, sollte nicht nur das Studium in den vorklinischen Fächern ermöglicht werden, sondern es sollte durch eigenständige naturwissenschaftliche Fächer sowie – hier wird die Reaktion auf den Nationalsozialismus besonders deutlich – durch Ordinariate in Philosophie (insbesondere für Medizinethik) und Pädagogik ergänzt werden. Es ist daher kein Zufall, dass das erste nichtmedizinische Institut das 1963 gegründete Philosophische Institut war. Dann erst folgten einige Naturwissenschaften. Für diese Erweiterung hatte die Stadt bereits ein großes Gelände unmittelbar südlich der Krankenanstalten reserviert, deren Hauptachse auch für den Campus verbindlich werden sollte.

Die Größe des Geländes deutet bereits auf ambitioniertere Planungen hin und die geplante Verteilung der Institute sollte dies dann auch alsbald schon bestätigen (*Abb. 1.1 und 1.2*). Tatsächlich begann auf Landesebene bereits 1964 die Gesamtplanung für eine Volluniversität. In ihr sollten nach Vorstellung des für die Wissenschaft zuständigen Kultusministers Paul Mikat, der selbst Universitätsprofessor und eine der treibenden Kräfte in der Entscheidung und im Ausbau des Universitätsstandortes Düsseldorf war, auch Philosophische Anthropologie, Anthropologische Psychologie, politische Wissenschaften und neuere Geschichte gelehrt werden. Die Möglichkeit der Fremdsprachenausbildung wurde hingegen insbesondere von den Studenten gefordert, bevor 1968 der damalige Rektor Alwin Diemer für einen Fächerkanon aus Philologien, Philosophie, Erziehungs-, Geschichts- und Kunstwissenschaften in einer eigenständigen Geisteswissenschaftlichen Fakultät plädierte.[5] Die strukturelle Realität war zu diesem Zeitpunkt eine medizinische und eine kombinierte geisteswissenschaftlich-naturwissenschaftliche Fakultät. Mag dabei

seither mehrere Institute Strategieplanungen zum Opfer gefallen sind bzw. noch immer fallen und insbesondere in den Geisteswissenschaften ein größerer Strukturwandel vollzogen wurde.

[5] Ebd., (Manuskript S. 18). Wie es scheint, waren Grundzüge dieses Programms schon 1963 formuliert worden.

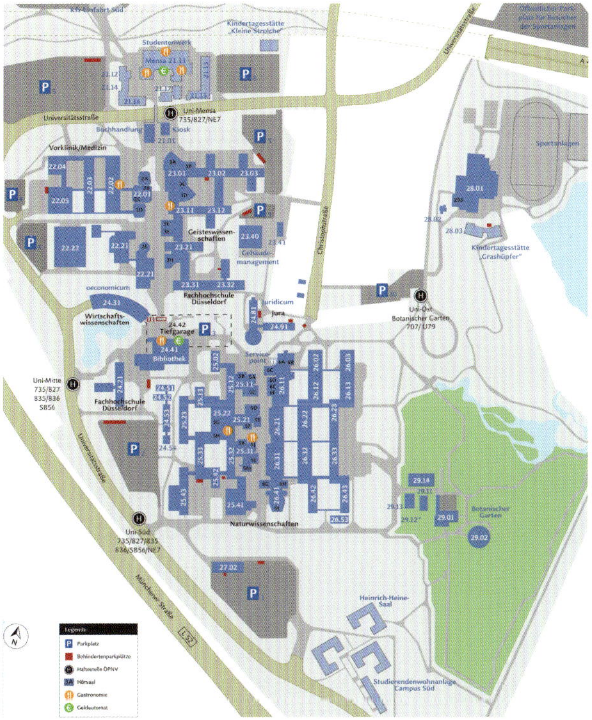

Abb. 1.1: Gebäudeplan Campus Süd

Abb. 1.2: Campus Süd

zunächst in der medizinischen Fakultät der Wunsch nach größerer Attraktivität vorherrschend gewesen sein, so war die tatsächliche Entwicklung zweifellos auch über den Bedarf an Studienplätzen hinaus ein Politikum auf Landesebene mit parteipolitischem Standortkalkül geworden, nachdem für die Ruhrgebietsstädte Bochum (1962) und Dortmund (1965) Universitätsgründungen beschlossen worden waren.[6]

Selbst unter demokratischen Vorzeichen zeigen diese Vorgänge, dass universitäre Strukturen gesteuerten und oft genug nur mangelhaft demokratisch legitimierten Wandlungen und Umverteilungen unterlagen und unterliegen, die nie allein nur interne Diskurse der Wissenschaften zu Sinn und Zweck von Wissenschaft und zur Wissenschaftlichkeit spiegeln. Was die Architekten, Stadt- und Grünraumplaner in den zuständigen Planungsämtern und Bürogemeinschaften von Anfang an vor Augen hatten, war gleichwohl die – einem demokratischen Staatsverständnis würdige und mit dem obrigkeitsstaatlichen formal und inhaltlich brechenden Bildungswesen – vernetzte Universität mit emanzipierten Fakultäten, für die bereits die heute allgegenwärtige und sich längst verselbständigt habende Forderung nach Interdisziplinarität, zumal mit kulturwissenschaftlichem Akzent, entworfen wurde (ja sogar die Anbindung der Kunstakademie wurde diskutiert)[7] und in der alle Teile ihre unhintergehbare Berechtigung und Notwendigkeit haben und zugleich wechselseitig voneinander profitieren sollten. Diese von der Landespolitik eingeforderte und von den Architekten wesentlich unterstützte Vernetzung gleichberechtigter und eigenständiger Einheiten war schon drei Jahre vor dem offiziellen Gründungsakt, als unter den Beteiligten teilweise noch bescheidenere und zugleich autoritärere Modelle favorisiert wurden, der gedankliche Nukleus der Gesamtplanung.

---

[6] Erst mit der Teilung der Philosophisch-Naturwissenschaftlichen Fakultät 1969 erfuhr die Fächerdifferenzierung eine Beschleunigung, wobei der Akzent eindeutig auf dem Ausbau der Lehramtsstudienfächer lag, weshalb die von der Streichung der Lehramtsstudiengänge (seit 2002) betroffenen Fächer am meisten vom Strukturwandel betroffen sind, sofern sie ihm nicht sogar zum Opfer fielen.

[7] In Düsseldorf war die in den Hochschulreformkonzepten betonte Verflechtung der Disziplinen, die heute in der gebetsmühlenartigen Forderung nach Inter- bzw. Transdisziplinarität zunehmend zu einem autoritären Gestus fremdbestimmter Wissenschaft wird, eine Grundbedingung, um das Projekt Universität auf die Beine zu bringen, auch wenn sich dann in der von außen gesteuerten Entwicklungsdynamik die ursprünglichen Ziele, wie sie von den Medizinern intendiert waren, in ihr Gegenteil verkehrten.

Mehr als in allen Archivalien scheint in der architektonischen Planung, lange bevor sie faktische Baugestalt werden sollte, eine Konzeption auf, die nicht mehr den Vorstellungen der Medizinischen Akademie und ihren berechtigten Wünschen nach Ausbau und Arrondierung einer wissenschaftlichen Forschung auf einem hohen universitären Niveau entsprach, sondern in der primär den politischen Direktiven Folge zu leisten waren, die damals in Folge des Untergangsszenarios im Bildungssektor ausgegeben worden waren. Auch wenn in der Strukturplanung des Landes NRW aus Kostengründen keine Volluniversität für Düsseldorf vorgegeben war, scheint man im Kultusministerium eher geheim als offen auf dieses Ziel hingearbeitet zu haben, das dann auch scheibchenweise erreicht wurde. Das Wort von der „schleichenden Gründung" für die Düsseldorfer Universität erhielt unter Paul Mikat seine volle Bedeutung, auch wenn die Entwicklung zu einer Institution auf Hochschulebene lange vor ihm eingesetzt hatte. Die Düsseldorfer Universität war nicht als ein in sich abgeschlossenes Konzept beschlossen worden, sondern musste im Gegensatz zu allen anderen Universitätsgründungen des Landes NRW in vielen Einzelentscheidungen über Jahrzehnte hinweg nach außen wie nach innen erkämpft werden, bis sie zu der Volluniversität werden konnte, die sie heute ist.

In gewisser Weise wurde am Beispiel Düsseldorf die Einsicht in die Notwendigkeit von Universitätsgründungen geübt, die in der Folge zu einem Bauboom im nordrhein-westfälischen Hochschulbau führte, der deutschlandweit nicht seinesgleichen hatte. Hier wurde ein Großteil der etwa 60 Milliarden DM investiert, die allein für den bundesdeutschen Hochschulbau zwischen 1960 und 1980 ausgegeben wurden. Diese Summe, die gleichwohl nicht für alle anvisierten Projekte ausreichte, dürften heute weit mehr als 100 Milliarden Euro entsprechen, denen gegenüber sich die Bildungsanstrengungen der jüngeren Zeit im Dienste einer Hierarchisierung der Universitätslandschaft nachgerade ridikül ausnehmen. Dieser gleichwohl auf Zweckmäßigkeit, Sparsamkeit und daher auch auf Einheitlichkeit ausgerichteten Baupolitik nicht zuletzt war es zu verdanken, dass trotz der Traditionslosigkeit vieler Hochschulen des Landes in der Folge ein Drittel aller Studierenden der alten Bundesrepublik in NRW studieren sollten: mithin im Anteil sogar leicht höher, als es dem Anteil an der Gesamtbevölkerung der BRD entsprach. Dieser Zuspruch bestätigte daher die politische Planung, die in diesem Bekenntnis zur Standortnähe wesentlich zur Demokratisierung des Hochschulzugangs beitrug. Die Zahlen verweisen auf einen Wunsch nach kostensenkender und Flexibilität ermöglichender Standortnähe der von den Studierenden gewählten Hochschulen – eine Tendenz, die seither eher noch gestiegen ist, auch wenn sie in den gegenwärtigen Überlegungen zu Eliteuniversitäten, Exzellenzclustern, Alleinstellungsmerkmalen und Spezialisierungen kaum einer der Entscheidungsträger auf der Rechnung zu haben scheint.

Das Düsseldorfer Modell der „schleichenden Gründung", in dem sich der hochschulpolitische Bewusstseins- und bildungspolitische Demokratisierungsprozess spiegelt, brachte jedoch auch Standortnachteile mit sich, deren Folgen heute in einer Zeit der Konkurrenz unter ungleichen Bedingungen vielleicht virulenter sind als in den frühen Jahren. Aufgrund ständig modifizierter und nachgebesserter Planungsbedingungen und sich sprunghaft wandelnder Zielvorstellungen konnte in Düsseldorf weder so schnell gebaut werden wie insbesondere in Bochum, noch stand fest, wie die Ausstattung der Lehrstühle aussehen sollte, gerade auch angesichts geringerer finanzieller Möglichkeiten.[8] Für Jahre waren Räume in der Stadt angemietet worden, in denen unter reichlich improvisatorischen Bedingungen die neue Institution jenseits der Medizin sich zu entfalten begann. Und selbst als die ersten Bauten fertig waren, waren auch diese zunächst nur Provisorien – die Naturwissenschaften etwa konnten ihre Gebäude erst 1975, fast zehn Jahre nach dem offiziellen Gründungsakt, beziehen. Unter diesen Voraussetzungen sahen sich Berufungskommissionen in einer Zeit eines stark expandierenden Hochschulwesens wiederholt mit der Situation

[8] Wie Olaf Jacobsen, Zwischen Pragmatismus und Idealismus. Der Hochschulbau in Nordrhein-Westfalen nach dem Kriege, in: Ingeborg Flagge (Hg.), Architektur des Staates. Eine kritische Bilanz staatlichen Bauens in Nordrhein-Westfalen von 1946 bis heute, Düsseldorf 1984, S. 34–52, hier S. 40, betont, funktionierte das System Bochum zumindest auf der institutionellen Ebene bestens. Die Geschwindigkeit, mit der zumal zu einem frühen Zeitpunkt berufen werden konnte, und die Tatsachen, dass zügig gebaut und eine sehr gute Ausstattung garantiert werden konnte, verschaffte der Ruhruniversität bis heute wirksame Standortvorteile innerhalb der neu gegründeten nordrhein-westfälischen Universitäten.

konfrontiert, dass interessante Kandidaten andere Hochschulen vorzogen. Oder es wechselten Professoren schon bald nach der Berufung. Wie es scheint, war diese Strategie des sukzessiven Ausbaus und die daraus abgeleitete Leitidee der Erweiterbarkeit gleichwohl die einzige, die dem Projekt seinen langfristigen Erfolg sichern konnte.

Wenn wir es richtig sehen, war eines der wichtigsten Instrumente in dieser Politik einer allmählichen Erweiterung der Ziele die Düsseldorfer Hochschulplanung, die in ihrem architektonischen Part bereits 1964 einsetzte und ganz auf das größtmögliche Ziel gerichtet war. Nicht nur lagen im Frühjahr 1965 bereits die grundsätzlichen Strukturen vor (*Abb. 5.2*), sondern es scheinen auch die Raumplanung und damit die Verteilung der Fächer damals schon in groben Zügen entwickelt gewesen zu sein. Zum Zeitpunkt der Gründung ein Jahr später standen dennoch viele Entscheidungen der Landesregierung noch aus, und es sollten bis zum Baubeginn noch zwei weitere Jahre vergehen. Immerhin lagen nun alle Pläne vor, doch waren sie nur zum Teil genehmigt. Zwar wurde ein größerer Teil der Baumassen dann mehr oder weniger nach dem vorgeschlagenen Muster realisiert, doch weder wurde in den folgenden Jahren das gesamte Bauvolumen realisiert – auf der Strecke blieb insbesondere das repräsentative Zentrum der Universität – noch konnten die Raumplanungen in ihrer Stringenz umgesetzt werden. Als dann die ersten größeren Finanzkrisen das wichtigste Wirtschaftswunderbundesland einholten, schlug die schleichende Gründung doch negativ zu Buche. Doch auch spätere Erweiterungen versuchten nicht, hier anzusetzen, denn nun sollten sich die einst durch die Regierung gebremsten Partikularinteressen zunehmend durchsetzen und damit auch auf das universitäre Erscheinungsbild Einfluss nehmen.

Das mit Studierenden unter der Leitung von Andrea von Hülsen-Esch, Hans Körner und Jürgen Wiener durchgeführte Projektseminar ‚Bestandsaufnahme' stellt keine willkürlich gewählte Momentaufnahme innerhalb eines ständigen Wandels dar,[9] sondern setzte an einem der kritischsten Augenblicke und einem möglichen histo-

[9] So hat sich die Situation gegenüber dem Beginn des Projekts bereits an einigen Stellen geändert. Eingriffe in den Bodenbelag der Fußgängerzone wurden vorgenommen, während mangels Beseitigung des Pflanzenwuchses in den Fugen die formschönen geklinkerten Böschungen in ihrem Bestand gefährdet sind. Umgekehrt wurde an manchen Mauern die intendierte Berankung entfernt. Die Außenbauten des Lich-

rischen Wendepunkt in der Geschichte der Universitäten an, an dem einerseits auf Erreichtes und Erfolgreiches zurückgeblickt werden kann, andererseits aber auch die Konstellationen des Erfolgs durch geänderte Ansprüche in Frage gestellt sind. Die für die ideellen wie insbesondere architektonischen Konzeptoren der neuen Düsseldorfer Universität notwendige Gleichberechtigung aller drei von Anfang an vorgesehenen Fakultäten (Medizin, Geisteswissenschaft, Naturwissenschaft), mit denen das Fundament für eine erst sehr viel später erreichte Volluniversität mit insgesamt fünf Fakultäten gelegt wurde, war noch vor der Jahrtausendwende eine Selbstverständlichkeit. Gegenwärtig ist noch nicht eindeutig abzusehen, ob mit den in den Hochschulentwicklungsplänen vorgesehenen und teilweise schon umgesetzten „Reformen" oder mit dem gelegentlich geäußerten Wunsch zu Rückkehr zu früheren Strukturen nicht das Rad der Geschichte zurückgedreht wird. Wie auch immer – die Universität wird nicht mehr die alte sein (die sie ohnehin nie war). In jedem Fall sind für eine Neuorientierung im Strukturwandel die – nach Vorbild des ökonomisch gescheiterten, aber als Praxis von Machtausübung fortbestehenden Neoliberalismus[10] – zum Wettbewerb gezwungenen Universitäten angehalten, auf allen Ebenen und in allen Bereichen ihre Stärken

tenstein-Saals und der anschließenden Hörsäle wurden mit einem materialästhetisch unsensiblen Metallband an der Traufe umgeben. Bei der Neugestaltung der Gebäude 22.04/05 wurden die ursprünglichen Waschbetonplatten durch rote Metallplatten ersetzt. Zwischen 22.21 und 22.22 entstanden kleinere Bauten. Der Umbau der Hörsäle und damit einhergehend das Kaschieren der brutalistischen Materialwahrheit steht jetzt an. Zwischenzeitliche Überlegungen, zum ursprünglichen Konzept des dynamischen Rasters zurückzukehren und damit ein von der Praxis der formal und städtebaulich unangepassten Einzelbauten mit erhöhtem Aufmerksamkeitspotential bei keineswegs höherer Qualität abzurücken, scheinen mittlerweile wieder ad acta gelegt. Die neoliberale Baupolitik der integrationsunwilligen *signature building* bestimmt stattdessen die Planungsdirektiven. Zugleich soll mit einem Masterplan der architektonisch chaotische medizinische Nordteil repariert werden, wobei dort die architekturgeschichtlich interessanten Bauten des frühen 20. Jahrhunderts zum Opfer fallen könnten. Weitere Bauvorhaben, aber auch die Möglichkeit, einige der in den 70er Jahren entstandenen Bauten wieder abzureißen und durch neue zu ersetzen, wurden und werden, in der Regel ohne die Betroffenen einzubeziehen, diskutiert.

[10] Zum Liberalismus als Praxis, d. h. als „Prinzip und Methode der Rationalisierung der Regierungsausübung, [die. . .] der internen Regel maximaler Ökonomie gehorcht," vgl. Michel Foucault, Die Geburt der Biopolitik, in: ders., Analytik der Macht, Frankfurt am Main 2005, S. 180–187.

und Schwächen zu sezieren und sich dabei zu fragen, welche Chancen und welche Defizite die jeweilige Geschichte bereit hält, zu der wesentlich auch ihre architektonischen Grundlagen gehören. Solch architekturgeschichtlicher Bilanzierung haben sich daher nicht zufällig mehr oder weniger gleichzeitig mehrere Campusuniversitäten unabhängig voneinander unterzogen und in sehr unterschiedlichen Konzepten ihre Architekturgeschichte aufgearbeitet.

In Düsseldorf fiel die Entscheidung zu einer kunsthistorischen Bilanz der Heinrich-Heine-Universität mit dem etwas unrunden 40-jährigen Jubiläum der offiziellen Universitätsgründung zusammen, als die Institution trotz zunehmender Spannungsrisse als eine Erfolgsgeschichte präsentiert wurde – und zwar ohne die materielle Substanz des politisch gewollten Produkts und seine künstlerische Ausstattung zu thematisieren und auf ihre gesellschaftlichen Kontexte hin zu befragen. Dieses Mankos war sich Alfons Labisch bewusst, der als Rektor das Projekt zu initiieren und voranzubringen half. Unsere Bestandsaufnahme, die als ein kritisches Projekt universitärer Selbstreflexion konzipiert ist und daher auch nach einer möglichen und nicht zuletzt durch die materielle Gestalt bedingten Identität der Heinrich-Heine-Universität fragt, ging davon aus, dass das, worin Lehrende einen Großteil und die Studierenden zumindest einen wegweisenden Teil ihres Lebens oftmals unter einem Gefühl von ortsbedingtem Unbehagen zubringen, einer spezifischen Sinnintention verdankt ist und, auch wenn diese sich in der universitären Alltagspraxis in der Regel aufgelöst zu haben scheint, gleichwohl fortgesetzt Effekte dieses spezifischen Sinnanspruchs produziert. Inzwischen bald 50 Jahre Universität Düsseldorf bedeuten auch, dass mehrere Generationen an Lehrenden und Studierenden mit sehr unterschiedlichen gesellschaftlichen, politischen und existentiellen Leitbildern, Hoffnungen und Bedürfnissen unter ähnlichen architektonischen Bedingungen tätig waren. Für viele unter ihnen ist die Architektur der wichtigste, wenn nicht gar einzige gemeinsame Nenner.

Die Beschäftigung mit dieser Architektur führte bei allen Beteiligten nicht nur zunehmend zur Einsicht, dass dieser Sinn nicht nur ein historisch legitimer einer notwendigen gesellschaftlichen Aufbruchszeit war, sondern dass sich die Zukunft auch auf das positive Potential dieser Baugestalt wird einstellen müssen. Das erarbeitete Wissen hatte nicht nur ein historisch angemesseneres Verstehen einer Baugestalt, die bislang niemals über die Planungsstäbe und die politisch Verantwortlichen hinaus einem breiteren Interessentenkreis kommuniziert worden ist, zur Folge, sondern es wurde insbesondere die mit den üblichen Stereotypen aufwartende Skepsis gegenüber der seriellen brutalistischen Architektur der Jahre um 1965/75 abgebaut. Eine Neubewertung dieser Architektur ist nicht zuletzt auch angesichts eines Unbehagens an der das Stadtbild auf andere Weise dominierenden Hochbauten von Finanz-, Versicherungs-, Energie- und Kommunikationskonzernen mit ihren prunkenden Hochglanzoberflächen aus Glas, Metall und polierten Natursteinen inzwischen allenthalben zu beobachten.[11] Die Skepsis wich nicht nur einem Verständnis für die gesellschaftliche Legitimation solcher Architekturkonzeption, sondern auch einem identitätsbildenden Bewusstsein von den besonderen Stärken einer großflächigen Gesamtanlage wie von der Schönheit vieler Details, mithin von dem weit unterschätzten architektonischen Rang des Ensembles – wie es umgekehrt auch das Bewusstsein für die Mängel nachträglicher Verbesserungsversuche anstelle von Reparaturen schärfte. Anders formuliert: Im Gegensatz zur Postmoderne und der folgenden Designarchitektur mit affirmativem Kunst- und Autoranspruch kommt der asketische, aber nicht anspruchslose Brutalismus der Heinrich-Heine-Universität ohne semantische Geschwätzigkeit aus. Mit ihrer variablen Serialität verkörpert sie vielmehr in autonomer Form und angemessener Schönheit ihren Anspruch auf soziale und ökonomische Verantwortung. Sie ist eine letztlich überaus gelungene symbolische Form für einen Wandel zu mehr gesellschaftlicher Partizipation und Gleichheit, der anerkannte, dass zur Praxis von Demokratie auch eine bildungspolitische Emanzipation jenseits der sich akademisch reproduzierenden Eliten gehört, und der wusste, dass diese Emanzipation nicht nur in einer demütig selbstbewussten Architektur abgebildet, sondern auch durch sie kommuniziert und unterstützt werden muss, indem sie

[11] Vgl. die im September 2011 verabschiedete ‚Charta von Bensberg' zur Architektur der 1960er und 1970er Jahre, die sich für den Denkmalwürdigkeit brutalistischer Architektur einsetzt, vgl. auch Michael Hecker u. a. (Hg.), Bauten und Anlagen der 1960er und 1970er Jahre – ein ungeliebtes Erbe?, Essen 2011.

die Vielfalt des Wissens auf gegenseitiger Augenhöhe der Fakultäten und Fächer, der Lehrenden und Lernenden zu organisieren beanspruchte. Mit zunehmender Beschleunigung entfernt sich der Campus nicht nur visuell von dieser Vision.

Die seriellen Systembauten auf dem Campus der Heinrich-Heine-Universität (*Abb. A.1–A.6*) bilden eines der regional größten und bedeutendsten Ensembles des Betonbrutalismus. Die tatsächliche Bedeutung dieses Begriffs hat sich wenig im kollektiven Gedächtnis eingenistet, er scheint vielmehr in seinen beiden Bestandteilen semantisch gleich doppelt negativ besetzt. Dem, was er inhaltlich umreißt, wurde die Verantwortung für Fehler zugeschoben, die mit den Utopiekonkretisierungen der Moderne einhergingen: rationalisierte, rücksichtslos normierende und disziplinierende, identitätslose Uniformierung eines auch ökonomisch minimalistischen Bauens für gesichtslose Existenzen. Tatsächlich war Brutalismus im Gegensatz zu vielen anderen Stilbegriffen kein von außen und nachträglich auferlegtes denunzierendes Etikett, sondern wurde von ihren Vertretern in positiver Weise als ein Wert verwendet. Der auf die Sichtbarkeit der eingesetzten authentischen Materialien zielende Begriff meinte in seinen Anfängen unbedingte architektonische Wahrheit (im Sinne einer auch moralischen Aufrichtigkeit), als er eine mit sich selbst ernst machende Moderne radikal einforderte. Architektur war in dieser Perspektive das architektonische Pendant für eine demokratische Gesellschaft, das nicht nur ein Symbol von Zeit ist, das die Forderung der klassischen Moderne nach Einheit von Kultur und Zivilisation in entsprechende Formen übersetzt, sondern auch ein effektives, weil erzieherisches Medium für gesellschaftliche Partizipation. In einer mit diesen Zielen übereinstimmenden Materialgerechtigkeit sollte es eine architektonische Ästhetik zur Anschauung bringen, die nicht auf äußerliche Repräsentation und innere Hierarchie einer Elite zielt, sondern auf eine massenhaft funktionierende, egalisierte und auf soziologisch-empirischen Recherchen beruhende Struktur, die sich der Tatsache bewusst ist, dass hier mit dem Geld der Bevölkerung für die Bevölkerung und deren Zukunft gebaut wird. Daher stellt sich Architektur nicht nur selbst dar, sondern verweist in der scheinbaren Autonomie mit ihrer funktions- und materialgerechten Form auch auf diese systemimmanente Verpflichtung von Sparsamkeit, ohne indes billig, provisorisch und unambitioniert erscheinen zu wollen.

Basis für die in der Bestandsaufnahme gewonnenen Einsichten waren neben der grundsätzlichen Einbettung in Überlegungen zur Stadtplanung der Nachkriegsmoderne, zum Hochschulbau und zur Sichtbetonarchitektur und damit der architekturgeschichtlichen Verortung mit entsprechenden architekturtheoretischen Diskursen vor allem Archivrecherchen im Universitätsarchiv, bei den zuständigen Bauämtern und Pressearchiven, um einerseits die teilweise verstreuten, teilweise nicht leicht auffindbaren Planungsakten mit ihren zahllosen ausgeführten wie unausgeführten Plänen aufzuspüren und andererseits die politischen und institutionellen Kontexte zu rekonstruieren. Methodisch wurde zudem auf *oral history* zurückgegriffen, indem einige der noch lebenden beteiligten Planer und Architekten interviewt oder zu Diskussionen ins Seminar eingeladen wurden. Schließlich gehörten Ortsbegehungen und ausführliche Fotokampagnen zum Arbeitsprogramm, um insbesondere auch die vielen inzwischen vorgenommenen Veränderungen innerhalb einer sich faktisch im unaufhörlichen Wandel befindlichen Universität zu dokumentieren. Diese gut gemeinten, aber oft genug schlecht abgestimmten Veränderungen trugen selten genug zur Verbesserung der Gestalt bei, sondern waren fast immer der intendierten Schönheit des Ensembles abträglich.

„Warum haben wir damals eigentlich nicht die schönste Uni der Welt gebaut und uns stattdessen über Dinge wie Fertigteile gestritten?“ Dieses in eine rhetorische Frage gekleidete gleichzeitig selbstironische wie resignierende Resümee zog Jens-Peter Volkamer, der meistbeschäftigte Privatarchitekt der Heinrich-Heine-Universität, lange nach der Fertigstellung des Bauensembles im Beisein eines Kollegen vom Staatsbauamt. Viele, die in und mit den Bauten der Heinrich-Heine-Universität täglich leben, mag dies verwundern, umso mehr, als die meisten Architekten der Universität über einen engeren Fachkreis hinaus kaum bekannt sind. Die Ambivalenz der Frage signalisiert zwar das Eingeständnis von Fehlern, doch schließt sie auch das als Größenwahn anmutende Phantasma eines architektonischen Meisterwerks zumindest für die Aufgabe einer Massenuniversität ein – und dies bei einem Ensemble, für das noch jüngst in der Tradition der in den 1970er Jahren einsetzenden Betonphobie das diskreditierende Wort „Betonwüste" gebraucht wurde,[12] obwohl längst schon die Rehabilitierung des Sichtbetons betrieben wird, ja eine regelrechte Renaissance der Betonoberfläche eingesetzt hat (etwa bei Peter Zumthor oder Tadao Andō) und inzwischen allenthalben brutalistische Architektur Eingang in die Denkmallisten findet, in einer Zeit, die des historisierenden Witzes der Postmoderne ebenso überdrüssig zu werden beginnt wie der selbstgefälligen Manier korporativer Repräsentation durch *signature buildings* mit ihrem penetranten Unikatcharakter und dem Materialnarzissmus sekundärer Oberflächen. Außerdem unterschlägt die Reduktion auf die Betonoberflächen, die faktisch auf das statische Gerüst beschränkt sind, dass Glas – oder gegebenenfalls die farbigen Außenjalousien – einen Hauptanteil an den vertikalen Oberflächen der Außenseiten einnimmt und derart für eine angenehme Lichtsituation sorgt, die je nach Lage auch energetische Vorteile hat. Sie unterschlägt insbesondere auch, dass am Düsseldorfer Campus viele sekundäre Oberflächen vorkommen, die den Sichtbeton verblenden. Es ist dies der Kiesel des Waschbetons, der etwa in Gestalt eines Wellenreliefs bei den Naturwissenschaften für eine geschmackvolle Außenhaut sorgt oder der Backstein, der das Bodenmaterial des Campus aufgreift, sowie und vor allem die sich jahreszeitlich in ihrer lebendigen Farbigkeit verändernden Pflanzen, die teilweise ganze Wände überspinnen und die dafür sorgen, dass das Aussehen nicht nur jahreszeitlich, sondern über die Jahre hinweg permanent im Wandel begriffen ist, weshalb dem Landschaftsarchitekten auch ein Anteil an der Gestaltung der Architektur zuzuschreiben ist.

---

[12] Max Plassmann, Zur Baugeschichte der Heinrich-Heine-Universität Düsseldorf, in: Andreas Pilger/Uwe Zuber (Hg.), Staatliche Architektur und Stadtplanung nach 1945. Das Beispiel der Landeshauptstadt Düsseldorf (Veröffentlichungen des Landesarchivs Nordrhein-Westfalen 22), Düsseldorf 2008, S. 41–52, hier S. 50; sowie Plassmann (wie Anm. 3), Manuskript S. 25, die Kritik am Hochschulbau von Jacobsen (wie Anm. 8), S. 45, der selbst an diesen Bauten beteiligt war, bezog sich nicht auf das Material, sondern auf die Verkehrsinfrastruktur des Geländes, während Volkamer (s. Interview mit Lazaridis/Schmuhalek) das Rastersystem als Labyrinth bezeichnet, das tatsächlich aber der spezifischen Füllung des Rasters und nicht dem Raster an sich geschuldet ist. Die Kritik an den Betonoberflächen verfehlt schon deswegen ihr Ziel, weil ein Großteil der Sichtbetonoberflächen längst durch ein farblich dem Beton angenähertes nivellierendes Grau überfasst ist, das sowohl die lebendigen Farbnuancen des Betons als auch seine Reliefierung nivelliert.

Indes implizierte die Frage nach der schönsten Universität kein Vertrauen, das in narzisstischer Selbstüberschätzung primär personell begründet wäre, vielmehr war das Vertrauen durch die wissenschaftlich eruierte Sachlichkeit von Funktionen, Arbeitsabläufen, logistischen Relationen und baulichen Konstruktionstechniken und Ausstattungserfordernissen selbst gegeben, weshalb der Begriff der Schönheit eher ethisch als ästhetisch verstanden wird.[13] Zugleich und vor allem aber verweist die kommunikative Struktur der Frage auf die besondere Planungssituation, die nach heutigem Ermessen und angesichts der auf Starkult und unverwechselbare Eventarchitektur abgerichteten Marketingstrategien gar nicht dazu angetan war, weltbeste Architektur zu werden. Denn in Düsseldorf wurde die Planung nicht wie in Bielefeld, Berlin (FU) oder Regensburg renommierten Architekten anvertraut, und es wurde auch nicht wie etwa in Bochum ein Wettbewerb mit international renommierten Architekturbüros ausgeschrieben, der auf den Universitätsbau als eine damals führende und das politische Prestige fördernde Bauaufgabe verweist. Ihr Renommee verdankt sich Entwicklungen in den USA, als die Karrieren der führenden Architekten unmittelbar an Hochschulen gebunden waren und diese Architektur für ihr Statusbewusstsein einzusetzen wussten. Es begann 1940 mit Mies van der Rohe in Chicago (Illinois Institute of Technology) und hatte dann um 1960 unter Louis Kahn und Paul Rudolph in Yale, Sarasota, La Jolla, Bryn Mawr die kritische Masse erreicht, die den bildungspolitischen Ehrgeiz in der ganzen Welt infizierte – in Deutschland vielleicht mehr als in jedem anderen Land. Als führende Aufgabe wurde der Universitätsbau in Deutschland – bei nun deutlich gestiegenem Medienrummel – abgelöst durch den Museumsbau zwischen 1975 und 1989 und dann durch die neuen Staatsbauten und den identitätsnormierenden Selbstdarstellungsdrang der Wirtschaft. Diese Sequenz ist emblematisch für die generelle Entwicklung der bundesdeutschen Gesellschaft.

Der Wettbewerb fand allein schon deswegen nicht statt, weil ihm eine zumindest ungefähre Vorstellung hätte vorausgehen müssen, was eigentlich gebaut werden sollte für wieviele Fakultäten, Institute welcher Größe und

---

[13] Vgl. Reyner Banham, Brutalismus in der Architektur – Ethik oder Ästhetik?, Stuttgart 1966.

welcher Studierendenkapazität. Davon konnte keine Rede sein, da die Düsseldorfer Universität nicht als Prestigeprojekt konzipiert war, das auf weltweite Beachtung schielte wie die Bochumer Planung, sondern im Schatten der Bochumer Planung gleichsam heimlich entwickelt und sukzessive vorangetrieben wurde. Düsseldorf stellt daher in vielerlei Hinsicht einen Gegenentwurf zu Bochum dar – mit allen Vor- und Nachteilen.

Düsseldorfs architektonische Sonderstellung innerhalb des nordrhein-westfälischen Hochschulbaus ist in erster Linie, aber nicht ausschließlich den ganz anderen Bedingungen zuzuschreiben. Aus bewussten gestalterischen Entscheidungen heraus sprachen sich die Düsseldorfer Planer gegen die von Bochum ausgehende Entwicklung aus, die von dem dort maßgeblich beteiligten renommierten Düsseldorfer Architekturbüro Hentrich, Petschnigg und Partner und vor allem von der daraus hervorgegangenen Architektengemeinschaft Eller, Moser und Walter getragen wurde, die außer in Bochum auch an allen Gesamthochschulen in NRW beteiligt warten.[14] Auch wenn sich die für Düsseldorf geplante Mitte direkt auf die Bochumer Lösung bezog,[15] war für das Düsseldorfer Gebäudeensemble letztlich ein dynamische Rasternetz bestimmend, dessen Vorbild der 1963 begonnene Marburger Campus auf den Lahnbergen war (an dessen Skelettstruktur mit ausfachenden Fensterelementen sich die Düsseldorfer Planer ebenfalls orientierten), das aber im Unterschied zu Marburg noch flexibler erweiterbar und grundsätzlich unabgeschlossen war,[16] allein schon, weil so die vielen während der Planung noch offenen Fragen hinsichtlich der benötigten Kapazitäten offen gehalten werden konnten und so ein weiteres Wachstum ermöglichten. Das Rasternetz brachte

[14] Vgl. die Auflistung der Architekten im Anhang ‚Staatliche Hochbauten in Nordrhein-Westfalen von 1946–1984', in: Flagge (wie. Anm. 8).

[15] Insofern ist das Urteil von Jacobsen (wie Anm. 8), S. 41, zu differenzieren, dass die Großstruktur von Bochum „keine Nachfolge im weiteren Hochschulbau Nordrhein-Westfalens" gefunden habe. Neben der geplanten Düsseldorfer Mitte, deren Bochumer Vorbild, wie auch Jacobsen, S. 40, betonte, von Oscar Niemeyers Brasiliaplanung beeinflusst ist, wäre auch die Bielefelder Universität zu nennen, wo die parallelen Gebäudeblöcke – logistisch ungleich besser gelöst – durch Längsbauten zusammengefasst werden, wodurch sich hier eine Mischung aus der Bochumer und der Düsseldorfer Struktur ergab.

[16] Paulhans Peters, Die Jahre von 1960 bis 1977, Nachtrag, in: Leonardo Benevolo, Geschichte der Architektur des 19. und 20. Jahrhunderts, Bd. 2, München ^{2}1982, S. 567 f.

es mit sich, dass drei visuelle Leitsysteme implantiert wurden: die Farbigkeit der Fensterelemente, in der die Nähe von Brutalismus und Popart aufscheint, die für viele Menschen irritierende Gebäudenummerierung und die farblich und materiell gegenüber Beton und Glas abgesetzte Klinkerpflasterung des autoverkehrsfreien Bandforums als Rückgrat des Ensembles.[17]

Das Rasternetz ist das Gegenmodell zu der auf große, kompakte und statische Massen setzenden Konzeption in Bochum, wo die Bauten aus der Luft oder aus der Fernsicht vom Ruhrtal visuell zweifellos imponieren und selbst bei einer mittleren Betrachterentfernung aufgrund der landschaftsarchitektonischen Lösung beeindruckend wirken. Bei einer nahsichtigen Perspektive jedoch, die der üblichen leiblichen Wahrnehmungsform entspricht, erscheint die steife Symmetrie monumentaler Blöcke nicht nur von klaustrophober Beklemmung, sondern es werden die ästhetischen Mängel in der Durcharbeitung auch evident, zumal angesichts einer starken Oberflächenversiegelung.[18] Hingegen waren das Düsseldorfer Rasternetz einer Systemarchitektur und seine hervorragende landschaftsräumliche Einbindung die wichtigsten Garanten dafür, dass aus dem Campus der Heinrich-Heine-Universität trotz vergleichsweise niedriger Kosten eine der besten Gesamtanlagen unter den neuen nordrhein-westfälischen Universitäten wurde.

---

[17] Zum System der Gebäudenummerierung bei nur einer Hausnummer vgl. Gert Kaiser, Universitätsstraße 1 – eine besondere Adresse, in: Alla Pfeffer (Hg.), Zeitzeugen. Bekenntnisse zu Düsseldorf, Düsseldorf 2001, S. 93 f. Es ist nicht ohne eine unfreiwillige Ironie, dass beim physikalischen und mathematischen Institut die Zahlen durch eine Wortbeschriftung ergänzt wurde. Im Rahmen des vom Seminar für Kunstgeschichte geleiteten Kunstprojekts wurde gerade diese Nummerierung als kreativ widerständiges Signum begriffen, in dem etwa vorgeschlagen wurde, die Gebäude mit Frauennamen zu versehen. Anne Beckers, Barbara Frings, Ana Schepkowski, Nina Teusch, KunstKontextCampus, in: Andrea von Hülsen-Esch, Hans Körner (Hg.), campus:construction. Vier Präsentationen des Projekts „Kunstpfad" des Seminars für Kunstgeschichte zur Campus-Neugestaltung, Düsseldorf o. J. (2005), S. 3–20, S. 14 und Abb. S. 17.

[18] An Bochum wurde die monotone Serialität trotz der ungeheuer ambitionierten Planung schon sehr früh scharf kritisiert. Jacobsen (wie Anm. 8), S. 41, sprach geradezu von einer „schlimmen Erfahrung" für die Architekten. Vgl. auch Benevolo (wie Anm. 15), S. 566 f.

Die Konzeption wurde zunächst in einem auf die Raum- und Funktionsplanung konzentrierten Masterplan beim Hochbauamt von teilweise sehr jungen Architekten erarbeitet, deren Sachkompetenz durch die Teilnahme an Wettbewerben zu neuen Campusuniversitäten ausgewiesen war. In einem zweiten Schritt wurde dann die grundsätzliche Baustruktur entwickelt, die für die an selbständige Architekten übertragene Detailausarbeitung verbindlich sein sollte. Volkamers Frage ist zugleich eine Kritik an dieser Zweiteilung, die aber sowohl seiner Ansicht nach wie etwa nach Ansicht des Landschaftsarchitekten Georg Penker vorzüglich funktionierte. Sie impliziert aber auch, dass die Fehler an scheinbaren Marginalien begangen wurden. Sie kokettiert mit dem Anspruch auf Weltniveau (von dem die Bochumer Bauten trotz des Wettbewerbs noch weiter entfernt sind), weil nur nebensächliche Parameter hätten geändert werden müssen für die schönste Universität. ‚Schön' bezog sich damals auf das objektivistische Dogma der Moderne ‚form follows function', das in Wahrheit nicht nur ein Kind des verhassten Historismus war, sondern auch falsch verstanden wurde: Form, wenn sie nur den sachlichen Vorgaben folgt, die in der Moderne als eine Kombination von Aufgabe, Nutzung, Material und Konstruktion besteht, erziele gleichsam überpersönlich das objektiv beste Ergebnis, weil die Objektivität der Parameter selbst die wahre Schönheit hervorbringt. Unter dieser Prämisse ist Architektur ebenso wenig auf einen Stararchitekten angewiesen wie auf werbewirksame Corporate-Identity-Bauten, weil sie in wissenschaftlicher Weise das System ihrer Bedingungen erörtert. Architektur als Aufgabe eines Architekten meint daher nicht das Design der schönen Oberfläche, sondern die infrastrukturelle, soziologische, bildungstheoretische und -politische Auseinandersetzung mit den praktischen Bedürfnissen von Wissenschaft und Lehre auf dem neuesten Stand der Technik, welche in einem dynamischen Gruppenprozess zu koordinieren waren. Sind diese Faktoren analysiert und in ihrem Stellenwert erkannt, erschafft sich – architekturtheoretische Diskurse der klassischen Moderne radikalisierend – Architektur gleichsam autopoietisch von selbst und löst zugleich ihren Qualitätsanspruch ein.

Grundsätzliche Zweifel an einer gleichsam naturgemäßen ästhetischen Insuffizienz dieser Bauten, wie sie in den Diskursen der Postmoderne aus ästhetischer Perspektive und der Umweltpolitik im Namen der Lebensqualität gegenüber dem Betonbrutalismus vorgetragen wurden, hatte das Planerkollektiv nicht. So stellt sich im Grunde heute erst aus einer historischen Distanz heraus die Möglichkeit einer nüchterneren und valideren Bewertung dieser für das Nachkriegsdeutschland so entscheidenden architektonischen Entwicklungen. Der historischen Bestandsaufnahme ging eine historische Dialektik einer von Unmittelbarkeit geprägten Bewertung voraus. Denn auf eine erste Phase affirmativer Kritiklosigkeit folgte eine zweite Phase bedingungsloser Radikaldistanz im Namen eines zumeist wenig sachlich formulierten Missmuts gegenüber der Moderne (und der ihr angelasteten „Unwirtlichkeit der Städte"),[19] in der sich eine ökologische und psychologische Kapitalismuskritik mit einer Neuen Innerlichkeit, einer Renaissance des Heimatschutzes und einer nostalgischen Verklärung vormoderner Urbanistik und damit mit all den darin jeweils enthaltenen Natürlichkeitskonstrukten mischte.

Diese Kritik enthielt auch ein Bekenntnis zum Bauschmuck. Der Brutalismus, der nicht nach Natürlichkeit, sondern nach Wahrheit strebte, brachte es hingegen noch mehr als die klassische Moderne mit sich, dass der Einsatz der bildenden Kunst in diesen Ensembles keinen genuinen Platz hat, weshalb das staatlich verordnete Prozent an „Kunst am Bau" notwendig geworden war, um einem traditionellen Schönheitsbegriff entgegenzukommen, der sich über die schönen Künste definiert. Das Autonomiepostulat sowohl in der Architektur wie in der bildenden Kunst bedeutete, dass die materialgerechte Gestaltung der Oberflächen selbst die künstlerische Schönheit impliziert, während die Kunst am Bau Applikation meint. Die Düsseldorfer Planung rückt davon schon ansatzweise ab. Sie

---

[19] Ein Kultbuch dieser Kritik war der Essay von Alexander Mitscherlich, Die Unwirtlichkeit der Städte. Anstiftung zum Unfrieden, Frankfurt am Main 1965, bei dem die Modernekritik in eigenwillig schiefer und undifferenzierter Weise auch die Kritik einer Verweigerung der Aufarbeitung des Nationalsozialismus einschloss, als wäre der Städtebau der Nachkriegszeit eine Fortsetzung des Totalitarismus mit anderen Mitteln.

färbt die Oberflächen bunt ein durch signalfarbige Fensterfarben und durch die Beschriftung, die an der Schnittstelle von Popart und Postmoderne das neue Programm der Lesbarkeit von Architektur andeuten.

Wenn sich in der Zwischenzeit eine stattliche Reihe von Werken der bildenden Kunst auf dem Campus und in den Gebäuden befindet, dann gründet dies zweifellos auch im Unbehagen an dem Anspruch auf autonome Schönheit der Architektur, die anfänglich im Grunde nur mit zwei Werken kalkulierte. Beide – die Wandbilder Roy Lichtensteins und die Stahlskulptur Friederich Werthmanns – gehören nicht zufällig auch zu den besten der Heinrich-Heine-Universität. Der im Laufe der Jahre angewachsene Kunstbesitz beinhaltet darüber hinaus aber auch und insbesondere ein Bedürfnis nach Repräsentation und Erinnerung, auch wenn sich in der alltäglichen Praxis die Begegnung gleichsam in einem Zustand der Bewusstlosigkeit zu vollziehen scheint.

Abb. A.1: Überblicksaufnahme Gebäudegruppen 24 und 25

Abb. A.2: Überblicksaufnahme Gebäudegruppen 22 und 23.21

Abb. A.3: Überblicksaufnahme Gebäudegruppe 22

Abb. A.4: Überblicksaufnahme Gebäudegruppen 23.12 und 23.21

Abb. A.5: Überblicksaufnahme Gebäudegruppen 24, 25 und 26

Abb. A.6: Überblicksaufnahme Gebäudegruppen 25 und 26

Campusuniversitäten des Brutalismus: Vorbilder, Einflüsse, Anregungen, Abgrenzungen

Dominika Jerkic

Seit Mitte der 1950er Jahre wurde der Universitätsbau weltweit zu einer führenden Bauaufgabe, in der vor allem demokratische Gesellschaften, aber auch postkoloniale Länder im Aufbruch sich baupolitisch darstellen und legitimieren wie mit kaum einer anderen Bauaufgabe. In Deutschland entstand in der Dekade seit den frühen 1960er Jahren neben Erweiterungsbauten bestehender Universitäten auch eine große Zahl neu gegründeter Campusuniversitäten, welche die außergewöhnlichen Ambitionen in der Demokratisierung der Bildung in der Bundesrepublik in den 1960er und 1970er Jahren bis in die Gegenwart spiegeln, bei der sich das reziproke Verhältnis von verbalen und finanziellen Anstrengungen in der Bildungspolitik umgekehrt hat. Nachdem an der 1947 gegründeten FU in Berlin ihre ursprünglich für andere Zwecke gebauten gründerzeitlichen und klassisch modernen Bauten nicht mehr ausreichten, kam es zu einer Erweiterungsplanung in der für Deutschland neuartigen Form der Campusuniversität. Als ausschließliche Campusuniversität, die aus Gründen der Planungseffizienz als Typus insbesondere in Nordrhein-Westfalen begegnet, bildete die Ruhruniversität Bochum den Auftakt (*Abb. 2.1*), kurz darauf entstanden die Universitäten in Düsseldorf, Dortmund, Bielefeld, Paderborn, Duisburg, Essen, Wuppertal und Siegen,[1] und außerhalb von NRW, um nur einige zu nennen, Augsburg, Bayreuth, Bremen, Konstanz, Regensburg, Ulm. Oder

[1] Vgl. Olaf Jacobsen, Zwischen Pragmatismus und Idealismus. Der Hochschulbau in Nordrhein-Westfalen nach dem Kriege, in: Ingeborg Flagge (Hg.), Architektur des Staates. Eine kritische Bilanz staatlichen Bauens in Nordrhein-Westfalen von 1946 bis heute, Kleve 1984, S. 34–52. Entscheidend für die stilistische Einheitlichkeit insbesondere der Gesamthochschulen war die Planungshoheit bei der von Finanzminister Wertz initiierten „Zentralen Planungsstelle zur Rationalisierung von Landesbauten Nordrhein-Westfalen." Häufigster Partner unter den privaten Architekten war das Düsseldorfer Büro Eller, Moser und Walter, das seinerseits aus dem Büro HPP (Hentrich, Petschnigg und Partner)

Abb. 2.1: Ruhruniversität Bochum

es wurden alte Universitäten um Neubauten erweitert, die teilweise als Campus weit jenseits der alten Gebäude den bisherigen Baubestand weit in den Schatten stellten wie etwa in Berlin, Frankfurt am Main, Kiel, Marburg, Saarbrücken, Trier, Würzburg. Stilistisch sind sie alle Beispiele des gerade in der Hauptphase des bundesdeutschen Hochschulbaus der 1960er und 1970er Jahre so gut wie ausschließlich dominierenden Brutalismus.

Die formale Bewältigung dieser Bauaufgabe hatte keine eigene Tradition. Die „Wissenschaftsschlösser" des 19. Jahrhunderts waren in historisierenden Stilen, vornehmlich der Renaissance mit barockem Gliederungsschema, gestaltet gewesen.[2] Diese Gebäude waren durch monumentale Baumassen und mit einem starken Anspruch an die Repräsentation definiert, wie er sich beispielhaft in zentralen Treppenhäusern in der Art barocker Schlösser äußert. Wissenschaft übernimmt die Herrschaft, scheinen sie zu signalisieren. Universitätsgebäude, die in der 1920er und 1930er Jahren entstanden,[3] sind zwar von dem historisierenden Dekorum befreit, weisen aber in den meisten Fällen trotz der glatten Oberflächen monumental-voluminöse Baumassen auf, welche die alten Raumtypologien immer noch anerkennen, mithin im Prinzip ebenso repräsentativen Kriterien folgen wie ihre Vorgänger aus dem 19. Jahrhundert und den Vorkriegsjahren.[4]

---

hervorgegangen ist, mit dem zusammen sie die Ruhruniversität Bochum realisiert haben. Eller, Moser und Walter waren neben Bochum an den Universitäten bzw. Gesamthochschulen in Dortmund, Duisburg, Essen, Wuppertal, Siegen und Paderborn beteiligt. Ein erster wertender, wenn auch ziemlich selektiver architekturgeschichtlicher Überblick zum deutschen Hochschulbau als einem für die bundesdeutsche Architekturgeschichte bedeutenden Bereich findet sich bei Paulhans Peters, Die Jahre von 1960 bis 1977, Nachtrag, in: Leonardo Benevolo, Geschichte der Architektur des 19. und 20. Jahrhunderts, Bd. 2, München ^{2}1982, S. 566–572.

[2] Sabine Marschall, Das Hauptgebäude der deutschen Universität und technischen Hochschule im 19. Jahrhundert, (Diss.), Tübingen 1993. Als Beispiel ganz eigener Art sei die Kunstakademie in Düsseldorf genannt.

[3] Z. B. das Institutsgebäude der Elektrotechnik in Braunschweig 1927–29; das Hauptgebäude der Universität Heidelberg 1928–34; die ehemalige Pädagogische Akademie in Hannover 1929–35; und insbesondere das Hauptgebäude der Universität zu Köln von Adolf Abel (1929–34).

[4] Eine Auflösung dieses Bauschemas begann sich vereinzelt abzuzeichnen, am deutlichsten bei Walter Gropius' Bauhaus in Dessau, das einen gewinkelten und in den Raum ausgreifenden Gebäudekomplex darstellt.

Das funktionale Problem, das sich in den 1960er Jahren stellte, war in erster Linie die Aufnahme großer Studentenzahlen und damit einhergehende bauliche Konsequenzen unter der erschwerten Bedingung, dass sowohl die Prognosen über das Wachstum der Studierendenzahlen unsicher waren, als auch die Ansichten über den für einen Studenten zu kalkulierenden Platz divergierten, als auch das Fächerspektrum für weitere Ausdifferenzierungen offen sein musste. Man begegnete dieser Tatsache, indem die neuartigen Campusuniversitäten in Stadtrandlage auf die ‚grüne Wiese' verlegt wurden, wo man am ehesten eine dynamische Planung realisieren konnte. Sämtliche Hochschulfunktionen, einschließlich des Wohn- und Erholungsbereichs, konnten an einem Ort untergebracht und erweitert werden. Direkte bauliche Vorbilder gab es in Deutschland nicht, und die Planer konnten ebenso wenig auf ein tradiertes Bauvokabular zurückgreifen.

Die Düsseldorfer Heinrich-Heine-Universität wurde – wie auch alle anderen Campusuniversitäten – zu einem größeren Teil aus vorfabrizierten Standardelementen erbaut. Standardisierungen wurden durch „die Notwendigkeit der Bewältigung des erforderlich werdenden Flächenbedarfs" (über den sich Hochschulen und Ministerien permanent stritten), die „Notwendigkeit der Veränderbarkeit gebauter Nutzungsbereiche" und „den Anstieg der Baukosten und den sich daraus ergebenden Zwang zur Rationalisierung" als Lösung für den Hochschulbau eingeführt.[5] Bereits zu Beginn der 1960er Jahre gab es einen umfangreichen Katalog zu Standardelementen, die aus Stahlbeton produziert wurden. Daraus ergibt sich bei den neuen Universitäten, wie auch in Düsseldorf, eine Ästhetik, die in weiten Teilen vom Beton geprägt ist.

Betonarchitektur wird häufig gleichgesetzt mit dem Brutalismus. Zu dieser historisch nicht richtigen Auffassung – roher Sichtbeton war schon lange vor dem Brutalismus eingesetzt worden – leistete der englische Architekturkritiker Reyner Banham einen entscheidenden Beitrag. In seinem 1966 erschienenen Buch über den Brutalismus geht er das Thema formal an, bestrebt, einen brutalistischen Kanon aufzustellen.[6] Le Corbusiers Wohnhochhaus

---

[5] Zentralarchiv für Hochschulbau Stuttgart (Hg.), Institutsbauten – Hochschulgebäude in der BRD, München 1980, S. 11.

[6] Reyner Banham, Brutalismus in der Architektur – Ethik oder Ästhetik?, Stuttgart 1966.

namens *Unité d'Habitation* in Marseille (und später auch an anderen Orten) bildet den Anfang der Darstellung, weiter werden Alison und Peter Smithson und ihr Gebäude *Hunstanton Secondary Modern School* genannt.[7] Kenzō Tanges Verwaltungsgebäude der Präfektur Kagawa in Takamatsu, Louis I. Kahns Art Gallery der Yale University, die Lijnbaan von Johannes H. van den Broek und Jacob B. Bakema, Le Corbusiers *Maisons Jaoul* in Neuilly, Gebäude der Schweizer Architektengruppe Atelier 5, Vittoriano Viganòs *Instituto Marchiondi* in Mailand und Aldo van Eycks Waisenhaus in Amsterdam werden allesamt zum brutalistischen Kanon stilisiert. Und das aufgrund der Tatsache, dass diese Gebäude mit „rohen" Baustoffen wie Sichtbeton, Backstein oder der Kombination von beiden gebaut wurden.

> Der Brutalität des Stadtumbaus entsprach die nackte und kompakte Betonfassade, deren Ausdruck als „Brutalismus" durchaus adäquat beschrieben wurde. Diese Haltung wurde Ende der fünfziger Jahre als Gegensatz zu den anonymen, perfekt proportionierten Glas-Eisen-Bauten Mies van der Rohes und seiner zahllosen Nachfolger von einigen jüngeren Vertretern der neuen Architektengeneration propagiert, die sich auf den ‚béton brut', den rohen Sichtbeton in Le Corbusiers Spätwerk beriefen.[8]

Mit den jüngeren Vertretern sind insbesondere Alison und Peter Smithson gemeint. Sie wendeten als erste den Begriff des „New Brutalism" an, und zwar im Kontext ihres Erstlingswerks, der *Hunstanton Secondary Modern School* in Norfolk, England, 1951–54 (*Abb. 2.2*), für das der Wettbewerb 1949 ausgeschrieben worden war. Die Smithsons bezeichneten ihre Architektur als brutalistisch, da sie das Resultat einer totalen Konstruktions- und Materialehrlichkeit sei. Sie verwendeten hier nichts, das nicht mit der Rohstruktur des Baus in Verbindung stünde,

[7] Letztlich äußerten und bekannten sich nur die Smithsons zum Brutalismus.

[8] Winfried Nerdinger, in: Nikolaus Pevsner, Europäische Architektur von den Anfängen bis zur Gegenwart, München 1997, S. 404. Die von Nerdinger angedeutete metaphorische Brutalität eines städtebaulichen Vorgehens scheint nicht zur ursprünglichen Semantik des Brutalismus gehört zu haben, sondern ist Teil eines späteren, diffamierenden Gebrauchs dieses Begriffs.

Abb. 2.2: Hunstanton Secondary Modern School in Norfolk, England, 1951–54

Abb. 2.3: Hunstanton Secondary Modern School in Norfolk, England, 1951–54, Detail mit offener Konstruktion

der keinerlei Arten von Verkleidung kennt. Jedes verwendete Element wurde offen gezeigt (*Abb. 2.3*). Das Tragwerk besteht aus einer Stahlkonstruktion, welche vor Ort zusammengeschweißt wurde. Die zahlreichen Fenster entstammen dem Fundus der Standardfenster für Schulen in England; diese sind direkt in die Stahlkonstruktion eingefügt. Wände sind mit sichtbar gelassenem Backsteinmauerwerk ausgefüllt.

Lediglich die Fenster sind standardisiert, die Stahlkonstruktion und das Mauerwerk sind von Handwerkern vor Ort hergestellt worden. Sie fallen letztlich als Standardelemente nicht auf. In Düsseldorf hingegen ist die Verwendung von Fertigteilen viel offensiver und direkter, nicht zuletzt wegen der Quantität. Standardelemente werden fabrikmäßig seriell hergestellt und erscheinen somit unendlich reproduzierbar.

Für das Verständnis der Smithsons ist der Begriff des „as found“[9], also des Vorfindens von Materialien und Umständen in der Tradition des *objet trouvé*, unabdingbar.

> Die Künstler, welche die Collage-Technik beherrschten und in dieser auf ideenreiche, erfinderische Weise Materialien von Duchampscher Gewöhnlichkeit – ‚vorgefundene Materialien‘ – einzusetzen wussten, reizten die Eifersucht von uns Architekten derselben Generation, die wir um eine neue Gewöhnlichkeit kämpften.[10]

Während in Hunstanton diese brutalistische Ästhetik aus der Zusammensetzung verschiedener Elemente, auch in ideeller Hinsicht, manifest wurde, entstand die *Unité d'Habitation* in Marseille, 1947–53 (*Abb. 2.4*), auf die sich die Brutalisten letztlich nur indirekt beriefen, aus einer ganz anderen Vorstellung von Architektur. Le Corbusier führte das Gebäude komplett in Sichtbeton aus, wobei er den Beton nicht lediglich konstruktiv, sondern eher gestalterisch einsetzte (*Abb. 2.5*). Hier ist Architektur nicht nur durch die Form plastisch, sondern auch in ihrer Oberflächenbehandlung. Die formlose Betonmasse erhielt durch Verschalungen, welche durch Holzbretter

[9] Parallel zur Bauzeit von Hunstanton zeigten die Smithsons, gemeinsam mit Nigel Henderson und Eduardo Paolozzi, die Ausstellung über as found, „Parallel of Life and Art“, im ICA, London.

[10] Alison & Peter Smithson, Italienische Gedanken, weitergedacht, Basel 2001, S. 30.

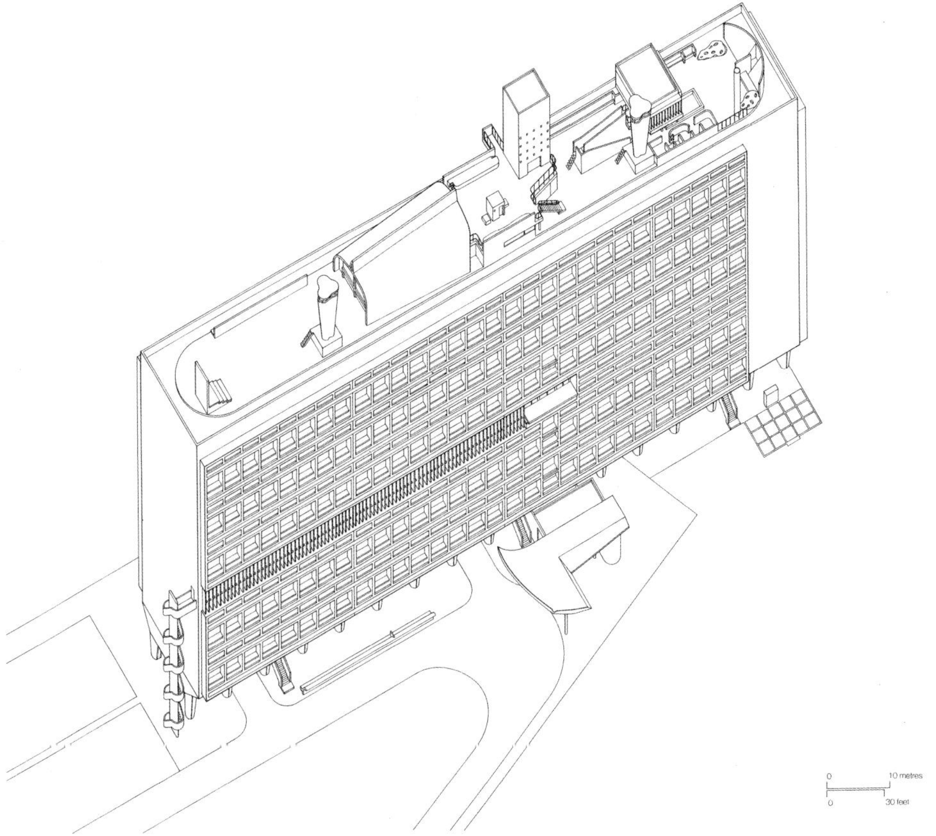

Abb. 2.4: Unité d'Habitation in Marseille

Abb. 2.5: Unité d'Habitation in Marseille, Dachlandschaft

gebildet waren und sichtbar geblieben sind, ihre Gestalt. Es gibt in diesem Gebäude kein Element, welches aus standardisiertem Vokabular stammt.

Der Idee Le Corbusiers – „Baukunst heißt mit rohen Stoffen Beziehungen herstellen, die uns anrühren"[11] – folgten Alison und Peter Smithson wörtlich, indem sie mit den „matières brutes" Architektur entstehen ließen, die keine bestimmte Ästhetik zum Ziel hat, sondern bei der sich die Ästhetik als reine Folge der Konstruktion, welche wiederum eine Folge des Zweckes ist, ergibt. Sie betrachteten Schönheit als Resultat der Ehrlichkeit und Direktheit in den in Erscheinung tretenden Dingen.[12] Der Brutalismus der Smithsons ist eine moralische Einstellung.

Die Gebäude, welche Banham formal als brutalistisch klassifizierte, sind hingegen nicht aus standardisierten Elementen, sondern weisen eine ‚raue' Ästhetik auf. Standardelemente sind auch nicht unbedingt ausschlaggebend für den Brutalismus der Smithsons, können aber ein Teil davon sein. Die Hauptidee der Smithsons ist die Entlarvung des dekorativen Stils an sich. Sie wandten sich gegen ein rein formal greifendes Formenvokabular. Durch diese Auffassung entstand auch die Bezeichnung „New Brutalism":

> ‚New Brutalism' was a spontaneous invention by A.M.S. as a word play counter-plot to the Architectural Review's 'New Empiricism'. (...) The 'brutal' part was taken from an English newspaper cutting which gave a translation from a French paper of a Marseilles official's attack on the Unité in construction, which described the building as 'brutal'.[13]

Nach 1945 war die Bezeichnung ‚New Empiricism' ein wichtiges Schlagwort. Und *The Architectural Review*, ein englisches Architekturmagazin, war an seiner Verbreitung maßgeblich beteiligt. Der ‚New Empiricism' erfand

[11] Le Corbusier, Ausblick auf eine Architektur, Berlin 1963, S. 118.

[12] Die Forderung der Heroischen Periode der Modernen Architektur nach Materialehrlichkeit und Rationalisierung, obwohl das konstruktive Material in dieser Phase der Moderne noch von Putz und Farbe verdeckt wird, ist hier eingelöst und auf die Spitze getrieben.

[13] Alison & Peter Smithson, „Banham's bumper book on brutalism", in: The Architects' Journal, 28. Dezember 1966, S. 1590. Mit „Unité" ist hier Le Corbusiers Unité d'Habitation gemeint.

keine neuen architektonischen Lösungen, sondern befasste sich damit, Gebäude mit natürlich wirkenden Materialien zu verkleiden. Ebenso wurde zu der Zeit der Begriff des „Pittoresken“ oft verwendet.[14] Beide Bezeichnungen standen für eine Rückbesinnung auf regionale Bautendenzen. Die Smithsons – ebenso wie ihre ähnlich denkende Architektengeneration – wandten sich gegen diese Strömungen in der zeitgenössischen Architektur, denn sie erkannten darin einen dekorativen Stil, der nicht in der Lage sei, eine der Zeit und dem Menschen angemessene Architektur hervorzubringen.

> The reaction to the Festival, Empiricism, and Shake-Hands-styles of the reconstruction period was a *Retreat to Discipline*. Discipline means to architects *geometry and system of proportion*, and to English architects it means particulary Wittkower's Seminars, and his *Architectural Principles in the Age of Humanism*. This time ('49-'50-'51) is all mixed up with Le Corbusier's Unité d'Habitation at Marseilles, the image of which dominated the whole period between '47 and '53.[15]

Im Prinzip folgt die Heinrich-Heine-Universität der brutalistischen Maxime einer absoluten Konstruktionsehrlichkeit insbesondere dort, wo das letztlich auf Tanges Verwaltungsgebäude zurückgehende System aus Stahlbetonpfeilern und eingehängten Stahlbetonbalken in seiner Offenlegung für den Betrachter zum ethisch-ästhetischen Konzept wird. Die Radikalität von Hunstanton wurde jedoch durch verschiedene Gestaltungselemente abgemildert. Der repräsentative Roy-Lichtenstein-Saal ist mit schalungsrauem Sichtbeton gebaut (*Abb. B.1–B.4.*), ebenso weitere viel frequentierte Bereiche der Universität, etwa die Treppenhäuser. Generell kann festgestellt werden, dass

[14] Nikolaus Pevsner war zu der Zeit Autor und Herausgeber der Architectural Review. Er veröffentlichte einige Artikel zu dem Thema „revival of the Picturesque“. Pevsners Grundthese ist, dass die Revolution der Modernen Architektur zu Beginn des 20. Jahrhunderts und die Revolution des Pittoresken hundert Jahre zuvor dieselben Grundlagen hatte. Die Artikel erschienen als Buch „The englishness of english art“ 1956.

[15] Peter Smithson, The idea of architecture in the '50s, in: *Architects' Journal*, 21. Januar, 1960, S. 124.

in der Heinrich-Heine-Universität die Arbeitsbereiche, vornehmlich Gebäudegruppen, die Seminarräume und Büros beherbergen, aus stapelbaren Standardelementen gebaut sind. Die repräsentativeren Bereiche oder Bereiche, die von einer größeren Menschenmenge benutzt werden, sind dagegen aufwendiger durch menschliche Handarbeit entstanden, welche in sich Spuren des Unkontrollierbaren enthält.

Bei den Treppen in dem Bereich der Mathematisch-Naturwissenschaftlichen Fakultät (*Abb. B.5–B.8*) sind alle Elemente aus holzverschaltem Beton, bis auf die Handläufe, den Boden, welcher mit Ziegelkacheln belegt ist, und die Einfassung mit Pflastersteinen, die als Werkstoff für Straßen hier wie an so vielen Stellen zur Nivellierung von Außen und Innen beitragen als auch die Assoziation eines Weges als Ausdruck von Bewegungsdynamik signalisieren. Einzig die geometrisch verlegten Neonröhren bilden als rational-technisches Moment einen gewollten Bruch in dem Ensemble der Materialien. Technik verbindet sich mit einem organischen Prozess, bei dem die Anordnung der Schalungsbretter für das spätere Resultat ausschlaggebend ist.

Die plastische Durchbildung der Decke hat hier einen vermittelnden Charakter: sie ist zu einer technischen Struktur geworden, durch ihre Materialität jedoch ist sie der Natürlichkeit verbunden. Beton zeigt sich hier als plastisch formbarer Stein. Als Vergleich bietet sich die Modellierung der Decke von Louis I. Kahns *Art Gallery* in Yale an (*Abb. 2.6*). Reyner Banham brachte dieses Gebäude mit dem Brutalismus in Verbindung:

> Sogar eine radikale konstruktive Neuerung ist vorhanden, die der Anwendung der ‚Plastic Theory' in Hunstanton entspricht – hier ist es die Betonfachwerk-Deckenkonstruktion aus Tetraedern, welche die in weitem Abstand gesetzten Betonpfeiler überspannt.[16]

Die Institutsbauten der Universität sind aus stapelbaren Fertigelementen montiert. Sie entsprechen damit in der Vertikalen, was das allseitig erweiterbare Grundrissraster in der Horizontalen ist – ob in der ursprünglichen Form im Bereich 23 oder in der langgezogenen Version im mathematisch-naturwissenschaftlichen Bereich, dessen

[16] Banham 1966 (wie Anm. 6), S. 44.

Abb. 2.6: Decke des Yale-Artcenter von Louis I. Kahn

Abb. 2.7: Waschbetonplatten innen und außen (26.41)

Grundrissdarstellung selbst schon wieder eine heterotope Ästhetisierung darstellt, die ohne die spezifischen Science-Fiction-Bildwelten der 1960er Jahre nicht verständlich ist.[17] Mit Raster und Stapelung wird der Akzent von der in der klassischen Moderne immer noch bestimmenden Ästhetik der Oberfläche des Einzelbaus (am beeindruckendsten an Mies van der Rohes *Barcelona-Pavillon*) zu einer neuen Ästhetik des seriellen, im Rapport multiplizierbaren Raums gelegt, der zwar an seinen Grenzen nicht auf eine bestimmte Ästhetik der Oberfläche verzichten kann – und aus semantischen Gründen auch gar will –, sie aber dem umschlossenen Ort nachordnet, der wiederum Teil eines größeren Ortes ist, sodass Raum und Stadt interdependent sind.

Bereiche wie die mathematisch-naturwissenschaftliche Gebäudegruppe sind von einer Struktur aus Betontragwerk bestimmt, wodurch eine Fassade im engeren Sinn gar nicht gegeben ist. Wände und Fenster sind als Membranen hinter dieser Konstruktionsstruktur zu sehen. Dieses System ermöglicht ein relativ freies Wachstum, das eine Grundbedingung für den Bau dieser Campusuniversität und auch generell ein Kennzeichen brutalistischer Raumplanung war. Es gilt auch für die Gebäudegruppen der Philosophischen Fakultät, auch wenn sie monolithischer erscheinen und den Eindruck der vertikalen Stapelbarkeit erwecken.

Im naturwissenschaftlichen Bereich sind die Standardisierungen an einigen Stellen mit Waschbetonplatten verkleidet worden, die genau genommen der brutalistischen Konstruktionsehrlichkeit nicht voll entsprechen (*Abb. B.10–B.12*). Diese vorfabrizierten Platten finden sich sowohl im Innen- wie auch im Außenbereich, ja gehen gleichsam durch eine Glasmembran durch. Über die Sekundärstrukturen der Glaswände erfahren geschlossene kleine Baukörper, die meist Hörsäle beinhalten, und die in ein größeres, offenes Baukörperskelett hineingeschoben erscheinen, eine gleichsam auffällige Zuordnung zu Innen und Außen. Eigentlich wäre beides ein brutalistisches

[17] Anfänge des zellenartig wachsenden Rasters finden sich bei Louis I. Kahn in Ahmedabad, bei Paul Rudolphs Studentenwohnheim für verheiratete Studenten in New Haven oder bei Aldo van Eycks Waisenhaus in Amsterdam. Für den Universitätsbau wäre die FU in Berlin von Candilis-Josic-Woods zu nennen. All diese Beispiele sind aber noch weit von Größendimensionen der Heinrich-Heine-Universität entfernt.

Merkmal, denn es wird im Brutalismus bei einem vorfabrizierten Material kein Unterschied zwischen Innen- und Außenraum gemacht. Doch sind die Platten, obwohl sie robust wirken, der tragenden Konstruktion und der ausfachenden Wand dazwischen als Fassade vorgeblendet. Solch aufgedoppelte Zweitoberfläche widerspricht der streng puristischen Forderung des Brutalismus nach einer unmittelbaren Selbstrepräsentation von Architektur. Spätestens in den Schattenfugen offenbart sich deren schmückender Charakter. Gleichwohl erscheinen sie auf einer visuellen Ebene brutalistischer als jede Backsteinoberfläche.

Das Foyer vor den Hörsälen 3 A bis D im Gebäude 23.01 ist nach der allgemeinen Auffassung zum Brutalismus zu zählen (*Abb. B.13–B.15*). Die Formensprache hier, wie auch die des Roy-Lichtenstein-Saals oder der geschlossenen Partien des 26er-Traktes, und dabei insbesondere die Treppenhäuser, die als sich selbst inszenierende logistische Verteilungszentren nicht zufällig zu den beeindruckendsten Raumlösungen innerhalb einer sich dynamisch begreifenden Campusarchitektur zählen, und die Pfeiler-Decken-Struktur (*Abb. 2.8; Abb. B.16, B.17*) erinnern nicht zuletzt durch ihre dominanten skulpturalen Formen an Bauten von Giancarlo De Carlo oder auch an den Brutalismus im Umfeld der englischen Architekturgruppe Archigram (z. B. *South Bank Arts Centre* in London, *Abb. 2.9*).[18]

> Since the early 1960s we have remained fascinated with the idea and the formation of the 'mound'. It has a myriad of conceptual links: to the idea of the 'city-as-a-single-building', to the aggregation of the unlike to the unlike in some amorphous, polyglot organism that is beyond single buildings, to the notion of place as ground and artefacts as transient plantings.[19]

Stilisierte Betonbinder unterfangen eindrucksvoll die Ausbuchtung, welche nicht durch einen darüber liegenden Raum bedingt ist. Denn von außen gesehen ist es ein Hohlraum, eine Art riesige Delle in der geteerten

[18] 1960–63 erbaut vom L.C.C. Architects' Dept, South Bank Group. Dazu gehörten Warren Chalk, Dennis Crompton und Ron Herron. Vgl. Cook, Peter (Hg.), Archigram, New York 1999, S. 120.
[19] Ebd.

Abb. 2.8: Pfeiler, Gebälk und Decke im 26er-Bereich

Abb. 2.9: South Bank Arts Centre in London

Dachhaut. Diese mächtigen Rahmenbinder, bei denen man geneigt ist, eine hohe Tragfähigkeit zu vermuten, halten also nichts weiter als die dünne Betondecke und das eigene Gewicht.

Formal gesehen wäre hier eine brutalistische Bauweise gegeben, vielleicht nicht zuletzt wegen der immanenten Pathosformel, sowohl in der Form als auch in der Bezeichnung.[20] Ideell sind sowohl die genannten Beispiele in der Heinrich-Heine-Universität als auch das *South Bank Arts Centre* nicht brutalistisch im ursprünglichen Sinn, da sie im Grunde zunächst als Gestaltungselemente figurieren.

Die Campusuniversitäten der 60er Jahre sind aus den Ideen der Moderne erwachsen. Tatsächlich realisiert wurden diese frühen Ideen zur Standarisierung und Konstruktionsehrlichkeit jedoch erst nach dem 2. Weltkrieg. Der Brutalismus, wie ihn die Smithsons vertraten, stellte letztlich eine Weiterführung der Moderne dar. Doch gingen sie einen Schritt weiter, indem sie nun alles als unnötig Erachtetes, wie beispielsweise den weißen Farbanstrich, wegließen. Daher ist die neue Bauaufgabe der Campusuniversitäten im Grunde nichts anderes als ein erneutes Bauen für das Existenzminimum – allerdings nicht mehr nur im Bereich des Wohnens wie noch in den 20er Jahren.

Zwischen dem Brutalismus in seiner Idee und der Heinrich-Heine-Universität gibt es eine Reihe von Gemeinsamkeiten. Letztlich ist die Ästhetik der Universität jedoch auch aus gestalterischen Vorlieben der 1960er Jahre entstanden, die wiederum Elemente der 1920er Jahre in sich tragen. Ähnlich wie Le Corbusier das Flugzeug und das Automobil als zukunftsweisende Gegenstände pries, die es in der Architektur nachzuahmen galt,[21] war

[20] „Als gewaltiges Betonmassiv ragt der Baukomplex festungsartig am Hochufer der Themse auf. Der Sichtbetonklotz steht wie eine isolierte Skulptur im Stadtgefüge, ohne Bezüge, ohne funktionale oder bauliche Qualität, nur als brutale Darstellung und Demonstration seiner selbst, bzw. seiner Erbauer und Auftraggeber. Derartige Unterordnung menschlicher Bedürfnisse und Maße unter kommerzielle und bauwirtschaftliche Zwänge wurde von der aufbegehrenden '68er-Jugend als ‚Betonfaschismus' bezeichnet. (…)" Winfried Nerdinger, in: Nikolaus Pevsner, Europäische Architektur von den Anfängen bis zur Gegenwart, München 1997, S. 405 f.

[21] Le Corbusier, Ausblick auf eine Architektur, Frankfurt am Main 1963 (die deutsche Originalausgabe erschien 1926 unter dem Titel „Kommende Baukunst").

die Weltraumerforschung (und ihre oft eher ästhetische als wissenschaftliche Vermittlung in den Medien) ein elementares Thema in den 60er Jahren. In der Heinrich-Heine-Universität, wie auch in vielen weiteren Universitäten aus der Zeit, sind ästhetische Elemente zu erkennen, die aus dieser Inspirationsquelle entstanden sein könnten. Die Heinrich-Heine-Universität ist aus genannten Gründen streng funktionalistisch gebaut, sie kann in einem strengen ursprünglichen Sinn nur bedingt als brutalistische Universität bezeichnet werden, erfüllt aber die letztlich mit dem in der Praxis üblichen Begriff des Brutalismus verbundenen Stilmerkmale weitgehend, die auf Funktions- und Materialgerechtigkeit, auf kostengünstiger Dynamik, aber auch – ganz vordergründig – auf Sichtbarkeit von Betonoberflächen basieren, die diesen Funktionen in besonderer Weise emblematisch ist und weit über die Funktion hinaus auf ein ganzes System verweist. Für den Brutalismus gilt mit Jean Baudrillard:

> (...), dass das ganze System sich auf den Begriff der Funktionalität stützt. Farben, Formen, Stoffe, Ausgestaltung, Räumlichkeit – alles ist funktionell. Alle Gegenstände sind bestrebt, funktionell zu sein, wie alle Regime sich als demokratisch ausgeben. Aber dieser Begriff, in dem das ganze Prestige der Modernität eingeschlossen ist, hat durchaus einen zwiespältigen Charakter. Von der ‚Funktion' abgeleitet, legt er den Schluss nahe, dass der Gegenstand in seinem eindeutigen Verhältnis zu der wirklichen Welt und zu den Bedürfnissen des Menschen in der Funktion aufgeht. Die bisherigen Analysen ergaben jedoch, dass ‚funktionell' keineswegs bedeutet, dass etwas an einen Zweck adaptiert ist, sondern an eine Ordnung oder an ein System angepasst scheint. Funktionalität heißt das Vermögen, sich in ein zusammenhängendes Ganzes zu integrieren.[22]

[22] Jean Baudrillard, Das System der Dinge, Frankfurt am Main 2007, S. 83 (die französische Originalfassung erschien 1968).

Abb. B.1: Roy-Lichtenstein-Saal: Treppenhaus

Abb. B.2: Roy-Lichtenstein-Saal: Treppenhaus

Abb. B.3: Roy-Lichtenstein-Saal: Treppenhaus

Abb. B.4: Roy-Lichtenstein-Saal: Treppenhaus

Abb. B.5: Roy-Lichtenstein-Saal: Treppenhaus

Abb. B.6: Treppenhaus in 26.21

Abb. B.7: Treppenhaus im Bereich 26

Abb. B.8: Treppenhaus im Bereich 26

Abb. B.9: Waschbetonoberflächen im Bereich 26

Abb. B.10: Waschbetonoberflächen im Bereich 26

Abb. B.11: Waschbetonoberflächen im Bereich 26

Abb. B.12: Waschbetonoberflächen im Bereich 26

Abb. B.13: Foyer vor Hörsaal 3A in 23.01

Abb. B.14: Flur in 23.01

Abb. B.15: Flur in 23.01

Abb. B.16: Flur in der Gebäudegruppe 26

Abb. B.17: Flur in der Gebäudegruppe 26

Die Bauten des Universitätsklinikums

Bernhard Jansen

Das inzwischen kaum mehr überschaubare Gelände der Düsseldorfer Universitätskliniken mit ihren unterschiedlichen Gebäudetypen, Formen, Stilen und Materialien hat eine gerade einmal 100jährige Geschichte,[1] in der wie in einem Handbuch die Geschichte des deutschen Krankenhausbaus exemplarisch studiert werden kann. Dafür freilich ist es nötig, die permanenten Überschreibungen, Anfügungen, Ausradierungen, Umfunktionierungen und Schwerpunktverlagerungen – teils aus Notwendigkeit, teils aus Respektlosigkeit – zu rekonstruieren, die immer wieder aufs Neue dafür gesorgt haben, dass die architekturgeschichtliche Stellung der Bauten nicht mehr recht fassbar ist.

Die Entwicklung des Krankenhausbaus im 19. Jahrhundert ist geprägt durch verschiedene Bautypen: das Mehrgeschossgebäude, den Pavillonbau und die Lazarettbaracke auf Zeit. Die Funktionalität der zentralen Mehrgeschossbauten, die sich aus den Hospitälern entwickelten, war mit den gestiegenen Anforderungen nicht mehr gewährleistet. Die rasant wachsende städtische Bevölkerung, Arbeiter und ihre Familien, die medizinische Entwicklung und ihre Umsetzung mit entsprechendem Personal erforderten eine neue funktionale Gliederung. Zeitgleich mit der Ausbreitung antiseptischer Operations- und Verbandsmethoden aus England nach Deutschland wurde der zentrale Mehrgeschossbau mit kleineren Krankenzimmern mit maximal 12 Betten von dezentralen Pavillonbauten mit belüfteten Krankensälen mit 20 bis 30 Betten abgelöst. Um Ansteckungsgefahr zu minimieren, wurden Kranke in unterschiedlichen Kliniken getrennt behandelt. Es wurden Unterschiede gemacht zwischen innerer und äußerer Behandlung, Kinder wurden in eigenen Räumlichkeiten untergebracht, Männer und Frauen weiterhin getrennt und infektiöse Kranke in separaten Gebäuden behandelt. Die Lazarettbaracken waren eine Übergangslösung bei der

[1] Thorsten Halling/Jörg Vögele (Hg.), 100 Jahre Hochschulmedizin in Düsseldorf 1907–2007, Düsseldorf 2007.

Seuchenbekämpfung. Die qualitative Steigerung der medizinischen Versorgung in den Krankenhäusern veranlasste die vermögende Bevölkerung, die sich vorher zu Hause pflegen ließ, sich im Krankenhaus behandeln zu lassen. Auch dafür wurden eigene Gebäude benötigt.[2]

In Düsseldorf entstanden die meisten Krankenanstalten in der zweiten Hälfte des 19. Jahrhunderts. Sie waren Krankenhäuser im heutigen Sinne und nicht mehr Hospitäler, es waren weniger zum Zwecke der Heilung als zur Unterbringung dienende ‚Gasthäuser' für sogenannte Arme, Waisen, Pilger, Irre und Siechende.[3] Sie wurden zunächst vor allem als konfessionelle Krankenanstalten (zunächst das seinerzeit fortschrittliche Cellitinnen-Krankenhaus seit 1831, dann das 1864 begonnene Evangelische Krankenhaus und das 1867 begonnene Marienhospital, die beide als Lazarette im deutsch-französischen Krieg dienten) errichtet, die sich um die Krankenpflege kümmerten. 1862 wurde die von Albert Mooren geleitete städtische Augenklinik eröffnet, die allerdings trotz ihrer überregionalen Bedeutung 1888 wieder geschlossen wurde.

Nachdem das im späten 18. Jahrhundert begonnene erste überkonfessionelle Krankenhaus, das nach dem Landesherrn benannte und 1802 in das Gebäude des Hubertushospitals verlegte Max-Joseph-Krankenhaus, im Laufe des 19. Jahrhunderts wiederholt wegen sanitärer Missstände kritisiert worden war und die konfessionellen Krankenhäuser nicht genug Kapazitäten insbesondere für zu isolierende Seuchenkranke (Cholera, Syphilis) sowie

---

[2] Hans Schadewaldt (Hg.), Universität Düsseldorf, Düsseldorf 1966, S. 62; Axel Hinrich Murken, Die bauliche Entwicklung des deutschen Allgemeinen Krankenhauses im 19. Jahrhundert, Göttingen 1979, S. 18–22; ders., Beispielhafte Krankenhäuser des Rheinlandes im 19. Jahrhundert, in: Eduard Trier/Willi Weyres (Hg.), Die Kunst des 19. Jahrhunderts im Rheinland, Bd.1, Düsseldorf 1980, S. 383 f.

[3] Beispiele in Düsseldorf: das Hubertus-Hospital seit dem 15. Jahrhundert oder die Tätigkeit der Cellitinnen seit dem 17. Jahrhundert; vgl. B. Tüshaus/Th. Schneider, Gebäude für Krankenpflege und öffentliche Wohlfahrt: 1. Pflege- und Waisenhäuser, 2. Krankenhäuser, in: Düsseldorf und seine Bauten, Düsseldorf 1904; Arthur Schloßmann (Hg.), Die Düsseldorfer Kranken-, Heil- und Pflegeanstalten. Düsseldorf 1926; Wilhelm Haberling, Geschichte der Düsseldorfer Ärzte und Krankenhäuser bis zum Jahr 1907, in: Düsseldorfer Jahrbuch 38, 1936, S. 1–141; Hans Schadewaldt/Irmgard Müller, Düsseldorf und seine Krankenanstalten, Düsseldorf 1969; Wolfgang Woelk, Gesundheit in der Industriestadt, Medizin und Ärzte in Düsseldorf 1802–1933, Düsseldorf 1996.

für Hautkrankheiten boten, wurde die Stadt selbst aktiv, wenn auch zunächst mit einem Provisorium des 1894 in Betrieb genommenen Barackenkrankenhauses an der Eisenstraße in Oberbilk. Die Platzierung in dem wegen der benachbarten Industrieanlagen und der in billigen Wohnungen lebenden Bevölkerung sozial und hygienisch problematischen Viertel dokumentiert, wie schwer sich die Stadt noch immer tat, diese Bauaufgabe anzunehmen.[4]

Kurz zuvor, 1892, war am damaligen Stadtrand und ebenfalls in der Nähe von Industrieanlagen das große städtische Pflegehaus an der Himmelgeister Straße erbaut worden (*Abb. 3.1*). Es war „bestimmt für berufsunfähige, pflegebedürftige Personen"[5] einschließlich Kindern und übernahm für die Stadt die Aufgaben der früheren Hospitäler. Das im Ganzen wie in seiner sparsamen Gliederung gut proportionierte und denkmalgeschützte Pflegehausgebäude mit seiner eleganten Backsteintextur verband, noch in der Tradition des mittleren 19. Jahrhunderts, typologische Erinnerungen an den Schlossbau einerseits mit Gotizismen, die für die christliche – gleichsam *caritas*, *fides* und *spes* verkörpernde – Seite dieser Architektur stehen (und folglich am intensivsten eingesetzt wurden an der zentralen Krankenhauskapelle), und andererseits mit dem Rundbogenstil als deutsch konnotierte und zugleich auf Wirtschaftlichkeit bedachte Architektur. Mit diesem anspruchsvollen dreiteiligen Bau (bestehend aus der Verwaltung und je einem Haus für Frauen und Männer), dessen Wirkung jetzt durch das neue Parkhaus erheblich beeinträchtigt ist, beginnt die Architekturgeschichte des Universitätsgeländes, da der Bau seit 1949 in die städtischen Krankenanstalten, der nachmaligen Universitätsklinik, einbezogen wurde.[6]

Der Durchbruch in der städtischen Krankenpflege wurde freilich erst ein Jahrzehnt später erzielt. Im Jahr 1904 hatte die Stadt nach mehrfach geänderten Planungen für eine Städtische Krankenanstalt beschlossen, „in Verbindung mit den Krankenanstalten eine Akademie für praktische Medizin zu errichten, um hierdurch den

[4] Hofacker, Kurze Geschichte der Kranken-, Heil- und Pflegeanstalten Düsseldorfs, in: Schloßmann (wie Anm. 2), S. 7.

[5] August Hoffmann, Städtisches Pflegehaus, Himmelgeisterstrasse 152, in: Schloßmann (wie Anm. 3), S. 230.

[6] Hofacker (wie Anm. 4), S. 7; Hoffmann (wie Anm. 5), S. 230; Information vom Institut für Denkmalschutz und Denkmalpflege des Bauaufsichtsamtes der Landeshauptstadt Düsseldorf vom 04.01.2007.

Abb. 3.1: Pflegehaus Himmelgeister Straße: Gebäude 18.13

jungen Medizinern die Ableistung des [...] praktischen Jahres zu ermöglichen".[7] Die Allgemeinen Städtischen Krankenanstalten und die Akademie für praktische Medizin wurden am 27.7.1907 feierlich eröffnet (*Abb. 3.2, 3.3*).

Die Stadt hatte 1897 ein circa fünf Hektar großes Gelände in Stoffeln gekauft. Nachdem sich wegen zu hoher Preisvorstellungen der preußischen Regierung die Hoffnung zerschlagen hatte, das Garnisons-Lazarett zu übernehmen,[8] beschloss die Stadt, das Gelände durch weitere Grundstückskäufe zu erweitern. Das schließlich knapp neun Hektar große, östlich des städtischen Pflegehauses gelegene Gelände der Städtischen Krankenanstalten befand sich, infrastrukturell nicht gut eingebunden, südlich des damaligen Stadtkerns am Übergang zum offenen, landwirtschaftlich genutzten Land. Das durch eine teils einfache, teils doppelte, auf Lücke gesetzte Baumreihe und durch eine Umfassungsmauer umfriedete Areal nahm über zwei Dutzend Bauten mit insgesamt 745 Krankenbetten auf. Es glich einer kleinen, nahezu autarken Stadt mit eigenen Werkstätten, Wäscherei, Gärtnerei, Viehzucht, Metzgerei und Großküchen. Das mit teils geschwungenen, teils gerade geführten Wegen und baumgesäumten Grünflächen gegliederten Gelände war durch die den Wegen folgende Begrünung sowohl in Parzellen strukturiert als auch durch das Grün zusammengefasst, wie es sich – parallel zu den Volksgärten – mit den Reformkonzepten der Pavillonkrankenhäuser seit den 1860ern durchgesetzt hatte. Hier hatte sich das Verhältnis von Garten zu Architektur gegenüber der älteren Tradition umgekehrt. Nicht mehr rahmen die Bauten begrünte Innenhöfe, sondern Grünflächen fassen die Gebäude ein. Die Grünflächen der einzelnen Parzellen waren in den westlichen und zentralen Teilen vor allem mit Baumreihen, gelegentlich auch mit Büschen gerahmt und dann durch Rasen-Parterres gegliedert. Im östlichen Teil richteten sie sich mehr nach Prinzipien des Landschaftsgartens, bei denen sich über Rasenflächen schlängelnde und sich verzweigende Wege vorbei an natürlich wirkender, weil weniger wegbezogener Bäume und Büsche und unregelmäßiger einsetzenden Bepflanzung zum Spaziergang einluden.[9] In veränderter Form hat sich vom Krankenhauspark ein kleinerer Teil erhalten (*Abb. C.1, C.2*).

---

[7] Hofacker (wie Anm. 4), S. 7.

[8] Woelk (wie. Anm. 3), S. 86.

[9] W. Alter, Die Allgemeinen städtischen Krankenanstalten in Düsseldorf, in: Schloßmann (wie Anm. 3), S. 9–20 (hier S. 10).

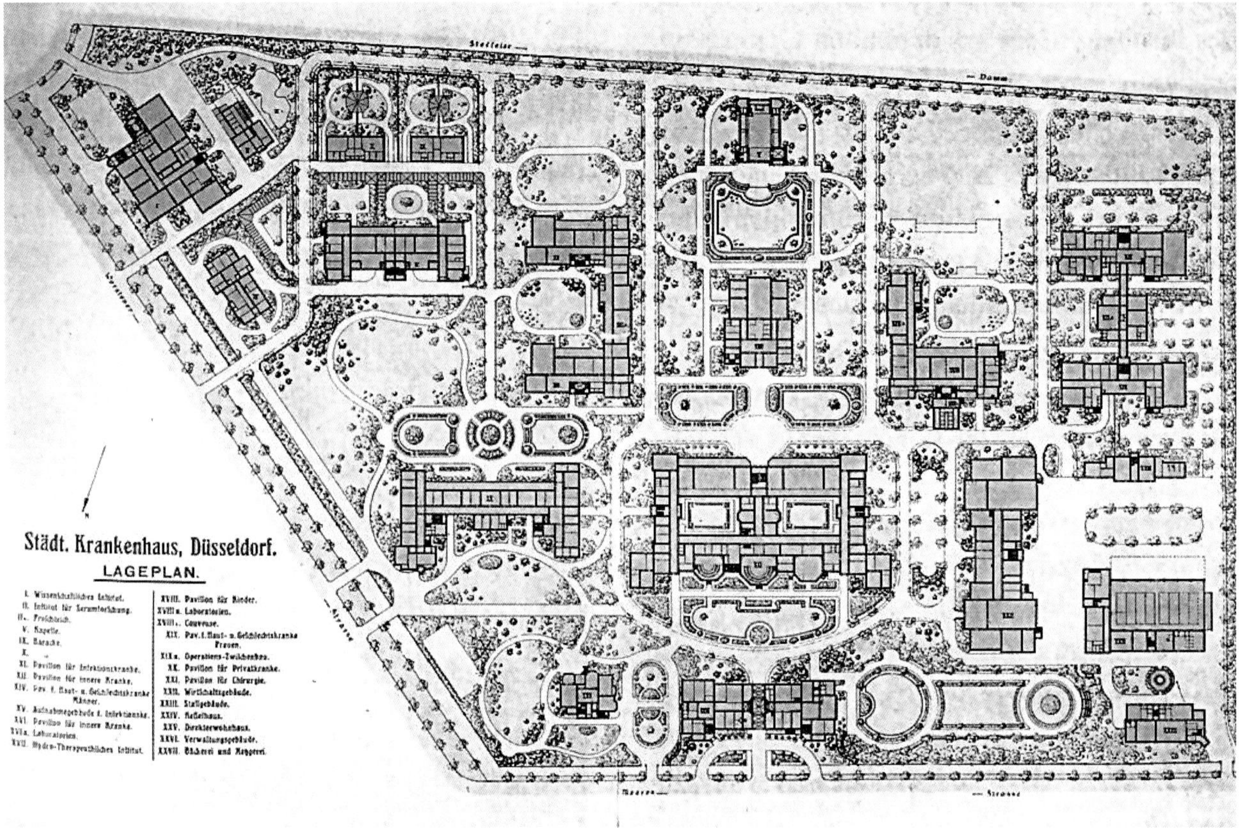

Abb. 3.2: Krankenanstalten: Plan der Gebäude von 1907

Abb. 3.3: Krankenanstalten: Luftbild

Das besondere Düsseldorfer Ergebnis war ein im damaligen Krankenhausbau überaus fortschrittliches Ensemble samt Parkanlage zwischen Historismus und Lebensreform mit pittoresken und axial-repräsentativen Elementen sowie einer – im positiven, damaligen Sinn: ‚stillosen', weil sich nicht an historistischen Ornamentmustern orientierenden – Architektur (*Abb. C.3–C.5*). Ein Gebäude diente der Infektionsaufnahme, vier waren Wirtschaftsgebäude, zwei Gebäude wurden für das wissenschaftliche Institut errichtet. Der Verwaltung waren zwei Gebäude vorbehalten. Durch die allseitige Anbindung an Grünflächen war die Krankenhauskapelle besonders hervorgehoben.[10] Der Rest bestand in den eigentlichen Krankenhausbauten. Es werden nicht nur logistische, sondern auch Platzgründe dafür gesprochen haben, vom weitläufigen Pavillonsystem abzurücken. Hier wurden die neu gewonnenen Erkenntnisse im chirurgischen Bereich mit den platzsparenden und wirtschaftlicheren Mehrgeschossbauten konsequent angewendet und gestalterisch mit Vielfalt in der Einheit der Gesamtplanung umgesetzt.[11] Mit der in Deutschland erstmals konsequenten Abkehr vom Typus des Pavillonkrankenhauses mit seinen riesigen, gut zu belüftenden Krankensälen wurde es möglich, das lebensreformerische Prinzip von „Licht, Luft und Sonne" mittels mehrgeschossiger, einhüftiger Klinikgebäude mit Korridoren und durchgehenden, gegebenenfalls durch Sonnensegel verschatteten, breiten und offenen Veranden vor den Krankenzimmern zur therapeutischen Unterstützung einzusetzen (*Abb. C.6, C.7*).[12] Hierfür dürfte die unmittelbar zuvor entstandene chirurgische Klinik der Charité in Berlin anregend gewesen sein, doch anders als dort nimmt nun das Verandasystem fast die gesamte Front ein.

---

[10] Vgl. den Beitrag von Wiebke Arnholz.

[11] Vgl. Axel Hinrich Murken, Vom Armenhospital zum Großklinikum, die Geschichte des Krankenhauses vom 18. Jahrhundert bis zur Gegenwart, Köln 1988, S. 209.

[12] Schloßmann (wie Anm. 3), S. 9–10; Karl Renner, Die Geschichte der Düsseldorfer Universitätskinderklinik von ihrer Begründung im Jahre 1907 bis zum Jahre 1967, in: Hans Schadewaldt (Hg.), Arthur Schloßmann und die Düsseldorfer Kinderklinik. Düsseldorfer Arbeiten zur Geschichte der Medizin, Heft 27, Düsseldorf 1967, S. 13; Murken (wie Anm. 2), S. 318–321; ders., Vom Armenhospital zum Großklinikum, die Geschichte des Krankenhauses vom 18. Jahrhundert bis zur Gegenwart, Köln 1988, S. 208–209; Gerd Claussen, Beitrag zur Geschichte des Baues I der ehemaligen Krankenanstalten des jetzigen Gebäudes 14.79 der Universität Düsseldorf, Dissertation, Düsseldorf 1988.

Eine zentrale Hauptachse von der Verwaltung über das Gebäude für die operativen Fächer bis zur Kapelle teilt das Gelände, ohne dass ein starres Achsensystem symmetrischer Baukörperbezüge ausgebildet würde. Obwohl aufeinander abgestimmt, korrespondiert kaum einmal eine Gebäudegruppe mit der jeweils benachbarten. In der Zentralachse wechseln die Gebäude in ihren Baukörpern, und dort, wo die Baukörper einander ähneln, reagieren sie nicht in spiegelbildlichen Entsprechungen. Sowohl auf der nord-südlich zweigeteilten Westseite als auch in der dreigeteilten Ostseite mit ihrer diagonal gestellten, der Straße folgenden dritten Achse sind die Baukörpergruppierungen weder symmetrisch noch axial aufeinander bezogen. In der Anordnung und Gruppierung der Gebäude wurden hier bereits Prinzipien des modernen Städtebaus vorweggenommen. Neben der reichen Bepflanzung sind es die architektonischen Materialien der durch Backsteine eingefassten Gliederungselemente, die grauen Putzflächen dazwischen sowie der Dachlandschaft aus biberschwanzgedeckten Sattel- und Krüppelwalmdächern, die den Ensemblecharakter trotz der loser gewordenen Achsenbindungen garantieren. Die Wege trennten optisch die einzelnen Parzellen der verschiedenen Gebäude, sie verbanden aber auch alle Gebäude miteinander, wobei unter den Hauptwegen begehbare unterirdische Gänge für das Leitungsnetz des technischen Betriebs verliefen.

Bei dem vierflügeligen Chirurgischen Pavillon ist der nördliche Flügel mit den polygonalen, sehr hell durch gleichmäßiges Nordlicht bestens ausgelichteten Operationssälen eingeschossig, während die drei übrigen Flügel dreigeschossig sind. Ein viertes Geschoss liegt unter dem Dach (*Abb. 3.4*). Die anderen großen zentralen Gebäude sind dreiflügelig, dreigeschossig mit ein- oder zweigeschossigen Anbauten. In der Baukörpertypologie noch immer der nobilitierenden Tradition des Schlossbaus verpflichtet, sind diese Bauten wie das benachbarte Pflegeheim durch sparsam instrumentierte Mittel- und Seitenrisalite gegliedert. Deren Schmalseiten als den modernsten Teilen wiederum kommen Ideen von Peter Behrens, dem damaligen Leiter der Düsseldorfer Kunstgewerbeschule, am nächsten. Die Fenster weisen uneinheitlich entweder gerade Abschlüsse oder Flachbögen auf. Karg, nüchtern und streng im Erscheinungsbild – dies scheint zur wirkästhetischen, therapeutischen und erzieherischen Konzeption von Krankenhausarchitektur seit jeher dazugehört zu haben – beschränkt sich der Ornamentschmuck der Düsseldorfer Krankenanstalten auf wenige Motive wie einzelne Friese aus Blendbögen, Gesimse aus Blendsteinen und Giebelgesimse. Sie alle sind nicht mehr eindeutig auf einen historischen Stil zurückzuführen.

Architekt der ursprünglichen Anlage war der heute viel zu wenig bekannte Baurat Johannes Radke (1853–1938), Leiter des städtischen Hochbauwesens. Im Jahr 1900, als er mit dem deutschen Pavillon auf der Pariser Weltausstellung reüssiert hatte, wechselte er von Berlin nach Düsseldorf und war hier bis 1921 überaus erfolgreich tätig. Mit seinen stilistisch zwischen Späthistorismus und Jugendstil, Eklektizismus, Reformstil, Neoklassizismus bis hin zur beginnenden Moderne angesiedelten Bauten unterschiedlichster Aufgaben (eine für Architekten seiner Generation gar nicht so seltene erstaunlich vielfältige formale Entwicklung) prägte er das Stadtbild von Düsseldorf wie kaum ein anderer Architekt.[13]

Die Klinikgebäude haben eine hierarchische Größe und symmetrische Anordnung. Der Chirurgische Pavillon im Zentrum auf der Mittelachse wurde mit seinen vier operativen Kliniken Chirurgie, Gynäkologie und Geburtshilfe, HNO- und Augenheilkunde als Herzstück der Anlage geplant. Nach Osten zu entstand in unmittel-

[13] Während Radkes Weltausstellungsbau noch deutlich dem wilhelminischen Historismus verpflichtet war, zeigt die Luisenschule als eine von mehreren von ihm entworfenen Schulen in Düsseldorf eine Weiterentwicklung zu einer städtebaulichen Vereinheitlichung. Der zeitgleich mit der gegenüberliegenden Luisenschule errichtete und von ihm selbst als „stillos“ bezeichnete und ausdrücklich Berliner Anspruchsniveau überbietende, tatsächlich von Messels Kaufhaus Wertheim beeinflusste „Stahlhof“ schließlich zählt noch immer zu den beeindruckendsten Bauten Düsseldorfs; vgl. Françoise Fortser-Hahn, Deutsche „Bierburg“ oder „le clou de l'Exposition“? le Pavillon de l'Empereur auf der Pariser Weltausstellung 1900, in: Uwe Fleckner/Martin Schieder/Michael F. Zimmermann (Hg.), Jenseits der Grenzen: französische und deutsche Kunst vom Ancien Régime bis zur Gegenwart. Thomas W. Gaethgens zum 60. Geburtstag, Köln 2000, S. 315–328; Max Greve, Geleitwort zur Feier der Eröffnung der Allgemeinen Städtischen Krankenanstalten und der Akademie für Praktische Medizin in Düsseldorf. Düsseldorf 1907, S. 3; Radkes 1925 leider abgerissenes Majolikahäuschen im Hofgarten war dasjenige Gebäude, das sich mehr als jedes andere der Stadt am floral dekorativen Jugendstil Brüsseler und Pariser Prägung orientierte; vgl. Melanie Florin, Das Majolikahäuschen von Villeroy und Boch im Düsseldorfer Hofgarten, Düsseldorf 2006, Rez. dazu von Julia Benthien, in: http://www.sehepunkte.de/2007/04/11084.html.

Abb. 3.4: Operationszentrum der Krankenanstalten von 1907

barer Nachbarschaft der Privatpavillon mit einer durchgehenden Verandafront auf der Südseite. Die Pavillons für Infektionskrankheiten dagegen wurden wohl nicht nur aus Ansteckungsgründen in der hinteren Ecke des Geländes gebaut. Dass die Hierarchie der Gebäude analog zur Reputation der Kliniken geplant wurde, erregte das Missfallen Arthur Schloßmanns, der die kleineren, unzweckmäßigeren Gebäude der Kinderklinik kritisierte. Schloßmann kam erst nach der Planung der Krankenanstalten nach Düsseldorf und ließ die Kinderklinik in seiner Zeit, so gut es ging, erweitern.[14]

Von der originalen Innenarchitektur hat wenig überlebt. In einzelnen Gebäuden können noch Reste der alten Wandverkleidung mit weißen Wandkacheln bewundert werden, die an den Türrahmen zu grün glasierten Fliesen wechseln und bereits auf die neue geometrisch orientierte Phase des Jugendstils reagieren, wie sie Peter Behrens damals während seiner Zeit als Leiter der Düsseldorfer Kunstgewerbeschule von Wien aus eingeführt hatte.

1907–1945

Auch die Geschichte der Außenanlage ist in erster Linie eine Geschichte der Beeinträchtigung des hervorragenden alten Ensembles, um für neue Anforderungen auf einem räumlich beschränkten Gelände architektonische Lösungen zu finden, bei denen eine sensible Abstimmung auf das Vorhandene die jeweils letzte Option in der Planung gewesen zu sein scheint. Sowohl raumplanerisch wie gestalterisch noch bestens gelungen ist das im Zuge einer Reihe von Erweiterungen 1922–24 errichtete neue Hauptgebäude der Klinik für innere Krankheiten (*Abb. 3.5*).[15]

[14] Arthur Schloßmann, Akademische Klinik für Kinderheilkunde und Klinik für Infektionskrankheiten, in: Schloßmann (wie Anm. 3), S. 71.

[15] Nun konnte die Augenklinik vom Chirurgischen Pavillon in den Nordflügel der ehemaligen Medizinischen Klinik umziehen, während die Hals-Nasen-Ohren-Klinik ihre neuen Räumlichkeiten im Südflügel der ehemaligen Medizinischen Klinik fand und einen Hörsaalbau erhielt. Dem Mittelbau wurde ein weiteres Stockwerk aufgesetzt, der sowohl der Augen- als auch der HNO-Klinik zur Verfügung stand; vgl. Krauss, Akademische Augenklinik, in: Schloßmann (wie Anm. 3), S. 20–22; Oertel, Akademische Hals-Nasen-Ohrenklinik, in: Schloßmann

Abb. 3.5: Klinik für innere Krankheiten 1, 1922–24

Es ist im Grunde eine Übersetzung des Chirurgischen Pavillons in die Abstraktion der Neuen Sachlichkeit in ihrer spezifisch Düsseldorfer Backsteinversion, wie sie insbesondere an der Architekturabteilung der Düsseldorfer Akademie gelehrt wurde.[16] Am ehesten wies der kompakte Neubau Ähnlichkeiten mit dem Werk Emil Fahrenkamps auf.[17] Daher ist es gut denkbar, dass der Entwurf dieses Krankenhauses dem damaligen Stadtbaurat Hans Freese zuzuschreiben ist, der um 1924 formal eher Fahrenkamp als Wilhelm Kreis nahestand.[18] Der schlichte, dreiflügelige, dreigeschossige Bau mit ausgebautem Dachgeschoss liegt auf der Hauptachse in west-östlicher Ausrichtung. Der Hof des breiten Gebäudes öffnete sich nach Norden zur Kapelle hin. Die Südseite des Hauptflügels war wie die älteren Krankenhausbauten mit Liegehallen versehen, die Rasenfläche südlich des Baus war über die gesamte Breite auf Kellerniveau abgesenkt. Die stilistischen Unterschiede zu den älteren Gebäuden bestehen hauptsächlich aus den flächigen, auf jeden Schmuck verzichtenden Außenwänden mit Backsteinverblendung ohne gliedernde Blendsteine, den in die Horizontale gezogenen Proportionen und den schlichteren, pfannengedeckten

(wie Anm. 3), S. 47 ff.; Schadewaldt (wie Anm. 1), S. 113 ff. Der Privat-Pavillon stand ursprünglich allen Kliniken für die Behandlung Patienten erster Klasse zur Verfügung. Die Frauenklinik zog 1924 aus den beengten Räumlichkeiten im Chirurgischen Pavillon in den für diese Aufgaben umgebauten Privat-Pavillon. Dadurch konnte 1924 der Chirurgische Pavillon der Chirurgischen Klinik nach einigen Umbauten zur alleinigen Nutzung zur Verfügung gestellt werden. Vgl. Pankow, Akademische Frauenklinik Düsseldorf, in: Schloßmann (wie Anm. 3), S. 37; Schadewaldt (wie Anm. 1), S. 80; Wolfgang Distler, Vorwort, in: Frauenklinik der Heinrich-Heine-Universität (Hg.), Chronik der Jahre 1971–1991, Düsseldorf 1991, S. 7; Rehn, Akademisch-chirurgische Klinik Düsseldorf, in: Schloßmann (wie Anm. 3), S. 29 ff; Schadewaldt (wie Anm. 1), S. 113 ff.

[16] Wilhelm Busch, Bauten der 20er Jahre an Rhein und Ruhr. Architektur als Ausdrucksmittel, Köln 1993; Jürgen Wiener (Hg.), Die Gesolei und die Düsseldorfer Architektur der 20er Jahre, Köln 2001.

[17] Zu Fahrenkamp, einem der erfolgreichsten deutschen Architekten der 20er Jahre, vgl. Christoph Heuter, Emil Fahrenkamp 1885–1966: Architekt im rheinisch-westfälischen Industriegebiet, Petersberg 2002.

[18] Hans Freese entwarf das Rheinstadion sowie den Feuerwehrturm auf der von Arthur Schloßmann organisierten Gesundheitsausstellung Gesolei; vgl. Hans Körner/Angela Stercken (Hg.), 1926–2002, Ge So Lei. Kunst Sport und Körper, Stuttgart 2002, S. 164–176; Angela Stercken (Hg.), Kunst – Sport – Körper. Die Gesolei von 1926. Dokumentation, Weimar 2004.

Walmdächern. Lediglich an den Stirnseiten der Seitenflügel sind die Eingänge mit Risaliten über die gesamte Gebäudehöhe ausgezeichnet.[19]

1945–1965

Die Kriegsschäden der Gebäude der Krankenanstalten waren erheblich: Fast alle Gebäude waren mindestens am Dachgeschoss beschädigt.[20] Komplett zerstört waren das Badehaus, die Klinik für Infektionskrankheiten und vier Krankenpavillons, weitgehend das Gebäude der Wissenschaftlichen Institute und teilweise der Chirurgische Pavillon.[21] Dennoch wurde die Akademie im November 1945 wieder eröffnet. 1949 wurde das ehemalige Pflegehaus an der Himmelgeister Straße renoviert, in dem nun die Westdeutsche Kieferklinik, die 2. Medizinische Klinik und die Poliklinik ihren neuen Platz fanden.

Das größte Bauvorhaben der 1950er Jahre war die neue Chirurgische Klinik, in der auch die damals berühmte Düsseldorfer Herzchirurgie untergebracht war. Der 1955 begonnene und 1958 eingeweihte Bau entstand nach den Plänen der Architektengemeinschaft Konstanty Gutschow und Godber Nissen aus Hamburg (*Abb. C.8–C.12*). Der 1962 durch die Landesregierung NRW zum Professor ernannte Gutschow, der seit 1933 der SA nahestand, zu einem der führenden Architekten des Nationalsozialismus wurde und schließlich 1943 von Albert Speer zum

[19] Vgl. Hoffmann, Die Medizinische Klinik der Medizinischen Akademie Düsseldorf, in: Schloßmann (wie Anm. 3), S. 89 ff.; Schadewaldt (wie Anm. 2), S. 113 ff.; Karl-Eberhard Streblow, Die Verwaltung der Städtischen Krankenanstalten Düsseldorf 1907 bis 1972, in: Hans Schadewaldt (Hg.), Von der Medizinischen Akademie zur Universität Düsseldorf. 1923–1973, Düsseldorf 1973, S. 93; August Hoffmann, Die Allgemeinen Städtischen Krankenanstalten in Düsseldorf, in: Klinische Wochenschrift, 5, 1926, S. 1749.

[20] Dies führte dazu, dass beim Wiederaufbau nicht bei allen Gebäuden die ursprüngliche Form steiler Sattel- und Walmdächer mit eigenem Dachgeschoss hergestellt wurde. Die Verwaltung erhielt etwa ein niedriges Geschoss unter der erhöhten Traufe. Darüber wurde dann ein sehr flaches Satteldach errichtet.

[21] Schadewaldt (wie Anm. 1), S. 127.

organisatorischen Leiter des „Arbeitsstabes für den Wiederaufbau bombenzerstörter Städte“ bestellt wurde, war wie etliche andere Speer-Kameraden nach dem Krieg gerade in Düsseldorf sehr erfolgreich,[22] da der zeitweise übermächtige Düsseldorfer Bau- und Planungsdezernent Friedrich Tamms, mit Speer seit Studientagen befreundet und ebenfalls Mitglied in dessen Stab für Wiederaufbau, immer wieder die einstigen Kollegen aus der Zeit vor 1945 insbesondere bei großen und repräsentativen öffentlichen Bauaufgaben favorisierte.[23] Stilistisch zeigt sich Gutschow als ein im Funktionalen äußerst versierter Architekt, der zwar den Monumentalismus der Architektur der von Speer koordinierten offiziellen Architektur des Nationalsozialismus hinter sich ließ, gleichwohl, wie seine Lochrasterfassaden mit ihren kleinen Fenstern und der Dominanz der Mauer zeigen, nur zögerlich den Anschluss an die leichte Moderne der 1950er Jahre fand, wie sie in Düsseldorf etwa durch Bernhard Pfau (der einen formal weitaus besseren Entwurf für die Klinik vorgelegt hatte), Paul Schneider-Esleben oder Hans Schwippert prominent vertreten war.[24]

Im Funktionalen beeindruckend, im Formalen verhalten: dies gilt auch für Gutschows Chirurgische Klinik, die er ungefähr gleichzeitig zur Börse als seinem zweiten Düsseldorfer Großauftrag und parallel zur formal sehr

---

[22] Gutschow lieferte 1948 das entscheidende Gutachten zur Berliner Allee, plante den Bau der Börse und war für viele Bauten der Städtischen Klinik bzw. Universität zuständig.

[23] Werner Durth, Deutsche Architekten. Biographische Verflechtungen 1900–1970, Braunschweig 1986; ders., Düsseldorf: Demonstration der Modernität, in: Klaus von Beyme u. a. (Hg.), Neue Städte aus Ruinen, München 1992, S. 231–250. Eine systematische Untersuchung, in wie vielen Fällen bei Wettbewerben, in denen Tamms der Jury vorsaß oder zumindest daran teilnahm, seine früheren Kollegen (neben Gutschow wäre in erster Linie Helmut Hentrich zu nennen, sodann Hans Dustmann, Rudolf Wolters, Julius Schulte-Frolinde, Paul Bonatz) den jeweiligen Wettbewerb gewannen. Welche Rolle Tamms bei den politischen und personellen Entscheidungen zum Bau der Düsseldorfer Universität spielte, wäre noch genauer zu untersuchen. Durth zufolge jedenfalls wurde Tamms von der Universität Düsseldorf geehrt (S. 516).

[24] Vgl. Oberstadtdirektor der Stadt Düsseldorf, Dezernat Städtische Krankenanstalten (Hg.), Die Chirurgische Klinik der Städtischen Krankenanstalten Düsseldorf, Düsseldorf 1960, S. 5; Julius Niederwöhrmeier, Das Lebenswerk des Düsseldorfer Architekten Bernhard Pfau 1902–1989, Stuttgart 1997, S. 404.

ähnlichen Tübinger Universitätsklinik plante. Beide zählen zu den wichtigsten Krankenhausbauten der 1950er Jahre in Westdeutschland. Die den klassisch-modernen Krankenhäusern der 1920er Jahre folgenden asymmetrischen Baukörpergruppierungen sollten allseitig sichtbar sein. Sie gingen daher – ganz anders als ein Radke 50 Jahre zuvor – auf verschwenderische Weise mit dem Areal um, das jedoch im Laufe der Zeit ähnlich verbaut wurde wie Radkes Anlage, weshalb auch diese Architektur in einer ihrer zentralen ästhetischen Qualitäten nicht mehr gewürdigt werden kann. Trotz des Bekenntnisses zur Moderne bleibt die Gestaltung der Oberflächen in ihren Proportionen und im Verhältnis von Wand zu Fenster hinter dem zurück, was die international geschätzte Architektur der 1950er Jahre in Düsseldorf so auszeichnet(e).

Mit der auf der grünen Wiese errichteten Gebäudeanlage setzte die Ausweitung des Klinikareals nach Süden ein, ohne auf die Ursprungsanlage in Gestaltung und Ausrichtung Rücksicht zu nehmen. In ihrer funktionalen Aufteilung seinerzeit hochmodern, gliedert sie sich in vier funktional unterschiedliche Bauteile. Sie bestehen jeweils aus mehrgeschossigen Quadern, die nicht nur funktional, sondern auch formal auf den betont asymmetrischen Kontrast von aufragenden Teilen (für die Krankenzimmer) und breit lagernden Teilen (für Verwaltung und medizinische Zwecke) abzielen. Die Konstruktion der Gebäude besteht aus einem massiv ausgemauerten Stahlbetonskelett mit einer in hellen Klinkern ausgeführten Außenverblendung oder mit Waschbetonplatten, deren feine Gesteinskörnung homogener und ungleich angenehmer ist als der massenhafte Einsatz dieses Materials im Plattenbau der 1960er und 1970er Jahren. Aufgrund ihrer seriellen Vorfabrikation lösten Waschbetonplatten zwar die Produktionsphantasien der Avantgarde der 1920er Jahre ein, wurden zugleich auch zum Inbegriff des Elends der Moderne in ihrer Gleichsetzung des Ökonomischen mit dem Ästhetischen. Auch sonst liegen die Qualitäten dieser Architektur Gutschows im Einsatz des Materials, insbesondere bei der Kombination von bunten Terrazzokacheln, Sichtbeton, Holz und Glas im Foyer des niedrigen Ostflügels – der einzige Bereich des Ensembles, bei dem die gestalterischen Qualitäten der 1950er Jahre voll zum Tragen kommen.

Ausgehend vom dreigeschossigen Behandlungsbau in Nord-Süd-Ausrichtung schließen sich im Süden mit einem Verbindungsbau die beiden Bettenbauten West und Ost an. Verbunden sind sie mit einem nahezu fensterlosen Treppen- und Aufzugsturm. Der Bettenbau West ist mit neun Geschossen der höchste der Anlage und nimmt damit eine in den USA einsetzende Entwicklung des Krankenhausbaus als Hochhausbau auf. In ihm befinden sich ausschließlich mit einem Korridor verbundene Krankenzimmer. Die Gewichtung gegenüber Radke umkehrend – und damit auch den therapeutischen Sinn von Licht, Luft und Sonne zugunsten einer ökonomisch optimierten Belegung relativierend – sind nur noch die beiden äußeren, breiteren Achsen der Südseite mit Loggien versehen, während die übrigen Wände nur mit quadratischen Fenstern gegliedert sind. An der Nordfassade ist nur eine Achse mit Loggien versehen, die Fenster sind kleiner als an der Südfassade. Dem fünfgeschossigen Bettenbau-Ost ist ein Hörsaal angegliedert. In diesem Bau befinden sich der Haupteingang der Chirurgischen Klinik und das Foyer als Besucherhalle im Erdgeschoss. Im ersten Obergeschoss sind Verwaltungsräume und die Bibliothek angesiedelt. Die oberen drei Geschosse sind Krankenzimmern vorbehalten. Im dreigeschossigen Behandlungsbau befinden sich sämtliche Operationssäle und Laboratorien.[25]

Die Struktur der Chirurgischen Klinik ist durch ihre Funktionalität begründet. Operationssäle, Krankenzimmer, Verwaltung und Lehre sind räumlich getrennt und durch den zentralen Treppenturm verbunden. Die sogenannte Breitfußanlage, ein Bautyp mit Bettenhochhaus und eingeschossigen Behandlungsbauten, ist hier von Gutschow & Nissen grundsätzlich verwendet und erweitert worden.[26] Im alten Chirurgischen Pavillon wurde ein ähnlicher Ansatz verwendet, bei dem sich die Krankenzimmer im dreigeschossigen Südflügel und die Operationssäle im eingeschossigen Nordflügel befinden. Große Unterschiede sind aber dennoch in der Gesamtkonzeption

[25] Ebd., S. 7 ff; Schadewaldt (wie Anm. 2), S. 134 ff.

[26] Vgl. Axel Hinrich Murken, Vom Armenhospital zum Großklinikum. Die Geschichte des Krankenhauses vom 18. Jahrhundert bis zur Gegenwart, Köln 1988, S. 242 f.

zu sehen. Während Radke einen äußerlich geschlossenen Gebäudekomplex in die Gesamtanlage integrierte, gehen die vier Flügel der neuen Chirurgischen Klinik von dem zentralen Treppenturm in vier Richtungen auseinander und bilden als Komplex einen von der Gesamtanlage unabhängigen und erweiterbaren Bau, dem westlich 1962 die eingeschossige Poliklinik angebaut wurde (*Abb. 3.6.*).[27]

1965 bis zur Gegenwart

Die Gründung der Universität im Jahr 1966 hatte für das Umfeld des Klinikgeländes erhebliche Auswirkungen. Die in den Jahren bis 1976 entstandenen Neubauten der neuen Campus-Universität, zu denen auch die vorklinischen Fächer der medizinischen Fakultät gehören, schließen an den Südrand des Klinikgeländes an, wobei die alte Hauptachse Radkes von der Verwaltung bis zur Kapelle Ausgangspunkt der städtebaulichen Konzeption wurde. Bevor die Krankenanstalten 1973 in die Trägerschaft des Landes übergingen, entstanden bis 1972 seitens des Staatshochbauamtes unter dem Regierungsbaudirektor Friedhelm Sieben eine Art Masterplan zur Vereinheitlichung des Geländes (*Abb. 3.7*), der in dieser Form nicht realisiert wurde, aber doch für die weitere Planung von Belang war.[28] Verwirklicht wurde zunächst nur ein in den Planungen des Staatshochbauamtes 1972 angelegtes Bauvorhaben. Südlich der

---

[27] In dem frei gewordenen Chirurgischen Pavillon zog die Urologische Klinik ein; vgl. Die Chirurgische Klinik (wie Anm. 19), S. 7 ff.; Schadewaldt (wie Anm. 2), S. 134 ff.

[28] Das Modell zeigt eine neue Struktur mit einem Eingangsgebäude in der Mitte als Verknüpfung und Verteiler der weiteren Gebäude, die sich zum großen Teil auf der ehemaligen Hauptachse der ursprünglichen Anlage befinden sollten. Von den Hauptgebäuden der Kliniken, die entlang der Achse in nord-südlicher Richtung aufgereiht werden sollten, wären die weiteren Bauten in niedrigerer Höhe nach Osten hin angebaut worden. Durch abschließende Querflügel wären Innenhöfe entstanden. Zur Chirurgischen Klinik hin wäre die Situation uneinheitlicher geworden. Nur zwei höhere Gebäude hätten sich an das Eingangsgebäude angeschlossen, von denen aus Anbauten mit Innenhöfen nach Westen hin die Chirurgische Klinik verbunden hätten, die leicht schräg zur übrigen Ausrichtung orientiert ist; vgl. Staatshochbauamt für die Universität Düsseldorf (Hg.), Universität Düsseldorf. Gesamtplanung 1970, Düsseldorf 1970, S. 38; Friedhelm Sieben, Die bauliche Gesamtplanung der Universität Düsseldorf und ihre Realisierung 1973, in: Schadewaldt (wie Anm 19), S. 108–117.

Abb. 3.6: Chirurgische Klinik von Gutschow/Nissen, Poliklinik von 1962 im Vordergrund. Links Behandlungsgebäude 12.42, rechts Bettenbau 12.44

Abb. 3.7: Masterplan zur Vereinheitlichung des Klinikgeländes

Medizinischen Klinik wurde die neue Medizinisch-Neurologisch-Radiologische Klinik (MNR-Klinik), erneut von Gutschow (nun in Zusammenarbeit mit dem Hamburger Büro Müller & Partner) entworfen. Dieser größte Einzel bau des Universitätsgeländes wurde erst 1985, sieben Jahre nach Gutschows Tod, eröffnet (*Abb. C.13*).[29] Vermutlich

[29] Vgl. Rektor der Heinrich-Heine-Universität Düsseldorf (Hg.), Personen- und Vorlesungsverzeichnis Wintersemester 2002/2003, Düsseldorf 2002, S. 18; vgl. Sieben (wie Anm. 28), S. 117.

führten sein erster Krankenhausbau wie seine anhaltend guten Düsseldorfer Beziehungen dazu, dass der Auftrag für den Hochhausbau erneut an ihn ging. Mit ihm versuchte er, eine Synthese zwischen seinen Krankenhäusern der 1950er Jahre und dem seit 1960 immer stärker dominierenden, aber 1985 längst von der Postmoderne überholten Brutalismus zu finden. In dieser Überblendung eines formal schon für die 1950er Jahre nicht innovativen Konzepts mit einem rein funktionalen, aber ästhetisch nicht bewältigten Brutalismus, wird die ganze gestalterische Einfallslosigkeit augenfällig. Doch anders als Gutschows früherer Klinikbau war die MNR-Klinik selbst funktional nicht mehr auf der Höhe der Zeit.

Die nord-südlich ausgerichtete Klinik, die städtebaulich die Brücke zum neuen Universitätsgelände bildet, besteht aus einem zwölfgeschossigen Hochhaus in Form eines hohen schmalen Quaders mit Flachdach sowie vier weiteren, allerdings nur dreigeschossigen Gebäudeflügeln in West-Ost-Ausrichtung östlich des Hauptgebäudes. Die westliche Hauptfassade gliedern drei zurückgesetzte Fensterreihen der unteren Geschosse (Tiefparterre, Hochparterre und erstes Geschoss), deren cremige Purpurfarbe gewöhnungsbedürftig geblieben ist. Diese werden zum Teil durch das vorgelagerte Foyer mit Haupteingang und Cafeteria verdeckt. Die übrigen acht Geschosse weisen bündige Fensterreihen und – die nun grobkörnigen – Waschbetonwandplatten auf, die in den 1980er Jahren längst zum Inbegriff einer inhumanen Betonmoderne geworden waren. Loggien fehlen nun völlig – selbst da, wo die Fassadenoberfläche (in zwei Plattenachsen) tatsächlich zurücktritt, womit die architektonische Ideenlosigkeit dieses Baus nur noch augenfälliger wird. Vor die zurückgesetzten Fensterreihen der unteren Geschosse treten die weinroten Stützelemente der Stahlbeton-Konstruktion vor. An beiden Schmalseiten befinden sich Treppentürme, die über das Hauptdach hinausragen. Das vorgelagerte Foyer ist über eine Rampe aus südlicher Richtung zu erreichen, die zu einem kleinen Platz vor dem Haupteingang führt.

Weitere zehn Jahre später zog die Kinderklinik in das Gebäude der Medizinischen Klinik um, das von dem auf Krankenhäuser spezialisierte Düsseldorfer Architekturbüro TMK (Thiede Meßthaler Klösges) erweitert und modernisiert worden war. Es wurde 1995 als ‚Schloßmann-Haus' eingeweiht (*Abb. C.14*). Der ursprüngliche, elegante neusachliche dreiflügelige Bau blieb im Kern bestehen, ist aber in dem Putzfassadenensemble, in dem Einflüsse von Oswald Maria Ungers und Aldo Rossi spürbar sind, nicht wiederzuerkennen. In den nach Norden offenen Vorhof des Gebäudes wurde eine Empfangshalle mit Pförtnerloge und Foyer vorgesetzt. Die beiden Seitenflügel wurden nach Süden hin verlängert und umschließen mit dem Hauptflügel und einem weiteren Querflügel einen schmalen Innenhof. Südlich des Querflügels bilden sich zwei zu den Seiten offene Höfe durch den Querflügel, die Verlängerung eines Korridors entlang der Hauptachse und einen weiteren Querbau, der das ‚Schloßmann-Haus' nach Süden zur MNR-Klinik abschließt. Der weiße Putz ermöglichte eine preiswerte und einheitliche Wandgestaltung zwischen den verputzten und mit Blendsteinen gegliederten Wandoberflächen der Bauten Radkes und der Waschbeton-Verkleidung der MNR-Klinik. Die auflockernde Struktur der auf die kubische Baustruktur abgestimmten Backstein-Klinker ging dadurch aber verloren.[30]

Die Chirurgische Klinik wurde 1995–2003 nach Süden hin erweitert (*Abb. C.15*). Ausgehend von einem zweiten Treppen- und Aufzugsturm, der dem ursprünglichen angesetzt wurde, erstreckt sich ein flacher dreigeschossiger Bau nach Süden, dem jeweils ein weiterer West- und Ostbau angefügt wurden. Der Turm ist größtenteils mit Glas verkleidet, die weiteren Neubauten mit weißen Platten und die Dächer der neuen West- und Ostbauten sind den Dächern des älteren Baus angeglichen. Die Architekten Robert Wischer und Sieghard Rieger des schon lange zu den renommiertesten deutschen Architektengemeinschaften zählenden Büros Heinle, Wischer und Partner, mit Büros in Stuttgart, Berlin, Köln und Dresden, gewannen den Wettbewerb für diesen Ergänzungsbau im Oktober 1989. Das gerade im Krankenhausbau erfahrene Büro,[31] das mit seinem gleichzeitig zur MNR-Klinik geplanten

[30] http://www.tmk-architekten.de/ (26.01.2007).

[31] Auf Anregung von Robert Wischer besteht seit 1998 das ‚Archiv Krankenhausbau des XX. Jahrhunderts' an der TU Berlin (http://www.xxarchiv.de), das sich zum Ziel gesetzt hat, das praktische architektonische Wissen zum modernen Krankenhausbau zu archivieren. Dort

Bettenhaus des Kölner Universitätsklinikums die Möglichkeiten der 1980er Jahre signalisiert, hatte für die Intensivpflegeabteilung das Ziel einer ‚offenen' Station, die Blickkontakt zu mehreren Patienten vom Arbeitsflur aus ermöglicht. Sie schlossen damit konzeptionell an Gutschows Bau von 1958 an.[32]

Nachdem 2001 das Klinikum Düsseldorf der Universität Düsseldorf (Universitätsklinikum Düsseldorf) als Anstalt des öffentlichen Rechts wieder mehr Selbstständigkeit erhielt, stand das nächste Großprojekt an, das prinzipiell an den Entwicklungsplan von 1972 angelehnt ist: das Zentrum für Operative Medizin II (ZOM II; Abb. C.16, C.17). Zwischen ‚Schloßmann-Haus', MNR-Klinik und Chirurgischer Klinik entsteht, nachdem bereits 1989 zeitgleich zur Erweiterung der Chirurgischen Klinik ein Entwurf vorgelegt worden war, nach den seit dem Jahr 2000 ausgearbeiteten Plänen von Hanno Chef Hendriks vom Büro Heinle, Wischer und Partner seit 2006 ein neuer, das Areal dicht füllender riesiger Baukomplex, der 2014 eröffnet wird. Er integriert fünf Kliniken: Augenklinik, Hautklinik, HNO-Klinik, Neurochirurgie und Kiefer- und plastische Gesichtschirurgie. Zusätzlich findet die zentrale Notfallaufnahme hier ihren Platz.[33]

Das neue Zentrum mit einer Bruttogrundfläche von über 49.000 qm besteht aus vier miteinander verbundenen flach gedeckten Gebäudetrakten und drei begrünten Innenhöfen. Über einem zweigeschossigen Sockel für den Behandlungsbereich erhebt sich der zwei- oder dreigeschossige Pflegebereich. Die horizontale Gliederung, die noch an den Planungsentwurf von 1972 erinnert, hat mit dem damaligen Brutalismus nichts zu tun, sondern ist eine neomoderne Referenz auf die gläserne Moderne etwa eines Mies van der Rohe (*Illinois Institut of Technolo-*

findet sich auch Archivmaterial zu den Düsseldorfer Universitätsbauten seit Gutschow & Nissens Chirurgischer Klinik.

[32] http://www.heinlewischerpartner.de/projekte/opz_duesseldorf/index.html (15.11.2006); Chirurgische Klinik (wie Anm. 22); http://www.uni-duesseldorf.de/home/startseite/news-detailansicht/article/richtfest-zentrum-fuer-operative-medizin-ii-ziel-bezugsfertig-im-fruehjahr-2009-1.html.

[33] Mit dem Umzug der Kiefer- und plastischen Gesichtschirurgie findet ein in den 1960er Jahren kritisiertes Provisorium ein Ende, das seit dem zweiten Weltkrieg Bestand hatte; vgl. Schadewaldt (wie Anm. 2), S. 127 ff.; http://www.heinlewischerpartner.de/projekte/duesseldorf_zom2/index.html (15.11.2006).

gy).[34] Während die MNR-Klinik noch von einem Kosten-Nutzen-Kalkül der optimierten Quadratmeterzahl über einer Grundfläche bestimmt war, steht dieser Bau für einen architekturanthropologischen Wandel in der Patientenperspektive. Nicht mehr allein nur die Logistik der Funktionsabläufe stand im Zentrum der Funktionsdebatte. Vielmehr war ein für die Gestaltung wesentlicher Aspekt die Frage nach der Akzeptanz des Ortes bei den Patienten, um die mit einer solchen Architektur geworben wird. In gewisser Weise ist sie eine – mit ganz anderen Mitteln operierende – Rückkehr zu Radkes Klinikum, das hoffentlich die nötigen denkmalpflegerischen Reparaturen erfahren wird.

Neben den hier dargestellten reinen Krankenhausbauten sind im Laufe der Zeit auch verschiedene Zweckbauten für die Uniklinik, die verschiedenen Institute und die Verwaltung auf verschiedenen Flächen des Campus entstanden. Dabei ragt in jüngster Zeit der Bau der neuen Medizinischen Fachbibliothek O.A.S.E. als Lern- und Kommunikationszentrum südlich des ZOM II sowohl architektonisch, als auch mit der Höhe von 35 Metern deutlich heraus. Nach nicht einmal zweieinhalb Jahren Planungs- und Bauzeit wurde der Bau des Architekturbüros HPP Hentrich-Petschnigg & Partner aus Düsseldorf 2011 eröffnet. Die O.A.S.E. (*Abb. C.18*) ist ein weißer hochformatiger Quader auf quadratischem Grundriss mit Dachgarten, in Massivbauweise aus Beton entstanden, dem weiße Glasmosaikfelder vorgeblendet sind, gegliedert durch Fensterbänder, deren netzartige Anordnung mit vertikaler

[34] Projektbeschreibung ebd.: „Das Gebäude entwickelt sich entlang der Haupterschließungsachse des Universitätsklinikums. Mit dem Neubau des Zentrums für Operative Medizin II ist das Ziel verbunden, wichtige klinische Funktionen zu zentralisieren sowie die dezentralen Kliniken zur verbesserten und effizienteren Patientenversorgung zu vernetzen. (...) Das zweigeschossige Sockelbauwerk, durch drei Innenhöfe gegliedert, nimmt die Untersuchungs- und Behandlungsbereiche auf. Oberhalb des Sockelbauwerks sind in zwei Ebenen die Pflegestationen untergebracht. Es stehen 203 Betten für die verschiedenen Bereiche zur Verfügung. Die doppelgeschossige, lineare Eingangshalle entlang der Magistrale übernimmt die Funktion der Haupterschließung und des Verteilers für Patienten- und Besucherströme für das gesamte Klinikum. Tageslicht und Ausblick als Ziel für alle wichtigen Verkehrsflächen ermöglichen eine einfache, klare Orientierung im Haus und bieten hohe Aufenthaltsqualitäten." Neben dem Zentrum ist das Büro auch für den derzeitigen Umbau von 22.02–22.05 zum neuen Zentrum für Klinische Forschung verantwortlich.

Ausrichtung an ein organisches Kapillarsystem erinnern soll.[35] Der Begriff O.A.S.E. soll sowohl Begegnung und Öffentlichkeit als auch Rückzugsmöglichkeiten für konzentriertes Arbeiten bedeuten.[36]

Resümee

Mit der Errichtung des ZOM II wird versucht, eine Kliniklandschaft auf dem Gelände herzustellen, deren Grundzüge in der Entwicklungsplanung vor 1971 festgelegt wurden und die wiederum vom grundsätzlichen Konzept an die Ursprünge Radkes erinnert. 1907 war ein Klinikkomplex nach damals hochmodernen Gesichtspunkten entstanden aus mehreren einheitlichen Gebäuden, die mit einem Wegesystem in mehreren Achsen verbunden waren. Die gesellschaftliche Veränderung durch den Ersten Weltkrieg hatte indirekt Einfluss auf die Krankenanstalten. Die Verwendung des Privat-Pavillons war überholt. Nach dem Weltkrieg wuchs die Bedeutung der Krankenanstalten durch die Zusammenarbeit mit dem Militär und den Ausbau der Akademie. Die Aufteilung wurde den veränderten Bedürfnissen und Anforderungen angepasst. Die Erweiterung durch die neue Medizinische Klinik in den 1920er Jahren ist schlüssig in das ursprünglichen Raum- und Architekturkonzept integriert worden. Der Neubau der Chirurgischen Klinik nach dem Zweiten Weltkrieg bricht radikal in seiner Form, Lage und Ausrichtung mit dem alten Konzept. Die Einbeziehung des ehemaligen Pflegeheims zog die räumliche Struktur zusätzlich auseinander. Knüpfen in den 1980er und 1990er Jahren der Bau der MNR-Klinik und die Erweiterung der ehemaligen Medizinischen Klinik aus den 1920er Jahren an die Hauptachse des ursprünglichen Geländes an, so fällt durch den Bau des ZOM II die alte Ordnung endgültig auseinander, gibt dafür aber den Unikliniken eine neue Mitte.

Das alte Verwaltungsgebäude und das ehemalige Direktorenwohnhaus an der Moorenstraße bleiben als Baudenkmäler des Ursprungs noch erhalten. Viele andere Gebäude von 1907 sind mittlerweile nach und nach abgerissen

[35] http://www.hpp.com/de/projekte/bautypologien/lehre-forschung/oase.html (06.03.2012).

[36] http://www.uniklinik-duesseldorf.de/unternehmen/bauinformationen/bau-der-medizinischen-fachbibliothek-oase/ (06.03.2012).

worden. Fraglich ist, wie lange die Frauenklinik im Bereich des ehemaligen Privat-Pavillons und die Urologie im ehemaligen Chirurgischen Pavillon bleiben. Die ursprüngliche Innere Klinik (die jetzige Augen- und HNO-Klinik) sucht ebenso eine neue Verwendung wie die Hautklinik, da diese Abteilungen in das neue Zentrum umziehen werden. Da von den Gebäuden der Universitätsklinik nur das ehemalige Pflegehaus an der Himmelgeister Straße, ein Wirtschaftsgebäude, die ehemalige Metzgerei, das ehemalige Direktorenwohnhaus und die Kapelle unter Denkmalschutz stehen, sind ein Großteil des alten Bestandes (u. a. der Chirurgische Pavillon, der ehemalige Privat-Pavillon) für die Zukunft nicht gesichert. Angesichts dieser Situation bleibt die Frage offen, ob die von Heinle, Wischer & Partner beschworene „Haupterschließungsachse" oder „Magistrale" ohne erkennbare Ausgangspunkte Realität wird. So dominant und so formal ansprechend der Bau des ZOM II auch sein mag, hat er doch die formale Inkompatibilität der heterogenen Klinikbauten nochmals gesteigert. Zur Zeit wird an einem Masterplan gearbeitet, der bezeichnenderweise erst in Auftrag gegeben wurde, nachdem alle wesentlichen baulichen Entscheidungen getroffen waren. Die Richtung, in die sich der Masterplan entwickelt, festigt deshalb die letzten baulichen Veränderungen mit dem ZOM II als neue Mitte. Es ist abzusehen, dass von der Ursprungsanlage mit ihren formalen Qualitäten, die nicht zuletzt auch funktionale Qualitäten waren, nicht mehr viel übrig bleiben wird und die Bereiche nahe der Mooren- und der Witzelstraße für externe Unternehmungen zur Verfügung gestellt werden können.

Abb. C.1: Krankenanstalten von 1907 von Johannes Radke: Gebäude 13.71/72

Abb. C.2: Krankenanstalten von 1907 von Johannes Radke: Gebäude 11.82

Abb. C.3: Krankenanstalten von 1907 von Johannes Radke: Gebäude 13.70

Abb. C.4: Krankenanstalten von 1907 von Johannes Radke: Gebäude 13.71

Abb. C.5: Krankenanstalten von 1907 von Johannes Radke: Gebäude 11.82

Abb. C.6: Krankenanstalten von 1907 von Johannes Radke: Gebäude 13.72 offene Veranda

Abb. C.7: Krankenanstalten von 1907 von Johannes Radke: Gebäude 13.71/72

Abb. C.8: Chirurgische Klinik von Gutschow/Nissen, Behandlungsgebäude 12.41

Abb. C.9: Chirurgische Klinik von Gutschow/Nissen, Bettenbau West 12.44

Abb. C.10: Chirurgische Klinik von Gutschow/Nissen, Bettenbau Ost 12.46 innen

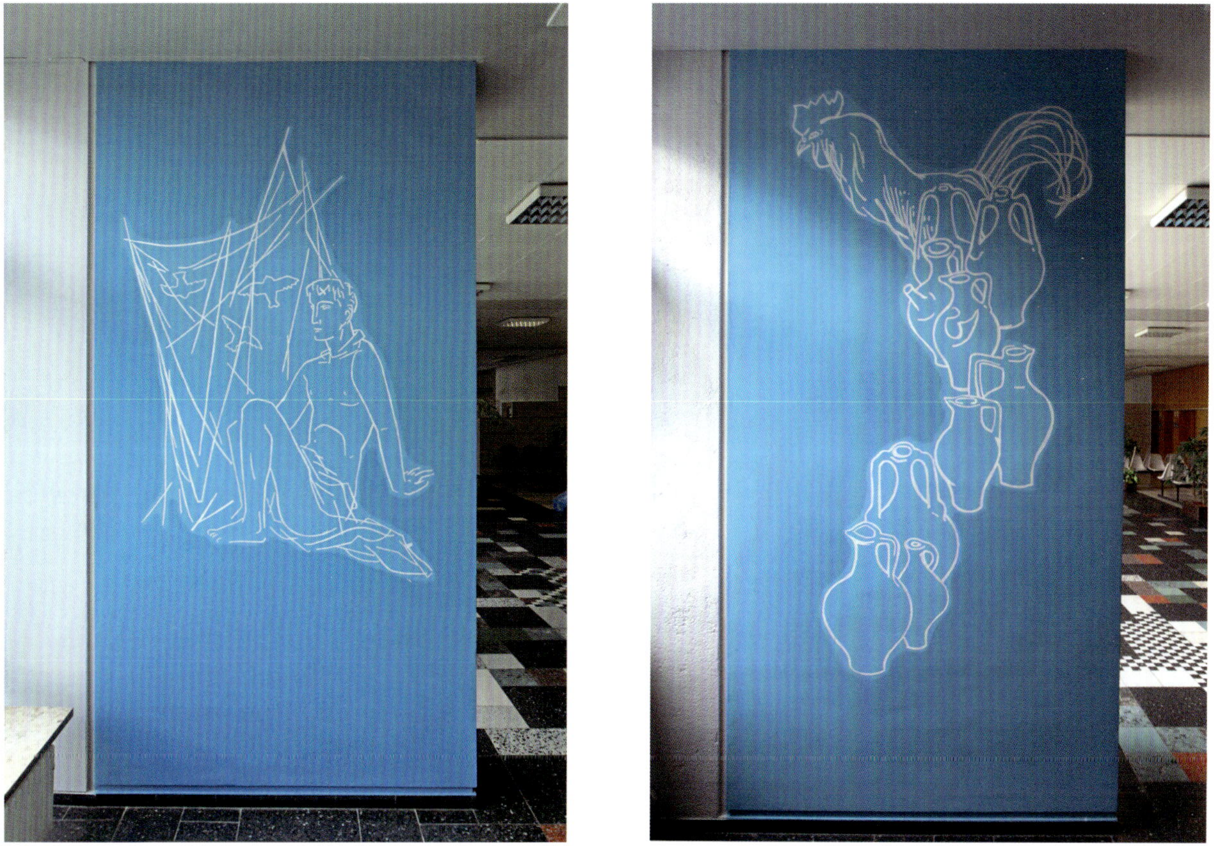

Abb. C.11: Sgraffito-Dekoration in der Chirurgischen Klinik 12.41

Abb. C.12: Chirurgische Klinik von Gutschow/Nissen, Bettenbau Ost 12.46

Abb. C.13: MNR-Klinik von Gutschow/Müller & Partner, Gebäude 13.50–55

Abb. C.14: Kinderklinik vom Büro TMK, Gebäude 13.41–43

Abb. C.15: Erweiterung der Chirurgischen Klinik 1995–2003 von Heinle, Wischer und Partner, Gebäude 12.47

Abb. C.16: Erweiterung der Chirurgischen Klinik 1995–2003 von Heinle, Wischer und Partner, Gebäude 12.47

Abb. C.17: Zentrum für Operative Medizin II von Heinle, Wischer und Partner, Gebäude 11.50–54

Abb. C.18: Medizinische Fachbibliothek O.A.S.E.

Die Heilig-Geist-Kapelle des Universitätsklinikums

Wiebke Arnholz

Die Entscheidung für eine aus Einzelbauten bestehende Gesamtanlage der Städtischen Krankenanstalten in Düsseldorf schloss auch die Errichtung eines eigens für die Krankenseelsorge benötigten Bethauses ein. Mit der Eröffnung der Krankenanstalten im Jahr 1907 wurde auch die sich auf dem Gelände befindende Hospitalkirche eingeweiht (*Abb. D.1–D.3*). Sie wurde, wie die gesamte Anlage, von dem Stadtbaurat Johannes Radke entworfen.[1] Von Beginn an war sie als Simultankirche geplant, und noch heute werden dort abwechselnd evangelische und katholische Gottesdienste gefeiert. Zusammen mit den beiden ebenfalls von Radke entworfenen Düsseldorfer Friedhofskapellen des Stoffeler Friedhofs und des Südfriedhofs bildet diese Kapelle eine geschlossene Gruppe von Sakralbauten, welche die modernsten ihrer Zeit in Düsseldorf sind. Ihre sich von der üblichen Neoromanik und Neogotik abhebende Modernität ist sicherlich auch dem Umstand zu verdanken, dass nicht Kirchengemeinden die Bauherrn waren, sondern die Stadt, die überkonfessionelle Gesichtspunkte zu berücksichtigen hatte und in ihrer Außenwirkung auf Fortschrittlichkeit bedacht war.[2]

Am südlichen Abschluss der alten Mittelachse der Krankenanstalten, deren Auftakt der Haupteingang im Norden bildet und die dann in der städtebaulichen Planung der 1960er Jahre für das ganze Gelände in Richtung des heutigen Campus im Süden determinierend wurde, befindet sich die wegen des Achsenbezugs nicht geostete Heilig-

[1] Zu Radke vgl. den Beitrag von Bernhard Jansen. Die Ernennungsurkunde des ersten Krankenhauspfarrers in Düsseldorf, Jakob Schaufenberg (1868–1935), datiert auf den 17. Juni 1907.

[2] Bezeichnenderweise errichtete Radke trotz seiner zahlreichen Repräsentationsbauten keinen Kirchenbau für eine Düsseldorfer Kirchengemeinde, obwohl im Laufe seiner Amtszeit in Düsseldorf über ein Dutzend Kirchen gebaut wurden.

Geist-Kapelle[3] gegenüber dem Pavillon für innere Medizin, der so gewählt wurde, dass er in Höhe und Breite zwischen der Kirche und Radkes Gebäude für die operativen Fächer vermittelt.[4] Zwischen Pavillon und Kirche rückt eine eingeschobene Parkanlage mit vertieftem Parterre die Kirche isolierend ab und steigert ihre Präsenz durch den zweifach konkaven gebrochenen Einzug der Parks. An dieser Stelle erfährt die nur in der Mittelachse strikt auf die Gebäude bezogene Parkanlage ihre größte gestalterische Dichte und betont so ästhetisch den spirituellen Wert dieser Aufgabe im Gesamtgefüge – die heutige Bepflanzung widerspricht dieser Intention völlig. Zugleich bietet die Wegführung der Parkanlage einen weitläufigen Zugang zum Kirchenbau und macht die Kapelle von weitem für den Besucher erfahrbar.

Auch deswegen erinnert diese Achse noch an die übliche Gebäudeausrichtung bei dem häufig im deutschen Krankenhausbau verwendeten Pavillonschema. Alle auf dieser von Grünanlagen gesäumten und zum Teil unterbrochenen Achse stehenden Gebäude richten ihre Fassadenseite zum Haupteingang hin und bilden damit eine aus architektonischen Querriegeln hintereinander gesetzte Staffelung. Der kleine Kirchenbau fügt sich axial mit geringem Abstand zum vorher gesetzten Nachbarbau in dieses städtebauliche System ein und besticht durch seine diese Achse betonende und spitz zulaufende Fassade im Norden. Das Äußere der Kirche wird maßgeblich durch den prägnanten Turm bestimmt, der seitlich hinter der Fassade wie eine Art Flankenturm unmittelbar an den Hauptraum grenzt.

Der Typus der stilistisch schwer bestimmbaren – und weitaus mehr als Radkes Stahlhof als ‚stillos' zu bezeichnenden – Kirche ist trotz der kleinen Dimensionen der anspruchsvolle einer Basilika. Man wird ihn als eine Kompromissformel für die katholische Nutzung betrachten müssen, da die Einzelformen wie die Kompaktheit

---

[3] Das heutige Patrozinium Heilig-Geist erhielt die Kirche erst mit der neuen Altarweihe im Jahr 1980.

[4] Hans Schadewaldt (Hg.), Universität Düsseldorf, Düsseldorf 1966, S. 62; Axel Hinrich Murken, Die bauliche Entwicklung des deutschen Allgemeinen Krankenhauses im 19. Jahrhundert, Göttingen 1979, S. 18–22; ders., Beispielhafte Krankenhäuser des Rheinlandes im 19. Jahrhundert, in: Eduard, Weyres, Willi (Hg.), Die Kunst des 19. Jahrhunderts im Rheinland, Trier, Bd. 1, Düsseldorf 1980, S. 383 f.

von Fassade und Turm sehr viel deutlicher auf den damals modernsten protestantischen Kirchenbau verweisen, dessen sogenannter Reformstil zu zentrierenden Einraumtypen neigte, wie man ihn angesichts von Fassade und Turm eigentlich erwarten würde. Wichtigster Eindruck sind aber keine Einzelformen, sondern das Material, denn hier wird, farblich durchaus auf die Pavillons abgestimmt, Werkstein aus rotbraunem Sandstein verwendet, der ein beliebtes Material der Zeit war. Man geht wohl nicht fehl in der Annahme, dass dieser Stein nicht nur die Bauaufgabe nobilitieren sollte, sondern dass er, wie etwa der monumentalistisch abstrakte Denkmalkult der damaligen Bismarcktürme belegt, auch sehr deutsch/germanisch, weil rheinisch konnotiert war (er dominiert an Ober- und Mittelrhein) und wirkästhetisch auf das Archaisch-Ewige abzielte. Der Stein scheint in eine Zeit lange vor dem Aufkommen von Stilen zurückzureichen und signalisiert andererseits Dauer für alle Zukunft. Auf ihn trifft Nietzsches Wort zu, dass der Stein mehr Stein sein kann.[5] Diese Architektur ist als ‚Wirkarchitektur' angelegt, die Stimmungen unmittelbar evozieren soll. Sie hat mithin Charakter statt Ordnung und Stil, dessen Unbestimmbarkeit als besonderer Rang von Radkes Architektur zu lesen ist. Guter Stil ist es, keinen zu haben. Mit dieser letztlich nur negativen Bestimmung der Zeitgenossenschaft von Form stellt sich diese für die Jahre um 1905/10 charakteristische Architektur zwischen Späthistorismus und Jugendstil auf der einen und der klassischen Moderne auf der anderen Seite. ‚Halbzeit der Moderne' hat man diese noch immer nicht gebührend gewürdigte, weil durch die klassische Moderne überblendete, erstaunlich selbstständige und erfindungsreiche Architektur um 1910 zu bezeichnen versucht.[6]

Das Mittelschiff (*Abb. D.4*) wird durch jeweils eine kräftige Doppelsäule von zwei Seitenschiffen getrennt und durch einen Obergaden hell und gleichmäßig beleuchtet. Obwohl die heutige Orgel, eine Rieger-Orgel, die den Tabernakel und den aus Bronze erstellten Ambo komplettiert, erst 1972 hinzu kam, gehörte die Orgelempore zur ursprünglichen Konzeption Radkes. Man wird sich die zunächst geplante entschieden kleiner vorstellen müssen,

[5] Friedrich Nietzsche, Menschliches, Allzumenschliches 218.

[6] Klaus Bußmann (Hg.), 1910. Halbzeit der Moderne. Van de Velde, Behrens, Hoffmann und die anderen, Stuttgart 1992.

um den Raum auch durch das große, später leider vermauerte, im weitesten Sinne an Maßwerk erinnernde Fenster der nach Norden weisenden Fassade mit nivellierend kühlem Nordlicht zu erhellen. Die Decke des Langhauses besteht aus einer offenen Dachkonstruktion mit gewölbter Fachwerkdecke über Schwibbögen, die von Konsolen am Obergaden getragen werden. Im heutigen Zustand ist sie weiß gefasst. Dem platten, mäßig tiefen Chorabschluss an der Südseite sind auf der linken und rechten Seite je eine Sakristei angegliedert.

Der Eingang im Norden ist zusätzlich von der Fassade durch eine kurze Vorhalle abgesetzt, die zu einem Vorraum im Turmuntergeschoss führt. Daher kann der Besucher den Kirchenraum nicht unmittelbar von außen betreten. Die Dachform der Vorhalle wiederholt die des Hauptdaches, sodass deren rechte Dachflanke die gleiche Linie des Hauptdaches weiterführt. Die Weiterführung und Zusammenfassung der Linien bewirkt eine Verdichtung der inneren Komposition der Fassade. Mit dem unmittelbar dahinter angrenzenden Turm vervollständigt sich das Bild. In der Staffelung einzelner Bauelemente bildet somit die Fassade eine Dreierkomposition. Ein zusätzlicher kapellenartiger Rundbau, der sich dem Turm gegenüber an der Ostseite der Fassade befindet, wird erst auf den zweiten Blick wahrgenommen. Mit diesen verschiedenen Bauelementen erweckt die Fassade trotz ihrer einheitlichen Baugeschichte und Zweckbestimmung den Eindruck einer komplexen Anlage von Baukörpern für unterschiedliche Aufgaben. Bereits in ihren Proportionen und der Komposition einzelner Baukörper verweist der Kirchenbau auf eine eher gedrungene, herbere und tendenziell schmucklosere Raumgestaltung.

Die Hauptfassade ist im Vergleich zu ihrer Vorhalle weitaus großflächiger gestaltet. Während diese über einer leicht spitz zulaufenden Bogenform den Eingang bildet und darüber ein Relief den Zwickel zum spitzwinkligen Dach gänzlich füllt – es zeigt in symmetrischer Anordnung sehr weibliche nackte Engel, welche die Dornenkrone über Christi Haupt halten und so auf Leiden und Erlösung anspielen –, wiederholt sich die Bogenform inmitten der Fassade (*Abb. D.5*). Sie nimmt dort jedoch weniger Raum ein, sodass eine glatt verputzte Fassadenfläche zu sehen bleibt. Die glatte Fläche wird erst im obersten Winkel durch einige vorgelegte Werksteine und unter dem

Abschluss der Bogenöffnung unterbrochen, wo gröberes Rotsandsteinmauerwerk zu sehen ist. Dieses Mauerwerk ist nicht vordergründig dekorativ eingesetzt, es verläuft unregelmäßig in die verputzte Fläche hinein und erinnert vielmehr an eine restauratorische Freilegung alter Bausubstanz. Gleichzeitig leitet es über zu einem schmalen aus fünf Fenstern bestehenden Fensterband. Im unteren Bereich des Mauerwerks sind zusätzlich vereinzelt weit auskragende und grob behauene Natursteine eingesetzt.

Die helle Putzfläche der Fassade hatte für die Gestaltung des Turmes Folgen. Mehr noch als die Fassade ist der Turm mit grob gehauenen Eckquadern gesäumt, die als gezahntes Ornament die Eckkanten des Turmes einfassen. Eigentümlich in seiner Formgebung erscheint sein pyramidal gedeckter Abschluss. Der Übergang vom eher schlicht wirkenden Unterbau des Turmes wird von kleinen massigen Säulen gebildet, die zu einer sich anschließenden leicht ausschwingenden Dachzone überleiten. Zusätzlich erhöht und aufgelockert wird die Bekrönung von einer sehr schmalen anschließenden Fensterzone, die den eigentlichen pagodenförmigen Turmhelm trägt. In dieser Turmgestaltung ist die Nähe zum Architektenbüro Robert Curjel und Karl Moser am größten. Ihre Kirchenbauten in Baden und in der Schweiz zählen zu den besten Beispielen des evangelischen Reformstils, der typologische Vorgaben des Wiesbadener Programms zunehmend auch mit entsprechend fortschrittlichen formalen Mitteln zu realisieren bestrebt war.[7] An die Berner Pauluskirche und die Karlsruher Lutherkirche (*Abb. 4.1*) erinnern jedoch nicht nur Lage und Gestalt des Turms, der als ein durch eine Vorhalle ausgezeichneter Eingang benutzt wird und dessen Putzoberfläche durch kräftige Eckquader zusammengefasst wird, sondern auch das Motiv der kurzen gedrungenen und dicht gesetzten Säulen, die in Karlsruhe allerdings die Vorhalle schmücken, während die Vorhallenform in Düsseldorf offensichtlich an Otto Marchs evangelische Kirche in Köln-Marienburg angelehnt ist (*Abb. 4.2*). Das große

[7] Mit dem Johannes Otzen und Emil Veesenmeyer erstellten Wiesbadener Programm von 1891 wird im protestantischen Kirchenbau die Wende weg vom reinen Historismus, wie er im Eisenacher Regulativ des Jahres 1861 vorgeschrieben wurde, eingeläutet. Es wurden nun Räume nötig, die möglichst ungegliedert sind und zentralisierend waren. Romanik und Gotik, die im historistischen Kirchenbau dominierten, hatten dafür kaum die geeigneten Vorbilder.

Abb. 4.1: Curjel und Moser, Lutherkirche in Karlsruhe, 1905–07

Abb. 4.2: Otto March, protestantische Kirche in Köln-Marienburg, 1903–05

und durch vertikale Stäbe unterteilte rundbogige Fassadenfenster findet sich in Karlsruhe ebenso wie ein kleinerer Anbau auf der dem Turm gegenüberliegenden Seite. Schließlich wird in Düsseldorf wie in Bern ein Giebelfeld mit einem großen Steinrelief geschmückt. Und auch die verschmolzenen Mehrfachsäulen haben in Karlsruhe eine Parallele.

In der Gestaltung der Fassade und des Turmes erweist sich der Umgang mit den eingesetzten Baumaterialien, insbesondere die Verwendung von traditionellem Rotsandstein und die Eckrustizierung, als ein bewusst künstlerischer. Der gezielte Einsatz von Putz und rotem Sandstein gegenüber heimat- und landschaftsbezogenen Materialien (vor allem Backstein), wie sie damals im beginnenden Heimatschutzstil propagiert wurden, isoliert die Kirche nicht nur innerhalb ihrer Umgebung, sondern demonstriert für diese Aufgabe zumindest am Außenbau ein Bekenntnis zur überlieferten Bautechnik und damit eine Absage an die damals schon im Kirchenbau eingesetzten moderne Baumaterialien wie Stahl oder Beton, während innen die überraschende Leichtigkeit der Dachkonstruktion über den gedrungenen Arkaden an Hendrik Berlages *Amsterdamer Börse* oder Otto Wagners *Wiener Post* geschult ist. Freilich ist auch in der Formgebung am Außenbau, beispielsweise in der Gestaltung des Turmabschlusses, eine Hinwendung zu und ein offener Umgang mit modernen, freien Formen zu beobachten.

Gleichermaßen modern in der Gestaltung wirken die Außenseiten von Seitenschiff und Obergaden. Sie sind glatt und verputzt und weniger dekorativ gestaltet als die Fassade im Norden. Der Obergaden wird durch eine enge Reihung von kleinen quadratischen Fenstern gebildet. In den Seitenschiffen findet man hingegen kleine gepaarte Rundbogenfenster. Doch vergleichbar mit der Rustizierung der Fassade und des Turmes werden alle Fenster von einem Rotsandsteinfries gerahmt. Zusammen mit den schrägen Solbänken wird somit die Mauerstärke demonstriert und zusätzlich betont, während die Fenster in ihrer Transparenz zurücktreten. Vielmehr entsteht der Eindruck von tief in die Mauer eingeschnittenen Luken, die formal mit den schmalen Fensterschlitzen der Fassade und des Turmes korrespondieren. Das Ausweisen des Mauerwerks in seiner Stärke ist ein damals vor allem der Romanik zugeschriebener Gestus, der aber von der romanischen Einzelform abstrahiert und sich mit dem modernen Aspekt einer quadratischen Fensterzone mischt. Diese eigentümliche Melange adaptiert die Romanik also nicht – wie dies etwa der Kölner Erzbischof noch 1912 vorschreiben wollte – als ein neu kombinierbares Formenrepertoire. Vielmehr wird das, was man für den Charakter oder das Wesen der Romanik hielt, rezipiert und mit moderner Formgebung kombiniert, die im zeitgleichen katholischen Kirchenbau kaum akzeptiert worden wäre.

Besonders in der Gestaltung des Aufrisses ist die vereinfachte und straffe Gestaltung des Raumes erkennbar, die sich nicht in Details verliert, sondern vielmehr eine Hinwendung zu einer die Monumentalität steigernden Flächengestaltung anstrebt. Auffällig im Innenraum der Kirche sind insbesondere die sich gegenüberstehenden gedrückten und gedoppelten Rundbogenpfeiler, die dem Raum einen gedrungenen und damit ernsten Eindruck verleihen. In ihrer Formgebung sind zunächst zwei Rundpfeiler zu erkennen, die mit einer breiten Kämpferplatte die Obergadenwand tragen und auf einem gemeinsamen schweren Sandsteinsockel ruhen. In der heutigen rotbraunen Fassung kontrastieren sie mit der restlichen hellen Wandfläche. Auf den zweiten Blick verschmelzen die beiden Rundpfeiler zu einem einzelnen Träger (auch dies verweist auf die Karlsruher Kirche), der lediglich Einbuchtungen von einer Doppelstütze zeigt. Diesmal entsteht die Vermischung innerhalb eines eigentümlichen und den Betrachter immer wieder neu irritierenden Formelementes, das nicht eindeutig im Raum stehen bleibt.

Die Arkadenöffnungen zum Seitenschiff (*Abb. D.6*) zeichnen wieder diejenige Spitz- und Tudorbogen mischende Bogenform nach, die bereits Fassade und Vorhalle aufweisen. Zusätzlich sind zwei Rundbogenfenster der Seitenschiffe genau in diese Bogenöffnung eingelassen, sodass der Bogen die beiden Fenster wie ein Bildmotiv rahmt. Das Langhaus wird durch die schmalen Seitenschiffe flankiert und bleibt sichtlich als solches erkennbar. Diese Längsachse des Raumes wird zusätzlich durch den Taufstein[8] zu Beginn und den Altar am Ende betont.

Der flach abschließende Altarbereich ist im Vergleich zu dem eher schlicht wirkenden, gewölbten Langhaus leicht erhöht. Seine Betonung erfährt er vor allem durch das fünfgeteilte Rundbogenfenster, das hoch über dem

[8] Im Jahr 2004 erhielt die Krankenseelsorge den Taufstein als Dauerleihgabe der Kirche Klein St. Martin in Köln.

Altar in die Wand eingelassen ist. Durch die Disposition der Kirche erleuchtet der direkte Sonneneinfall durch das große Fenster den Altarbereich hell. Gleichzeitig erzeugt das hoch gesetzte Fenster, das ursprünglich mit dem Fassadenfenster korrespondierte, eine neu zu erfahrende Tiefenwirkung, da der Raum optisch in die Höhe geführt wird. Die Chorseite schließt außen mit einem Krüppelwalmdach, unter dessen Traufe eine niedrige Fensterreihe plaziert wurde, die geradezu als Zitat nach Olbrichs eigenem Haus in Darmstadt anmutet.

Der heutige, in die Mitte des Raumes gerückte Altar (1980 geweiht) war trotz der überkonfessionellen Ausrichtung ein Effekt des *Zweiten Vatikanischen Konzils*. Er wurde von Marianne Kisselbach gestaltet, die mit weiteren bildnerischen Werken auf dem Universitätsgelände vertreten ist.[9] Er wurde von der Autorin mit mehr sprachlichem Sinn aufgeladen, als das Werk einzulösen imstande ist.[10] Die Forderung nach Gottesdienstfeiern, die den Aspekt der Gemeinschaft betonen, hatte nicht selten – und wie auch hier häufig auf Kosten einer ursprünglichen Einheit aus Raum und liturgischer Ausstattung (Altar, Ambo, Kreuz) – diese Umgestaltungen und Erneuerungen zur Folge. Durch die Stellung des in den Raum gerückten Altars steht der Pfarrer bzw. Pastor nicht mehr mit dem Rücken zur Gemeinde, sondern ist zu dieser gerichtet. Gleichzeitig bleiben die Grundstruktur eines Langhaus-Baus und der damit angelegte Weg durch die Kirche bestehen.

---

[9] Siehe Katalog.

[10] Material: Sandstein und Bronze. „Es wurde davon ausgegangen, dass ein Opfertisch gestaltet werden soll, der gewichtig genug ist, das auf ihm stattfindende Geschehen aus dem Alltäglichen hervorzuheben. Der Tisch besteht aus zwei klar voneinander abgesetzten Elementen: der von einem Bronzeband umfassten Steinplatte und dem Bronzesockel. Die untere Seite der mächtigen Platte wölbt sich sanft zur Seite hin. Diese Wölbung ruht auf dem Bronzesockel, der sich nach unten verbreitet. So entsteht optisch der Eindruck, dass die Platte nicht den Sockel erdruckt, sondern fast uber ihm schwebt. Den Grundgedanken der Planung könnte man kurz zusammenfassen: Armut und Würde. (...) Das Figurenrelief bezieht sich auf den Standort des Altars – die Krankenhaus-Kapelle. Christus, in der Mitte stehend, streckt seine Hände aus. Alte, Kranke und Kinder versuchen, ihn zu berühren, mit ihm in Kontakt zu kommen. Die Gruppe illustriert das Wort Christi: Kommet alle zu mir, die Ihr mühselig und beladen seid.“ Dr. Kisselbach, Marianne, in: H. R. Zielinski (Hg.), 75 Jahre. Katholische Klinikseelsorger an den Medizinischen Einrichtungen der Universität Düsseldorf 1907–1982, Düsseldorf 1982, S. 98.

Der ursprüngliche Zustand ist auch an anderen Stellen verändert. Der Boden des Vorraums und des Chors zeigt beispielsweise den originalen Terrazzoboden. Möglicherweise bedeckte er den ganzen Fußboden, bevor er unter einem in den siebziger Jahren eingelegten Teppichboden verschwand. Zeitgleich mit dem Boden scheint auch die Wandbemalung verdeckt worden zu sein, die dem Kircheninneren ein deutlich anderes Erscheinungsbild verliehen haben dürfte. Im Altarbereich nähren einzelne Spuren von Wandmalerei den Verdacht, dass alle Innenwände einst bemalt waren. Über Programm, Inhalt und Erscheinungsbild sind derzeit keine Aussagen möglich. Original sind hingegen die auf die Wortzentriertheit des evangelischen Gottesdienst verweisende, prächtige, etwas überdimensionierte Rotmarmorkanzel mit ihrem Blattfries aus Bronze, die hölzerne Brüstung der Orgelempore und die Altarmensa.

Die kleine Heilig-Geist-Kapelle auf dem Klinikgelände der Heinrich-Heine-Universität leistet mit ihrer architektonischen Gestaltung einen kleinen Beitrag für eine Zeit, die es nicht bis zum Etikett ‚Epoche' gebracht hat, und für die häufig nur unscharfe Begriffe wie etwa historistischer Übergangsstil verwendet werden. Der eben nicht historistische, sondern bewusst vage und suggestiv historisierende Eklektizismus, der für viele Düsseldorfer Bauten Radkes charakteristisch ist, wird in der 1987 erfolgten Aufnahme in die Düsseldorfer Denkmalliste von der Denkmalbehörde hervorgehoben: „Das Bethaus ist ein hervorragendes Beispiel für Radkes historisierenden Mischstil, der an dieser traditionellen Bauaufgabe ohne Rücksicht auf medizinisch-funktionstechnische Belange und in aller künstlerischen Freiheit zum Tragen kommt."

Vergleichbar mit der Heilig-Geist-Kapelle sind die ebenfalls auf Radke zurückzuführenden Friedhofskapellen des Südfriedhofes (1908) und des Stoffeler Friefhofs (1910) (*Abb. 4.3, 4.4*). Einzelne Formen am Außenbau und die Auffassung von historisierender Architektur, die sich mit moderner Formensprache vermischt, finden sich auch bei diesen Bauten. So ist zunächst die grobe, auf Fernsicht bzw. auf einen Gesamteindruck konzipierte Aufteilung der Kirche in ein mit spitzem Dach gedecktes Langhaus, einem flankierenden hohen und kräftigen Turm und angefügten kleineren Annexbauten vergleichbar. Wenn der Turm in seinem abgetreppten spitz zulaufenden Abschluss zwar in einer anderen Formensprache ausgeführt ist, die dem berühmten Darmstädter Hochzeitsturm von Josef Maria Olbrich (Olbrich war wie der andere entscheidende Vertreter der Darmstädter Mathildenhöhe, Peter Behrens, in jenen Jahren eng mit Düsseldorf verbunden) abgeschaut ist, so ist gleichzeitig auch dort ein ähnlich freier Umgang mit Bauformen zu beobachten. Die Hinwendung zu detaillierten Einzelformen ist dabei fast identisch. Die Friedhofskapelle besitzt die gleichen spitzbogigen Öffnungen in der Fassade und im Seitenschiff, schmale Lichtschachte und eckige Fensteröffnungen. Auch die Materialverwendung von Sandstein als Rustizierung der Ecken im Wechsel mit glatt verputzter Fläche ist wiederzufinden. Die Heilig-Geist-Kapelle ist somit kein Einzelbau in Düsseldorf. Radke hat demnach auch mit seinen Kirchenbauten das architektonische Stadtbild der Vorkriegsjahre entscheidend geprägt. Seine Düsseldorfer Kirchenbauten sind Teil des suggestiven Eklektizismus, der nach der Jahrhundertwende die damals weitgehend auf

Abb. 4.3: Kapelle des Düsseldorfer Südfriedhofs

die protestantischen Kirchenbau beschränkte Abwendung vom Historismus modernste Sakralarchitektur bestimmte, indem er traditionelle Typologien mit rustikalen, semantisch aufgeladenen Formen kombinierte, sie mit (pseudo)heimischen Materialien und Bautechniken lokal verortete und sie gleichzeitig in der Reduktion dekorativer Teile von Historismus und Jugendstil distanzierte. Wichtigster Ausgangspunkt ist der im Kirchenbau fortschrittlichste Reformstil. Dabei orientierte sich Radke an den besten Beispielen (Curjel & Moser, Otto March), nahm darüber hinaus auch Einflüsse von wichtigen anderen Architekten auf. In der Hinwendung zum herberen, schlichten und durchaus gestrafften Formenvokabular als Vorboten eines neuen Stils – der Moderne – zeigt sich Radke als ein Architekt, der aufmerksam die Innovationen registriert und schnell assimiliert, sie selbst aber nicht hervorbringt.

Abb. 4.4: Kapelle des Stoffeler Friedhofs

Abb. D.1: Krankenhauskapelle von außen

Abb. D.2: Krankenhauskapelle von außen

Abb. D.3: Krankenhauskapelle von außen

Abb. D.4: Krankenhauskapelle von innen: Blick durch das Mittelschiff

Abb. D.5: Krankenhauskapelle, Fassadendetail mit Engel

Abb. D.6: Krankenhauskapelle von innen: Blick ins Seitenschiff

Geschichte und Planung der Heinrich-Heine-Universität

Maren Jahnke-Ouni

Pläne, in der Residenzstadt Düsseldorf eine Universität zu gründen, reichen bis in die Frühe Neuzeit zurück. Zustande kamen zunächst lediglich konfessionell gebundene *Studia inferiora* und *Studia superiora* (in Philosophie und Theologie) bei den Franziskanern und den Jesuiten, die seit 1620 das 1545 von Herzog Wilhelm dem Reichen gegründeten *Gymnasium illustre* bzw. *Seminarium rei publicae* übernommen hatten. Daneben gab es eine höhere juristische Ausbildung für den Beamtennachwuchs sowie ein *Collegium medicum* (1708) und eine chirurgische Akademie (1765).[1] Es gab daher eine Reihe wichtiger Voraussetzungen, als Joachim Murat, nachdem er 1806 von seinem Schwager Napoleon zum Großherzog von Berg ernannt worden war, noch im selben Jahr die Gründung einer bergischen Universität in der Hauptstadt des neuen rechtsrheinischen Großherzogtums beabsichtigte. Als ein Teil umfassender gesellschaftlicher Reformen sollte diese Universität aus vier Fakultäten bestehen: der Theologie, der Jurisprudenz, der Medizin und der Philosophie. Der Krieg zwischen Frankreich und Preußen verhinderte die Gründung. Während seines Besuchs Anfang November 1811 nahm sich dann Napoleon, der sich nach Murats Ernennung zum König von Neapel die Leitung der bergischen Regierungsgeschäfte bis zur Volljährigkeit seines Neffen Louis Napoleon vorbehielt, selbst der Sache an und erließ bereits am 17. Dezember das Dekret zur Grün-

[1] Klaus Müller, Unter pfalz-neuburgischer und pfalz-bayerischer Herrschaft (1614–1806), in: Hugo Weidenhaupt (Hg.), Düsseldorf. Geschichte von den Ursprüngen bis ins 20. Jahrhundert, Bd. 2.: Von der Residenzstadt zur Beamtenstadt (1614–1900), Düsseldorf 1988, S. 7–312 (hier S. 240–246). Zur Geschichte der Gesundheitswesen: Hans Schadewaldt, Die Medizin in Düsseldorf bis zur Gründung der Akademie für praktische Medizin im Jahre 1907, in: ders. (Hg.), Von der Medizinischen Akademie zur Universität Düsseldorf 1923–1973, Berlin 1973, S. 17–28.

dung einer Universität in Düsseldorf mit einer weiteren Fakultät: der Naturwissenschaft.[2] Diese sollte ab dem 1.März 1812 im alten Schloss in Düsseldorf beheimatet sein. Napoleons Russlandfeldzug und sein anschließender Machtverlust verhinderten die Durchsetzung.

Es sollte noch fast hundert Jahre dauern, bis mit der Gründung der „Düsseldorfer Akademie für praktische Medizin“ im Jahre 1907 für die Möglichkeit einer Universität in Düsseldorf eine entscheidende institutionelle Bedingung geschaffen war.[3] 1923 wurde dann aus der „Düsseldorfer Akademie für praktische Medizin“ die „Medizinische Akademie in Düsseldorf“ mit Rektoratsverfassung und dem Recht auf die klinische Ausbildung von Studenten. Als nächster Schritt folgte 1935 das Promotionsrecht. Zum 1. Januar 1962 übernahm das Land Nordrhein-Westfalen die Verantwortung und Fürsorge der medizinischen Akademie, während die allgemeinen Krankenanstalten weiterhin zur Stadt gehörten, um damit das teilweise sehr hohe und auf weitere Forschung angewiesene wissenschaftliche Niveau der Städtischen Kliniken halten zu können. Movens für die schrittweise Überführung der *Städtischen Krankenanstalten* in eine landeseigene Institution war also zunächst die Forschung.

Nachdem 1960 noch zwischen der Stadt und dem Rektor über den Ausbau zu einer Vollfakultät verhandelt worden war, die das Studium ab dem ersten Semester ermöglichen sollte und durch eigenständige naturwissenschaftliche Fächer sowie durch Ordinariate in Philosophie und Pädagogik ergänzt werden sollte (das Philosophi-

---

[2] Hans Schadewaldt, Die Napoleonische Universität in Düsseldorf 1811–1813, in: Schadewald (Hg.) (wie Anm. 1), S. 30–35; Hugo Weidenhaupt, Von der französischen zur preußischen Zeit (1806–1856), in: Weidenhaupt (wie Anm. 1), S. 313–479 (hier S. 329 f.); http://www.uni-duesseldorf.de/home/Ueber_uns/Chronik.

[3] Zur Geschichte der Heinrich-Heine-Universität Düsseldorf jetzt ausführlich: Max Plassmann, Heinrich-Heine-Universität Düsseldorf. Von der Gründung bis zur Exzellenz, Düsseldorf 2014; zur Baugeschichte: Olaf Jacobsen, Zwischen Pragmatismus und Idealismus. Der Hochschulbau in Nordrhein-Westfalen nach dem Kriege, in: Ingeborg Flagge (Hg.), Architektur des Staates. Eine kritische Bilanz staatlichen Bauens in Nordrhein-Westfalen von 1946 bis heute, Düsseldorf 1984, S. 34–52; Jürgen Wiener, Architektur, Stadt- und Landschaftsplanung der Heinrich-Heine-Universität: Eine Bestandsaufnahme, in: Jahrbuch der Heinrich-Heine-Universität Düsseldorf 2007/2008, S. 743–771.

Abb. 5.1: Plan des Geländes vor den Veränderungen der 1950er Jahre

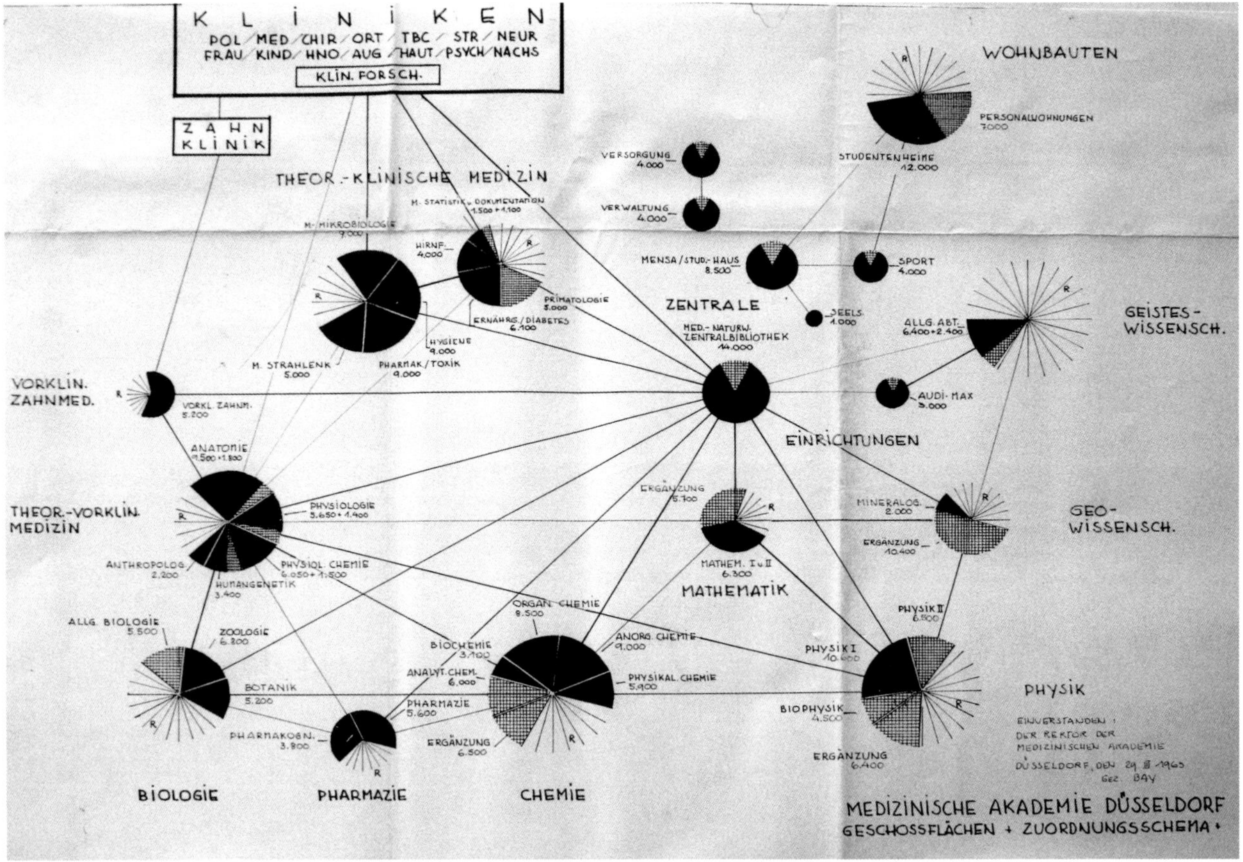

Abb. 5.2: Schema mit dem Geschoßflächenbedarf, Stand März 1965

sche Institut wurde bereits 1963 gegründet, dann erst folgten die Naturwissenschaften, zuerst mit der Organischen Chemie 1964, dann mit der Psychologie und 1965 mit der Physik) und dafür bereits von der Stadt ein fast 43 Hektar großes Gelände reserviert worden war (*Abb. 5.1*), begann bereits 1964 die Gesamtplanung für eine Volluniversität auf Landesebene, in der nach Vorstellung des Kultusministeriums darüber hinaus auch philosophische Anthropologie, Anthropologische Psychologie, politische Wissenschaften und Neuere Geschichte gelehrt werden sollten (*Abb. 5.2*). Zeitweilig wurde auch eine Integration der Düsseldorfer Kunstakademie erwogen.[4] Wie konkret diese Pläne waren, lässt sich heute nicht mehr klären. Im Kern standen für das Kultusministerium jedenfalls drei Fakultäten fest: Medizin, Natur- und Geisteswissenschaft.[5] Es waren damals insbesondere die Studenten, die auch eine Fremdsprachenausbildung forderten.[6] Hauptgrund für den Ausbau war aber die seit 1960 äußerst pessimistisch prognostizierte bildungspolitische Zukunft, in der entschieden zu wenig Ausbildungsplätze bestehen würden. So hatten die Empfehlungen des Wissenschaftsrates die damals bestehenden Kapazitäten kritisiert. Im Licht dieser Prognosen wurde nun die Ausbildung und damit die Lehre zum katalysatorischen Faktor in der Planung, die jedoch – anders als gleichzeitig in Bochum oder Bielefeld – durch eine wesentlich durch das Finanzministerium bedingte anhaltende Vorläufigkeit mit entsprechender Unterfinanzierung, planerischer Unsicherheit bzw. Planungsverzöge-

---

[4] Anna Klapheck, Die lehrbare Kunst. Die Düsseldorfer Akademie und die Zukunft unserer Kunsthochschulen, in: Rheinische Post vom 30. März 1966.

[5] UAD (Universitätsarchiv Düsseldorf) 1/5, 117, Protokoll der Baukommission vom 15.1.1965. In der folgenden Sitzung vom 28.1. schlug Friedhelm Sieben für die Begutachtung eines auszuschreibenden Ideenwettbewerbs Friedrich Tamms, Hans Schwippert und Helmut Hentrich vor. Es gehört zu den noch zu klärenden Besonderheiten der Düsseldorfer Universität, dass diese drei renommierten Architekten bzw. Stadtplaner Düsseldorfs weder in Gutachten noch in Wettbewerben jemals eine Rolle gespielt haben. Dieser Wettbewerb sah zunächst nur eine Bebauung vor, die nicht weit über das Gelände der heutigen Mensa nach Süden zu hinausreichte. Bei der Erweiterung des Geländes auf insgesamt 125 ha scheint Tamms allerdings mitgewirkt zu haben (Protokoll vom 15.3.1965).

[6] Hans Schadewaldt, Von der Medizinischen Akademie zur Universität 1945 bis 1973, in: Schadewaldt (Hg.) (wie Anm. 1), S. 72–82 (hier S. 77); Plassmann (wie Anm. 3).

rungen und daraus resultierendem Improvisationsaufwand innerhalb des jeweils Machbaren behindert war – ein Standortnachteil, der bis in die Gegenwart weiterwirkt. Der planerische Paradigmenwechsel von Forschung zu Lehre brachte es mit sich, dass die Naturwissenschaftliche Fakultät nun auch für die Lehrerausbildung tätig werden sollte, für die wiederum Fächerkombinationen mit geisteswissenschaftlichen Disziplinen unabdingbar waren, weshalb 1968 der damalige Rektor Alwin Diemer einen Fächerkanon aus Philologien, Philosophie, Erziehungs-, Geschichts- und Kunstwissenschaften vorschlug.[7]

Das Staatshochbauamt befasste sich mit der Planung auf dem von der Stadt zu Verfügung gestellten Erweiterungsgelände, das schon allein aufgrund seiner Größe ein wirkmächtiger Faktor war und von Anfang an für eine Campus-Universität ideal war, die als Universitätstypus auch zu keinem Zeitpunkt in Frage gestellt wurde.[8] Allein das Areal legte von Anfang an eine größere Planung nahe, als sie in den Köpfen der oft sehr unterschiedliche Interessen verfolgenden Beteiligenden bestand. Rückblickend betrachtet scheint dabei die Planungsriege im Staatshochbauamt unter Leitung von Friedhelm Sieben die größte Weitsicht gehabt zu haben. Auch die grundsätzliche Aufteilung ergab sich gleichsam von selbst. Da die Biologie als die für die Interessen der Medizin sicherlich interessanteste Naturwissenschaft ein botanisches Gelände brauchte, lag es nahe, ihr den Südosten des Areals (und damit den übrigen Naturwissenschaften die Nachbarschaft) zu überlassen, während die vorklinische Medizin möglichst nahe an den Kliniken sein sollte. Damit war ein größeres Areal zwischen beiden noch vorhanden.

[7] Ebd. Ms. S. 18. Wie es scheint, waren Grundzüge dieses Programms schon 1963 formuliert worden. Von der Umsetzung der Fächerkombination wurde nur die erst sehr viel später eingerichtete Kunstgeschichte, für die bereits Institutsräume an der Haroldstraße bzw. der Cecilienallee vorgesehen waren, ausgenommen, möglicherweise weil Kunstgeschichte kein Lehramtsfach war. Unter den Philologien wurde ein geplantes Institut für Slawistik niemals realisiert, vermutlich aus denselben Gründen.

[8] Max Plassmann, Zur Baugeschichte der Heinrich-Heine-Universität Düsseldorf, in: Andreas Pilger/Uwe Zuber (Hg.), Staatliche Architektur und Stadtplanung nach 1945. Das Beispiel der Landeshauptstadt Düsseldorf (Veröffentlichungen des Landesarchivs Nordrhein-Westfalen 22), Düsseldorf 2008, S. 41–52, hier S. 46.

Die Planung, die zunächst nur die vorklinischen Institute betraf (Anatomie, Physiologie, Physiologische Chemie), trug damit den historischen Voraussetzungen der medizinischen Akademie Rechnung. Doch erst am 16.11.1965 beschloss das Land Nordrhein-Westfalen offiziell die Umwandlung der *Medizinischen Akademie* in die *Universität Düsseldorf*, auch wenn zu diesem Zeitpunkt niemand so genau wusste, was mit diesem Status konkret gemeint sein könnte. Erheblichen Anteil an der Universitätsgründung hatte Paul Mikat (CDU), selbst Universitätsprofessor und – damals noch für die Wissenschaft zuständiger – Kultusminister in Nordrhein-Westfalen, der im Zuge der Gründungswelle von Universitäten auch in der Landeshauptstadt eine Universität, bestehend aus einem geistes- und sozialwissenschaftlichen, einem medizinischen und einem naturwissenschaftlichen Schwerpunkt, haben wollte. Dafür dankte ihm später die Universität mit der Verleihung der Ehrendoktorwürde. Mit der Umwandlung in eine Universität erhielt die einstige medizinische Akademie das Recht, vorklinischen Unterricht zu halten. Zum Wintersemester 1965/66 konnten sich erstmals Studienanfänger zum Studium an der *Universität Düsseldorf* einschreiben, nachdem zuvor Studenten erst ab dem dritten Semester zugelassen worden waren.

Die *Universität Düsseldorf* begann am 1.1.1966 mit einer Medizinischen- und einer kombinierten Naturwissenschaftlich-Philosophischen Fakultät, die nicht nur als Ergänzung gedacht war, sondern als Fakultät mit eigenständiger Forschung. Die Lehramtslaufbahn war somit möglich, ebenso eine Kombination mit der Kunstakademie Düsseldorf. Die medizinische Fakultät war aber zu diesem Zeitpunkt die einzige, die ihren Betrieb direkt aufnehmen konnte, da sie an die bestehenden medizinischen Einrichtungen angegliedert war. Da eigene Räume für die allermeisten Institute jenseits der klinischen Medizin noch fehlten, wurden mehrere Einrichtungen im Stadtgebiet angemietet.[9] Nach der Fertigstellung des Universitätsgeländes wurden diese zum Teil wieder aufgegeben, erhielten

[9] Die Institute und Veranstaltungsräume waren über die Stadt verteilt. Sie befanden sich in der Cecilienallee, der Haroldstraße, am Fürstenwall, in der Mettmanner Straße, der Ulenbergstraße (in der angekauften und umgebauten Senffabrik Frenzel, wo in den 90er Jahren ein Neubau der Universität errichtet wurde), in Laboratorien der Firma Henkel, in der Horionstraße, der Strümpellstraße und der Christoph-

eine neue Nutzung oder blieben bestehen, wie das Diabetes-Institut. Die Provisorien außerhalb des Universitätsgeländes wechselten dann mit dem Provisorium des sehr schnell errichteten Bereichs der damals so genannten ‚Institutsgruppe I' (die spätere Gebäudegruppe 23.01–03 und 23.11–12), die möglichst schnell die Lehre in den Naturwissenschaften (und die Erziehungswissenschaften) auf dem Campus ermöglichen sollte. Mit den nach und nach fertig gestellten Bauten konnten dann die Institute von dieser Gebäudegruppe endgültig in die für sie vorgesehenen Bauten einziehen.

Am 14.02.1966 fand der Festakt zur Gründung der Universität statt. Kurz danach gab es erste Überlegungen, die alte Landes- und Stadtbibliothek anzugliedern.[10] Sie implizierten angesichts der Sammlungsbestände, dass die Universität vor allem in Richtung Geisteswissenschaften weiter ausgebaut werden sollte. Folgerichtig erging 1968 der zum 1.1.1969 umgesetzte Kabinettbeschluss, aus den zwei teilweise kombinierten Fakultäten drei zu machen. Die Universität bestand nun aus einer Medizinischen, einer Naturwissenschaftlichen und einer Philosophischen Fakultät.

Gleichzeitig entstanden die ersten Konflikte über die Benennung der Universität nach Heinrich Heine. Es wurde eine Bürgerinitiative gegründet, die für eine Benennung nach Heine einstand. Mit der offiziellen Benennung am 20.12.1988 fand die 23 Jahre lange Debatte um die Namensgebung ihr glückliches Ende.

Ab dem 30.9.1969 begann die Hochschul-Finanzierungsgesellschaft (HFG), die gegenüber dem Hochbauamt ungleich flexibler agieren konnte, mit der inneren Erschließung des Universitätsbereiches südlich der Kliniken. Ebenso starteten die Planungen und der Bau für die naturwissenschaftlichen Institute, darunter das zentrale Tierlabor (22.22) und die Institutsgebäude der theoretischen Medizin. Das Planungskonzept beinhaltete eine lineare

---

straße; vgl. Universität Düsseldorf – Gesamtplanung 1970, Düsseldorf 1970; Kliniken, Institute und Seminare der Universität Düsseldorf, in: Schadewaldt (wie Anm. 1), S. 126–165.

[10] Irmgard Siebert (Hg.), Beiträge zum Doppeljubiläum der Universitäts- und Landesbibliothek Düsseldorf, Düsseldorf 2004.

Entwicklung entlang einer durchgehenden Fußgängerebene, dem so genannten ‚Bandforum' bzw. der ‚Lernstraße' (*Abb. 5.3, Abb. E.1–E.3*). Am Bandforum entlang sollten Hörsäle, Lehreinrichtungen und Gemeinschaftsräume liegen. Die Verortung der einzelnen Institute auf dem Gelände stand bereits sehr früh fest. Im Juli 1971 wurde das Konzept um die Pharmakologie erweitert.

Zum Januar 1972 übernahm das Land alle Planungs- und Bauaufgaben für die Universität, und ein Jahr später wurde es auch Träger der Krankenanstalten, da der Unterhalt für die Stadt zu aufwändig war. Zu diesem Zeitpunkt war ein Teil der geisteswissenschaftlichen und naturwissenschaftlichen Institute bezugsfertig, während die Gebäude für die vorklinischen Institute als erste unter den Neubauten bereits fertig gestellt waren. Zum Wintersemester 1976/77 wurden die mathematisch-naturwissenschaftlichen Gebäude im Süden mit 3.800 Studienplätzen bezogen. In den folgenden Jahren wurden nach und nach auch die anderen Gebäude fertig gestellt und eingerichtet. Bauen und Lehren verlief über einen langen Zeitraum parallel auf dem Gelände. Dies war durch die besondere Konzeption der Institutsgruppe I möglich.

Die Düsseldorfer Universität liegt in enger Nachbarschaft zu weiteren nordrhein-westfälischen Universitäten und Gesamthochschulen in Köln, Bonn, Dortmund, Bochum, Essen, Duisburg und Wuppertal, die alle in weniger als einer Stunde zu erreichen sind. Berechnungen, die der Planung und der Begründung für die Planung zugrunde lagen, gingen davon aus, dass Düsseldorf eine ideale Lage innerhalb der Region hat (und die Universität eine ideale Lage innerhalb der Stadt), weil sie ihrerseits innerhalb einer Stunde von ca. 7,5 Millionen Menschen erreicht werden kann, mehr als in jeder anderen Region Deutschlands. Eine Reihe von Diagrammen innerhalb eines zeittypischen, durch eine Diagrammästhetik bestimmten und mit der Dynamik von Pfeilen operierenden Argumentationstableaus (*Abb. E.4–E.7*), das auf eine Planung vornehmlich aus einer senkrechten Luftperspektive verweist, hob auf diesen Umstand ab. Ja, es scheint damals nachgerade das Hauptargument gewesen zu sein, obwohl es sich schnell dadurch relativiert, dass es auch für die Universitäten Bochum und Dortmund gilt (die anderen Universitätsneugründun-

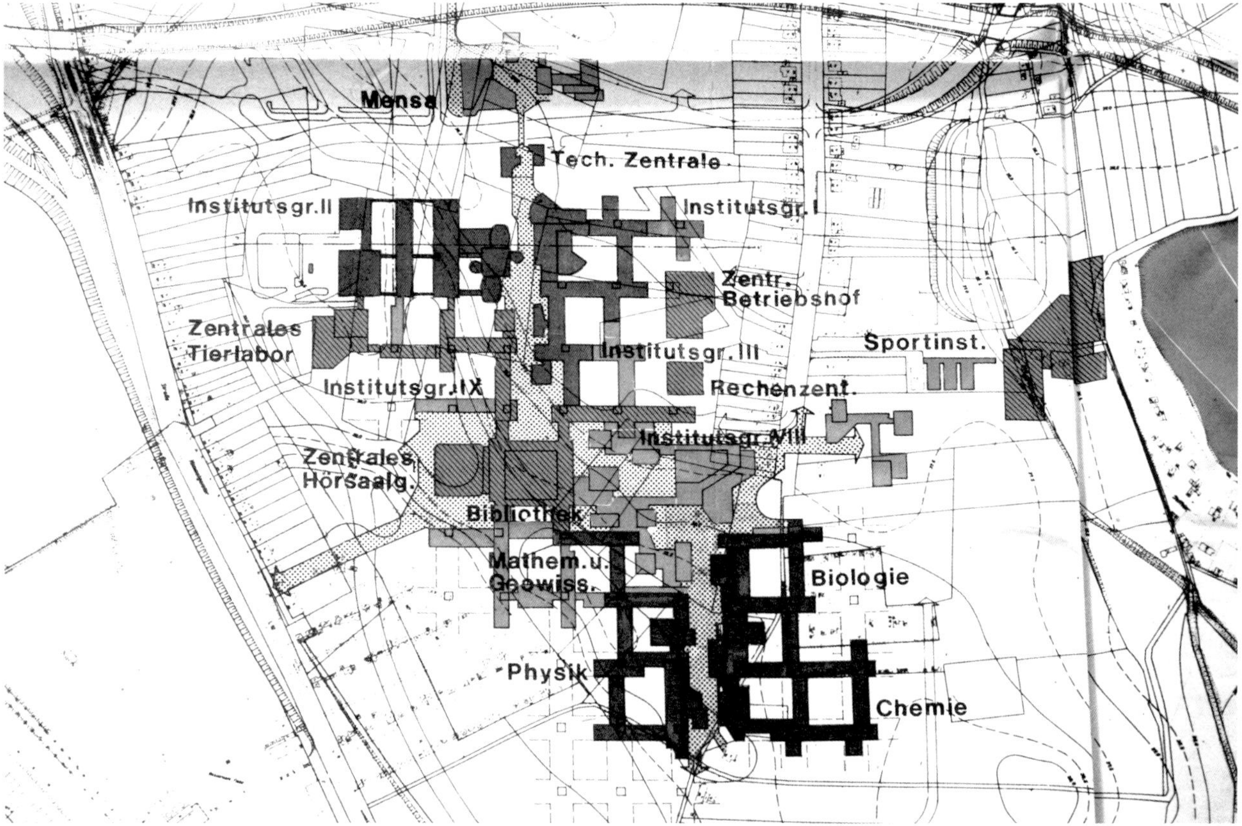

Abb. 5.3: Verteilung der Fächer, Planung um 1969

gen im und am Rand des Ruhrgebiets standen noch aus und hätten sich dieses Arguments nicht mehr bedienen können).[11] Die Realität hat insbesondere nach den Gründungen von Duisburg, Essen und Wuppertal außerdem gezeigt, dass der allergrößte Teil der nicht aus Düsseldorf selbst stammenden Studierenden tatsächlich nur aus den unmittelbaren Nachbarstädten im Osten und Westen (Baumberg, Langenfeld, Hilden, Solingen, Erkrath, Mettmann, Ratingen bzw. Neuss, Meerbusch, Mönchengladbach und Krefeld/Moers im Westen) kommt. Studierende aus Duisburg, Oberhausen, Essen und Wuppertal rekrutieren sich vor allem aus Fächern, die dort nicht oder nicht in dem Maße angeboten werden. Noch geringer ist der Anteil aus Leverkusen und Köln. Die Berechnungen gingen vor allem von einem rechtsrheinischen Bedarf aus. Hier scheint die tatsächliche Entwicklung den Planern nicht Recht gegeben zu haben. Aber möglicherweise waren diese Prognosen auch nur ein Argument für den Standort, der von Anfang an mit dem Auto besser aus dem Osten und Südosten erreichbar war, ist doch der südliche und eigentliche Teil des Universitätsgeländes in den Winkel zwischen einer Autobahn (A46) und einem vierspurigen Autobahnzubringer (L52/Münchener Straße) eingekeilt.[12] Der Standort, mit dem sich die Universität als Campusuniversität und zugleich als Pendleruniversität in der Planung legitimierte, zeugt von einem insbesondere in

[11] Gleichwohl ist der Einzugsbereich, wenn man ihn nicht in Entfernung, sondern in Personen ausdrückt, deutlich höher als für die meisten deutschen Universitäten. Die Einwohnerzahl derjenigen umliegenden Städte und Gemeinden, für welche die Heinrich-Heine-Universität aus Standortgründen die erste Wahl ist, beträgt über zwei Millionen. Die Einwohnerzahl der benachbarten Städte, für die Düsseldorf an zweiter Stelle als Studienort in Frage kommt, ist sogar noch höher.

[12] Die Lage der Universität Düsseldorf im Straßennetz war bereits 1970 relativ gut. Die B326 verlief, ähnlich der heutigen A46, von West nach Ost südlich des Universitätsgeländes. Im Osten hatte diese Anschluss an die A3. Im Westen führte sie zur Südbrücke (heute: Josef-Kardinal-Frings Brücke). Seit 1979 entlastet die Fleher Brücke der A 46 die Südbrücke. Die A46 verläuft in Universitätsnähe wie die ehemalige B326. Diese ist unterbrochen und verläuft nördlicher über die Werstener Straße, wo sie teilweise identisch ist mit der B8. Ab dem Südring folgt sie nach Westen hin ihrem alten Verlauf über die Südbrücke. Vor dem Bau der Universitätsstraße bildete die Christophstraße die Zufahrt zum Campus. Da sie dem starken Verkehrsaufkommen nicht gewachsen war und sich dort in Stosszeiten große Staus bildeten, wurde die Universitätsstraße 1975 ausgebaut.

Düsseldorf großen Vertrauen in die Zukunft des Privatautos als Massenverkehrsmittel,[13] das sich auch dialektisch darin ausdrückt, dass die Planung von Anfang an ein großes Areal einbezog, das vom Autoverkehr frei bleiben und die Hauptachse des Ensembles bilden sollte.

Mit den weit über das anvisierte Maß hinaus gestiegenen Studentenzahlen (von ursprünglich 5.000 bis zeitweilig 25.000) konnte die benötigte Parkraumkapazität im Kernbereich nicht gedeckt werden. Die teilweise weit entfernten Parkplätze südlich der Gebäudegruppen 25 und 26 schufen zwar Abhilfe, mindern aber auch das Erscheinungsbild. Der gewachsene Bedarf an Parkplätzen ist jedoch auch der Nahverkehrssituation geschuldet. Die im südlichen Teil der Stadt gelegene Universität liegt relativ weit entfernt von der Eisenbahn. Dies war und ist teilweise noch immer ein Mangel, weil die Straßenbahn- und Busverbindungen nicht auf schnelles Erreichen der Universität angelegt waren, sondern entweder – wie die frühere Hauptlinie vom Bahnhof zur Universität – durch die Stadt mäandrierten oder Linien nur an wenigen Stunden fuhren oder in Schulferien(!) gar nicht fahren.[14] Die inzwischen eingerichtete U 79 ist eine erste Annäherung an die ursprüngliche Verkehrsplanung, war aber mit maximal drei Fahrten pro Stunde zunächst unzulänglich getaktet, zumal angesichts schlecht koordinierter Anschlüsse.

[13] Für dieses Vertrauen in die Stadt für Autos steht in Düsseldorf insbesondere Friedrich Tamms, der als Beigeordneter für das Bau- und Planungsamt zum wichtigsten, einflussreichsten und umstrittensten Vertreter der sogenannten autogerechten Stadt in der Bundesrepublik der Nachkriegszeit geworden war. Er setzte seine Erfahrung als eine zentrale Figur beim Reichsautobahnbau während des Nationalsozialismus nun für den innerstädtischen Straßenverkehr um; vgl. insbesondere Werner Durth, Deutsche Architekten. Biographische Verflechtungen 1900–1970, Braunschweig 1986.

[14] Für die Straßenbahn mit Ziel Universität war lange Zeit die Haltestelle Christophstraße die Endhaltestelle, von wo aus mitunter mehr als 15 Minuten Fußweg bis zu den Instituten, Hörsälen und Seminarräumen benötigt wurden. Erst 1991 wurde die Straßenbahntrasse mit Endhaltestelle „Universität Ost“ eingeweiht. Nun führte zwar eine Straßenbahnlinie auf das Unigelände, aber die meisten Studenten brauchen noch immer fünf bis zehn (und teilweise mehr) Minuten für den Fußweg, der besonders in den Abendstunden wegen des Beleuchtungskonzepts zu dunkel ist. Nicht nur für die Straßenbahnführung wirkte sich die Wohnbebauung der Christophstraße sehr nachteilig aus. Umgekehrt profitierte die Immobilienbewertung der Christophstraße abermals von der Universität, zumal die für die Anreisenden deutlich bessere Streckenführung über die Christophstraße nicht zustande kam.

Der Ausbau des öffentlichen Nahverkehrs als der neben dem Individualverkehr zweiten Säule der Verkehrsplanung ist bis heute hinter den Planungen zurückgeblieben. Die vor weit über 40 Jahren angedachte Anbindung an zwei U-Bahn-Strecken wird jetzt realisiert, obwohl man sich in den 1960er Jahren zu Recht von der Universität ein Ansteigen der Bevölkerungsdichte in den umliegenden Vierteln erwartete.[15] Obwohl zwischen Innenstadt und dem Süden der Stadt gelegen, der durch das Universitätsareal städtebaulich eher noch weiter separiert als angebunden wurde,[16] hat das 180 Hektar große, sich südlich an die Kliniken anschließende und nur 3,5 km vom Zentrum entfernt liegende Gebiet eine zu lange, der Attraktivität abträgliche Anreisezeit, die, zumal angesichts eines teilweise zehnminütigen Fußwegs von der Endstation bis zu den Gebäuden, selbst für innerstädtische Benutzer oftmals eine Stunde übersteigt (von den Anreisezeiten aus den Nachbarstädten ganz zu schweigen). Dieses infrastrukturelle Manko legt auch offen, dass die von Anfang an schöngeredete Lage der Universität innerhalb der Stadt zwar recht gut, aber nicht ideal ist, bzw. ihre zweifellos vorhandenen Qualitäten nicht durch eine bessere lebensweltliche (soziale, ökonomische, kulturelle, verkehrstechnische) Infrastruktur für einen integrierten Lebensraum optimiert wurden.[17]

---

[15] Diese jetzt, Jahrzehnte zu spät, begonnene U-Bahnlinie, die wie die anderen U-Bahnlinien in Düsseldorf nur eine teilweise unterirdisch geführte Straßenbahnlinie ist, wird jetzt zwar bis frühestens 2014 realisiert, reicht aber nur bis zum Bilker S-Bahnhof (und nicht ähnlich wie in Bochum bis in den Zentralbereich des Campus, wie es ursprünglich geplant war), danach wird sie bis zum Campus als oberirdische Straßenbahn geführt. Sie bringt nicht nur für den Weg bis zur Universität wenig Zeitersparnis. Auch die an sich vom Hauptbahnhof aus besser gelegene U-Bahnlinie nach Holthausen wurde gezielt an der Universität vorbei geplant, obwohl es nur einer kürzeren Stichstrecke bedurft hätte. „Der Charakter der Universität als Stadtuniversität", wie er von der Gesamtplanung 1970 (wie Anm. 9), S. 11, beschworen wurde, ist vor allem von der Stadt noch nicht adäquat angenommen worden. Dies gilt auch für die Grünraumplanung, deren konzeptionell entscheidende Anbindung an den Rhein nach Süden und an den Volksgarten nach Norden bislang nur eine glänzende Idee geblieben ist.

[16] Auch wenn zu Beginn des Baus die Hoffnung bestand (vgl. Gesamtplanung 1970, wie Anm. 9), die Universität würde mit ihren angrenzenden Stadtteilen verschmelzen, so liegt sie auch heute noch mehr zwischen den Stadtteilen. Die Stadtteile Wersten und Stoffeln, in direkter Nachbarschaft, haben wenig Berührungspunkte mit dem Unigelände.

[17] Die Tatsache, dass es kaum Geschäfte gibt, wird noch dadurch verschlimmert, dass es auch im engeren Umfeld um das Gelände keine gute Geschäftsinfrastruktur gibt.

Eine Hauptanforderung an das Gebiet bestand darin, genügend Reserven und Kapazitäten für den weiteren Ausbau zu haben. 1970 befanden sich auf dem Interessengebiet für die Universität einige zwei- bis dreigeschossige Wohnhäuser. Das Gelände gehörte zum großen Teil der Stadt Düsseldorf. Ein größeres Areal nahe den Kliniken gehörte dem Land Nordrhein-Westfalen und ein einzelner Straßenzug mit privaten Grundstücken zog sich von Norden her in das Gelände. Es gab weitere kleinere unbebaute Flächen in privatem Besitz im westlichen Teil des Gebietes.

Von den insgesamt 180 Hektar waren 40 Teil des Klinikgeländes, 40 waren Baugrund für die neue Universität, 30 sollten Freifläche sein, sodass die privaten Grundstücke sowie Teile der städtischen Grundstücke nicht benutzt werden müssten. Zehn Hektar sollte der Botanische Garten umfassen, davon drei für den eigentlichen Garten und sieben für das Arboretum. Heute umgibt es den gesamten Universitätskomplex.[18] Für Sportanlagen waren 15 Hektar eingeplant und 10 für die Baggerseen, 25 für Parkplätze und 10 für das Straßennetz. Durch diese Einteilung mit großen Freiflächen war nicht nur gewährleistet, dass die privaten Grundstücke bei ihren Besitzern verbleiben konnten, sondern ihre Immobilien zudem auch noch aufgewertet wurden.

Zuerst wurde durch das Staatshochbauamt für die Universität Düsseldorf unter Regierungsbaudirektor Friedhelm Sieben in Zusammenarbeit mit dem Landschaftsarchitekten Georg Penker und einer Gruppe von Verkehrsplanern ein allgemeiner struktureller Rahmenplan für das Gelände entwickelt.[19] Hier fielen nicht nur die städtebaulichen, sondern auch die architektonischen Grundsatzentscheidungen, denen sich die spätere Ausformulierung der einzelnen Bauten und Baugruppen unterzuordnen hatte, und die einerseits die gestalterischen Möglichkeiten einschränkten, andererseits aber die für das Gelände größtenteils gelungene Einheitlichkeit und Maßstäblichkeit bei größtmöglicher Flexibilität garantierten. In der Erarbeitung der Vorschläge wie in der Bindung an sie liegt zugleich

[18] Siehe den Beitrag von Heike Fröhlich.

[19] Die weiteren Beteiligten waren B. v. Chamier, C. Holzapfel, E. Kremser, K. Röhrs, K. Hesse, J. Bender, W. Wiese, D. Hoppe. Die Verkehrsplanung unterstand Prof. A. Mäcke.

der Grund dafür, dass kaum noch von einem entwerfenden Architekten in einem traditionellen Sinn gesprochen werden kann. Denn bereits die entscheidende Planung war eine Kollektivleistung, deren Anteile an Raum, Verkehrs- und Grünplanung sich zudem umso diffuser ausnehmen, je mehr man Methoden der *oral history* durch Befragung Beteiligter heranzieht.[20]

Ausgangspunkt war dabei eine größtmögliche funktionale Neutralität, da der Prozess des Bauens, bei dem der definitive Kubaturbedarf immer unklar war, und die Einrichtung des Lehrbetriebs mit leichter Zeitversetzung parallel laufen musste. Für die Heinrich-Heine-Universität gilt noch mehr als für andere Campusuniversitäten, was Olaf Jacobsen, der selbst an der Planung beteiligt war, in einer Phase des Technokratievorwurfs und mangelnder Sozialität an eine emotionslose Moderne rückblickend allzu selbstkritisch und polarisierend formulierte: „Die Inhalte der Architektur werden verdrängt durch prozeßhaftes Denken."[21] Es scheint eher, dass der Funktionsbegriff dynamisiert wurde und dass gerade darin seine große architekturgeschichtliche Bedeutung liegt. Daher musste eine Typologie gefunden werden, die im Großen wie im Kleinen funktionierte und die ganz unterschiedlichen Fächern und ihren Bedürfnissen gleichermaßen Rechnung trug. Da das Problem insbesondere am Anfang besonders virulent war, bedeutete die Gestaltung der frühen Gebäude jenseits der vorklinischen Medizin, die als einzige nicht dem Wechselspiel unterworfen war (was man ihrer Gestaltung im Positiven wie im Negativen ansieht), dass hier die formalen Grundentscheidungen darüber getroffen wurden, wie sich die aufgehende Architektur zum vorgesehenen Bauraster verhalten sollte.

---

[20] Vgl. auch das Interview mit Jens-Peter Volkamer. Trotz der Fülle an Plänen und Archivalien scheint es wie Plassmann (wie Anm. 7), S. 44, betont, „unwahrscheinlich, dass die Baugeschichte der Universität jemals in allen ihren Details geschrieben werden kann."

[21] Olaf Jacobsen (wie Anm. 3), S. 34–52. Eine Darstellung der Baugeschichte findet sich bei Friedhelm Sieben, Universität Düsseldorf, in: Die Bauverwaltung, Heft 1/72, S. 2–9; vgl. auch Günter Klatt, in: architektur wettbewerbe 104, 1980. Thema: Bauten für Aus- und Weiterbildung, Stuttgart 1980, S. 73–75.

Dieses Bauraster ist die eigentliche Gegenlösung zum früh schon wegen seiner starren Monumentalität in die Kritik geratenen Bochumer Blockmodell. Die Düsseldorfer Planer orientierten sich dabei an der gerade begonnenen Erweiterung der Universität Marburg auf den Lahnbergen, mit der eine für die Moderne ganz neuartige, Zeilen- wie Blockrandbebauung gleichsam kombinierende dynamische Struktur entwickelt wurde, die brutalistische Stadtplanungsideen, wie sie in England von Peter und Alison Smithson entwickelt wurden, in die Realität eines wachsenden Großensembles umsetzten.[22] Im Gegensatz zu Marburg, wo die Rasterstruktur zentralisiert war, wird das Düsseldorfer System weiterentwickelt, weil es einen flexibleren, weil stärker auf Reihung bedachten Rapport ermöglichte und dabei immer eine maßstäbliche Anpassung sowohl an die landschaftsarchitektonisch bestens geplante Umgebung als auch an den nahsichtigen Benutzer garantierte. Daher wurde die Düsseldorfer Lösung bereits in den frühesten Bilanzen zum nordrhein-westfälischen Hochschulbau als die urbanistisch am ehesten gelungene bewertet.

Das erste Rahmenprogramm, 1964 erstellt, bezog sich zunächst auf 5.000, dann 1968 auf 6.000 Studierende,[23] damals scheinbar viel zu hoch gegriffen gegenüber den Vorstellung eines Medizinvollstudiums mit naturwissenschaftlichem und geisteswissenschaftlichem Begleitprogramm, eine völlige Unterschätzung hingegen für eine Volluniversität. Im Wissen darum wurden aber von Beginn an in die kluge Planung immer auch Reserven für ein größeres Wachstum eingeplant. Als dreieinhalb Jahre später das Finanzministerium einen Wettbewerb für die Bibliothek und den Zentralbereich zwischen Bibliothek und den Gebäudegruppen 23 ausschrieb, kam es zwar zu

[22] Vgl. dazu den Beitrag von Dominika Jerkic.

[23] UAD 1/5, 117, Protokolle der Baukommission 13.2. und 26.8.1968. Die Gesamtkosten bei 6.000 Studenten wurden auf 400 Millionen DM beziffert, bald darauf dann (4.11.1968) auf 439 Millionen DM. Betont wurde, dass der veranschlagte Kostenrahmen dieser Ausbaustufe nur eingehalten werden könne, wenn die Studentenzahl von 6.000 nicht überschritten würde. Tatsächlich wurden nach Plassmann (wie Anm. 7), S. 48, bis Mitte der 1980er Jahre etwa eine Milliarde DM verbaut, darunter aber etliche Bauten (darunter die Großbauten Tiefgarage, Bibliothek, Gebäude 23.31/32 und 24.21), die in der Kalkulation von 1968 nicht enthalten waren.

einer Erweiterung, die aber teilweise auch noch für die Fachhochschule genutzt wurde,[24] während das Gebäude 24.21 sogar ausschließlich den Sozialwissenschaften der Fachhochschule vorbehalten blieb. Gleichwohl ging man nun von 18.500 Studierenden bis zum Jahr 1980 allein auf dem Campus aus[25] – mithin hatte sich die Politik für die Massenuniversität mit allen ihren spezifischen Raum- und Personaldefiziten entschieden, lange bevor dies in der Öffentlichkeit recht deutlich wurde: die dreifache Studentenzahl zum fast gleichen Preis.[26] Trotz einiger inzwischen hinzugekommener Gebäude sind angesichts von derzeit über 28.000 Studierenden (davon 25.000 der Universität) die räumlichen Kapazitäten längst schon überschritten.

[24] Am 30.10.1973 teilte das Ministerium für Wissenschaft und Forschung mit, dass die Philosophische Fakultät einen Überhang von 3.223 qm hätte, der dem Fachbereich Wirtschaft der FH Düsseldorf zuzuschlagen sei; vgl. UAD 1/5, 117, Protokoll der Baukommission vom 17.12.1973. Hier wird am deutlichsten, wie sich nach einer Phase angemessener Planung in den 1960er Jahren nun in einer Zeit wachsender wirtschaftlicher Krisen eine ökonomistische Logik durchzusetzen beginnt, die Bedarfszahlen willkürlich der Rationaität des Staatshaushaltes anpasst. Betroffen waren bezeichnenderweise allein die Geistes- und Gesellschaftswissenschaften, denen auf diese Weise schon ein Stück Zukunft im Sinne einer wenigstens moderaten Erweiterung des Fächerspektrums genommen wurde.

[25] UAD 1/5 261, Ausschreibung eines allgemeinen Bau- und Ideenwettbewerbs zur Erlangung von Vorentwürfen für die Bibliothek und den Zentralbereich der Universität Düsseldorf, S. 12 (die Wettbewerbsunterlagen wurden am 11.7.1972 ausgegeben). Im Protokoll der Baukommission am 17.12.1973 (wie Anm. 21) ist dann die Rede von 15.300 Studierenden.

[26] Im Sommersemester 2009 stimmt die Zahl der Studierenden ungefähr mit dem für 1980 prognostizierten Stand überein. Obwohl zwischenzeitlich die Gebäude des Juridicums hinzugekommen sind, ist die Raumsituation weit davon entfernt, optimal zu sein. Als die Zahl von 8.000 Studierenden dann erreicht war, wurde dies bereits als Problem erachtet, vgl. den Artikel: Über 8000 Studenten: Viele Probleme verschärft, in: Düsseldorfer Uni-Zeitung, 5. Oktober 1977. Die völlig konträre Wahrnehmung der heutigen und der damaligen Studierendenzahlen verweist auf einen generellen Strukturwandel der gesellschaftlichen Dimension von Bildung, über die an der Realität vorbeizielende Diskurse über Eliten und Konkurrenz hinwegtäuschen sollen. Man könnte die Planung für die beiden neuen Gebäude (23.31/32 und 24.12) auch so lesen, dass für die Geistes- und Gesellschaftswissenschaften der Universität und dem Sozialbereich 12.500 Studierende vorgesehen wurden, nachdem der Rest zuvor für 6.000 Studierende berechnet worden war. Dies verweist auf einen zynischen Rationalismus der Bildungspolitik, der einseitig einen bestimmten akademischen Bereich benutzt, um nominell der gewaltig steigenden Studierendenzahl zu begegnen.

Die frühe Planung sah vor, dass zum einen beim Mikrowachstum innerhalb bestimmter Fachgruppen am Außenbereich gebaut werden sollte, ohne den inneren Betrieb zu stören, zum anderen sollte ein Makrowachstum im Norden und Süden des Geländes möglich bleiben. Kernidee war die Zweiteilung der Universität, die durch die das Gelände teilende Bundesstraße B326, die später teilweise in die A 46 aufging, auch anschaulich manifest gewesen wäre. Die A46 wurde zum Vorteil des Areals 1983 eingetunnelt[27] und ermöglichte darüber eine naturnahe Parklandschaft, die leider durch riesige Strommasten beeinträchtigt wird, zumal diese die Trennung des Geländes noch forcieren: im Norden das Klinikgelände, im Süden alle anderen Institute. Dazwischen findet sich – eine Mitte, aber kein Zentrum, sondern doppelt randständig[28] – die Verwaltung (16.11) (*Abb. E.8, E.9*) und die zunächst nicht als Hauptmensa geplante Mensa mit Studentenwohnheim (21.11–17) (*Abb. E.10–E.12*). Die Verkehrserschließung durch die in einem großen Bogen geführte Universitätsstraße folgt parallel zu Autobahn und Autobahnzubringer und rahmt das Gelände im Norden und Westen. Die als Fußgängerbereich ausgebildete Hauptachse des Geländes, die noch immer die Fortsetzung der Hauptachse von Radkes Klinik von 1907 ist, mündet in das einst als ‚Forum' oder ‚Querforum'[29] konzipierte und nur ansatzweise realisierte Zentrum und läuft nach Osten versetzt zwischen den naturwissenschaftlichen Gebäudegruppen 25 und 26 weiter. Sie bilden den Kernbereich der Universität.

Die Planung beinhaltete vier Konstanten. Die Zuordnung und Lage der Fakultäten war von Anfang an festgelegt, ebenso das Erschließungsschema, die Ausbaufolge und das Versorgungsschema. Die ursprüngliche Konzeption ist am besten in einem Diagramm veranschaulicht, das zugleich auch Programm sei sollte für eine ganzheitlich vernetzte Forschungs- und Lehrstruktur, in der die Geisteswissenschaften eine Brücke zwischen der vorklinischen und theoretischen Medizin und den Naturwissenschaften bilden sollten, deren Lage wiederum durch die Nachbarschaft

[27] Die Pläne dafür reichen bis Anfang 1974 zurück (Protokoll der Baukommission am 23.4.76).

[28] Bezeichnenderweise hat das Klinikgelände eine eigene Mensa. Die Hauptmensa, die nicht, wie geplant, als Zentralmensa am sogenannten ‚Forum' errichtet wurde, ist für die Gebäudegruppen 25 und 26, insbesondere in deren südlichen Teilen, zu weit entfernt.

[29] Die Begriffe ‚Band- und Querforum' stammen vom Staatshochbauamt; vgl. Gesamtplanung 1970 (wie Anm. 9), S. 34.

der biologischen Institute zum Botanischen Garten bestimmt war. Schon allein die Integration der Fachhochschule (zur Gänze in 24.41, teilweise in 23.31/32) hat dieses konzeptionell mustergültige Programm vereitelt, sodann aber auch der Verzicht auf die Realisierung des Forums und die unglücklich platzierte und formal noch unglücklicher gelöste Sonderstellung der juristischen Gebäude, mit der aus der einst als fortsetzbar gedachten Rasterstruktur ausgeschert wurde. Der Bau des Oeconomicums hat zwar diese Querachse doch noch aufgewertet, wenn auch mit dem Preis eines Eingriffs in die Einheitlichkeit und die Landschaftsgestaltung.

Ein Ursprungsplan ermöglichte jedenfalls eine stufenweise erfolgende Realisierung ohne Störungen des laufenden Betriebs, die der sogenannten „schleichenden Gründung" entsprach,[30] indem mit dem sogenannten „Verfügungszentrum II" zunächst eine Gebäudegruppe errichtet wurde, die als Provisorium diente, das Institute aus allen drei ursprünglichen Fakultäten durchliefen.[31] Um den laufenden Betrieb nicht zu stören, war es für die bauliche Erschließung unabdingbar, möglichst abgeschlossene Bereiche zu erstellen.

Der Plan war eine Kombination von „Netz- und Lineartyp"[32] auf einem Festpunktraster. Er zeigt die Kooperationsmöglichkeiten, die im Netztyp vorhanden waren, hatte aber gleichzeitig abgeschlossene Aufbaustufen der Lineartypen. Zumindest bei den ersten Bauten, besonders den Baugruppen 22 und 23, kann man den gleichmäßigen Netztyp noch erkennen, obwohl er bereits hier nicht strikt umgesetzt wurde, indem Achsen versetzt wurden. Die Vorteile dieses Systems bestanden einerseits in der Möglichkeit flexibler Erweiterung, wenn steigende Studierendenzahlen oder Institutsneugründungen dies erforderten oder wenn schlicht auf neue Erkenntnisse und Möglichkeiten

[30] Die schleichende Gründung gilt nicht nur, wie es Plassmann (wie Anm. 3) darlegt, für das diplomatische Verhalten von Paul Mikat, sondern sie pragt die fast einhundertjährige Geschichte vom Bau der von Johannes Radke entworfenen städtischen Krankenanstalten bis zur Volluniversität mit fünf Fakultäten.

[31] Das andere Verfügungszentrum war die umgebaute Senffabrik Frenzel an der Ulenbergstraße, wo sich heute das 2002 fertig gestellte Life Science Center, an dem die Heinrich-Heine-Universität, die Stadt Düsseldorf und weiter Partner beteiligt sind, befindet.

[32] Die Begriffe „Netz- und Lineartyp" stammen vom Staatshochbauamt für die Universität Düsseldorf 1970, S. 34.

reagiert werden musste, und andererseits darin, dass in einem Bauabschnitt noch gearbeitet werden konnte, während in anderen bereits gelehrt wurde. Die späteren Bauten der Naturwissenschaftlichen und Mathematischen Fakultät, bei denen die Freiheit der Architekten gegenüber der Raumplanung in der Ausführung deutlich größer war (nicht zufällig, nachdem hier die HFG in der Planung zuständig geworden war), weichen bereits stark von dem geplanten Raster ab zugunsten paralleler, durch Versetzung rhythmisierter Blöcke (Gruppe 26) bzw. einer Mischung aus Linearsystem und versetztem Raster (Gruppe 25) (*Abb. 5.4 und 5.5*). Derart sind die einzelnen Bereiche stärker isoliert, als dies im Grundgedanken anvisiert war. Gleichwohl ist trotz der Abweichungen vom Grundkonzept die suggestive zentrierende Ausrichtung auf die Fußgängerachse als Identitätsachse des Campus so dominant geblieben, dass ein alltäglicher Einbezug der erholsamen und gestalterisch besonders geglückten Parkanlagen des Botanischen Gartens viel zu wenig praktiziert wird.

Die Lage der zuerst begonnenen vorklinischen Medizin war durch die Unikliniken bestimmt. Sie sollte den Kliniken am nächsten liegen. Die Naturwissenschaften hatten im Vergleich zu den philosophischen Fächern einen flächenintensiveren Erweiterungsbedarf. Auch des Botanischen Gartens wegen wurden daher die Naturwissenschaften in den südlichen Teil des Geländes gelegt, da in diesem ein stetiges Wachstum durch die Freiflächen möglich war. Ebenso richtig war die Entscheidung, die Philosophische Fakultät in direkter Nähe zur Universitätsbibliothek anzusiedeln wie das Institut für Leibesübungen, die nachmaligen Sportwissenschaften, und die dazugehörigen Sportanlagen (ca. 8.000 qm) im Grünbereich zwischen Baggerseen und Universität. Sehr zum Nachteil der Kohärenz des Campus schiebt sich zwischen die Gebäudegruppe 23 und die Sportanlagen ein breiter Keil mit privater Wohnbebauung, die über die universitären Grünanlagen eine erhebliche Aufwertung erfuhr, sowie eine Schrebergartensiedlung zwischen Botanischem Garten und dem in der Planung befindlichen sogenannten Universitätssee, mit dessen direkter Anbindung eine großartige Abrundung des Parkgeländes möglich gewesen wäre.

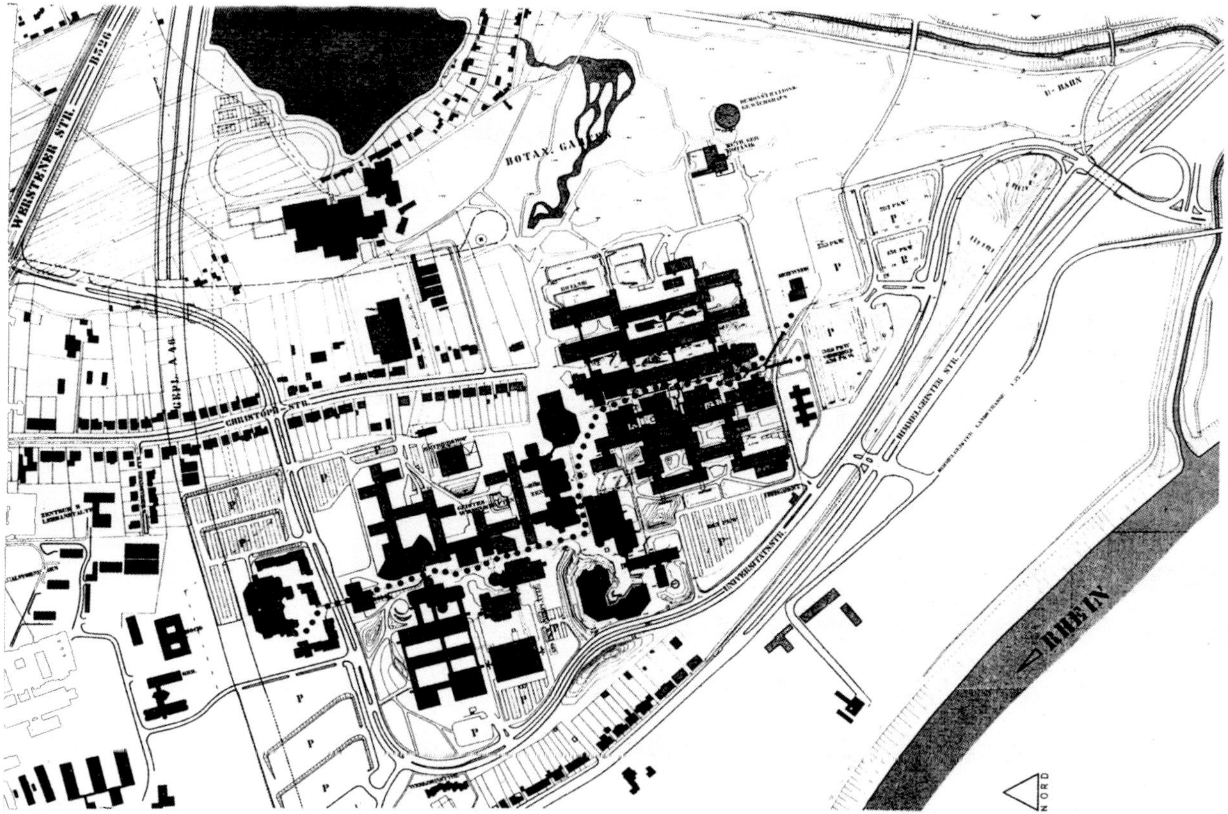

Abb. 5.4: Lageplan um 1970

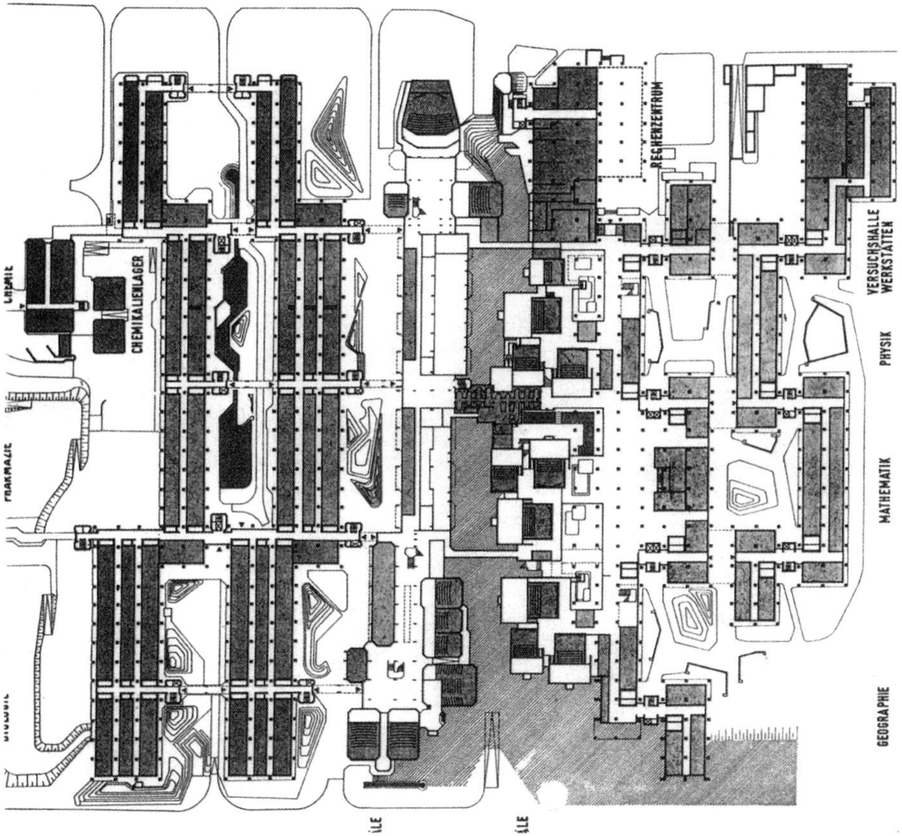

Abb. 5.5: tatsächlicher Lageplan der Gebäudegruppen 25 und 26

Als eigentliches Zentrum war der ‚Forum' oder ‚Querforum' genannte Zentralbereich an der Universitätsbibliothek geplant. In dieser platzartig verbreiterten Querstruktur, bei der das Bochumer Vorbild nicht zu übersehen ist, war – linear in der Mittelachse aufgereiht – nicht nur die (dann an den Rand dieser Achse gerückte) Bibliothek als Herzstück der Anlage geplant,[33] sondern eine weitere Mensa, ein Audimax, ein interfakultativ genutztes Hörsaalzentrum sowie in einigen Entwürfen einige kleine Lädchen, die bis heute ein Desiderat geblieben sind. Sie fielen einer Mischung aus Mangel finanzieller Möglichkeiten und dem eigenen Fortschrittsoptimismus zum Opfer, als man glaubte (oder das Argument vorschob), dass die Zukunft elektronischer Medien den Bedarf an Hörsälen reduzieren würde.[34] Ursprünglich jedoch sollte sich durch die zentrale Lage der Zentralbibliothek und ihren vielen kleinen Fachbibliotheken auf dem Campus ein Kommunikation förderndes Netzwerk bilden.

Das Erschließungsschema beinhaltete von Anfang an die strikte Trennung von Fußgänger- und Fahrverkehr. Eine lange Achse der über Böschungen auf der Westseite um vier Meter erhöhten und zudem durch rote Backsteinpflasterung materiell wie farblich abgesetzten Fußgängerzone zieht sich von Norden nach Süden einschließlich der Abwinkelung am Forum. An dieser Achse entlang liegen aneinandergereiht Hörsäle, Seminarräume, Instituts- und Forschungszonen, Studentenwohnheime, Parkplätze, die Mensa und die Bibliothek. Der Fahrverkehr verläuft

---

[33] In der ursprünglichen Konzeption befand sich die Bibliothek als quadratischer Bau genau an der Schnittstelle von nördlicher Fußgängerzone und dem ‚Querforum' und hätte mit Gebäuden aller drei Fakultäten mit überdeckten Gängen verbunden sein sollen: eine richtige funktionale und eine semantische Entscheidung. Diese städtebauliche Lösung war jedenfalls besser als die dann realisierte, die auf zeichenhafte Solitärfunktion einer Repräsentationsarchitektur setzte. Auch wenn dies durchaus signifikant für die Auffassungen der 70er Jahre gegenüber den 60ern scheint und Jens-Peter Volkamer, der Architekt der Bibliothek, der dynamisch-brutalistischen städtebaulichen Logik des Hochbauamtes misstraute und explizit gegen die Uniformität des labyrinthischen Rasters und für den individuellen, wieder erkennbaren Einzelbau plädierte, lag das Problem daran, dass das Hörsaalzentrum nicht gebaut wurde, das sowohl mit der Bibliothek wie mit dem Gebäude 23.32/32 direkt verbunden gewesen wäre. Durch das Versetzen der Bibliothek nach Süden gegenüber der Querachse wäre ein zusätzlicher Platz gewonnen worden, der durch den Verzicht auf das Hörsaalzentrum sehr groß ausgefallen ist.

[34] S. Interview von Lazaridis/Schmuhalek mit Jens-Peter Volkamer am 21.8.2007.

dagegen ebenerdig und ist mit grauen Pflastersteinen angelegt. So entstehen Ruhezonen auf dem Gelände, ohne Straßenlärm. Die Fußgängerebene wird dadurch zu einer ruhigen ‚Lernstraße' und zu einer idealen Begegnungsstraße für die informelle Kommunikation. Diese Idee der Konzentration scheint auf den ersten Blick im südlichen Bereich der Universität nicht zu funktionieren, obwohl dort die Fußgängerzone besonders gut an die begrenzende Architektur angebunden ist. Tatsächlich verläuft sie in den Gebäuden der Naturwissenschaften innerhalb der Architektur und verweist derart auf eine andere Integration von Alltag und Kommunikation in der Architektur als bei den sehr viel einseitiger logisch funktionalisierten Gebäudegruppen 21, 22 und 23.

Des hohen Grundwasserstands wegen wurden die Energieleitungen in einem begehbaren Kanal ebenerdig unter der erhöhten Fußgängerebene angelegt. Dadurch waren die Energieleitungen vor dem Wasser geschützt, und die Fußgängerebene konnte kreuzungsfrei über dem Fahrverkehr verlaufen. Beides integrierte Georg Penker, einer der führenden deutschen Landschaftsarchitekten der letzten Jahrzehnte, in sein ästhetisches und semantisches Konzept des Geländes als niederrheinische Deichlandschaft. Auf Penker geht auch die Idee zurück, das von der Universität genutzte Kühlwasser als Seen und Bäche in die Landschaft der Universität aufzunehmen. Das Wasser kommt von den Baggerseen im Osten der Universität durch einen kleinen Bach im Botanischen Garten in die Universität und tritt dann am See an der Bibliothek wieder zum Vorschein und läuft, noch warm, über eine kleine, für den Neubau des Oeconomicums leider beseitigte Kaskade in den See. Derart bildet das Wasser eine weitere Achse des Universitätsgeländes. Sein Potential ist beileibe nicht ausgeschöpft.

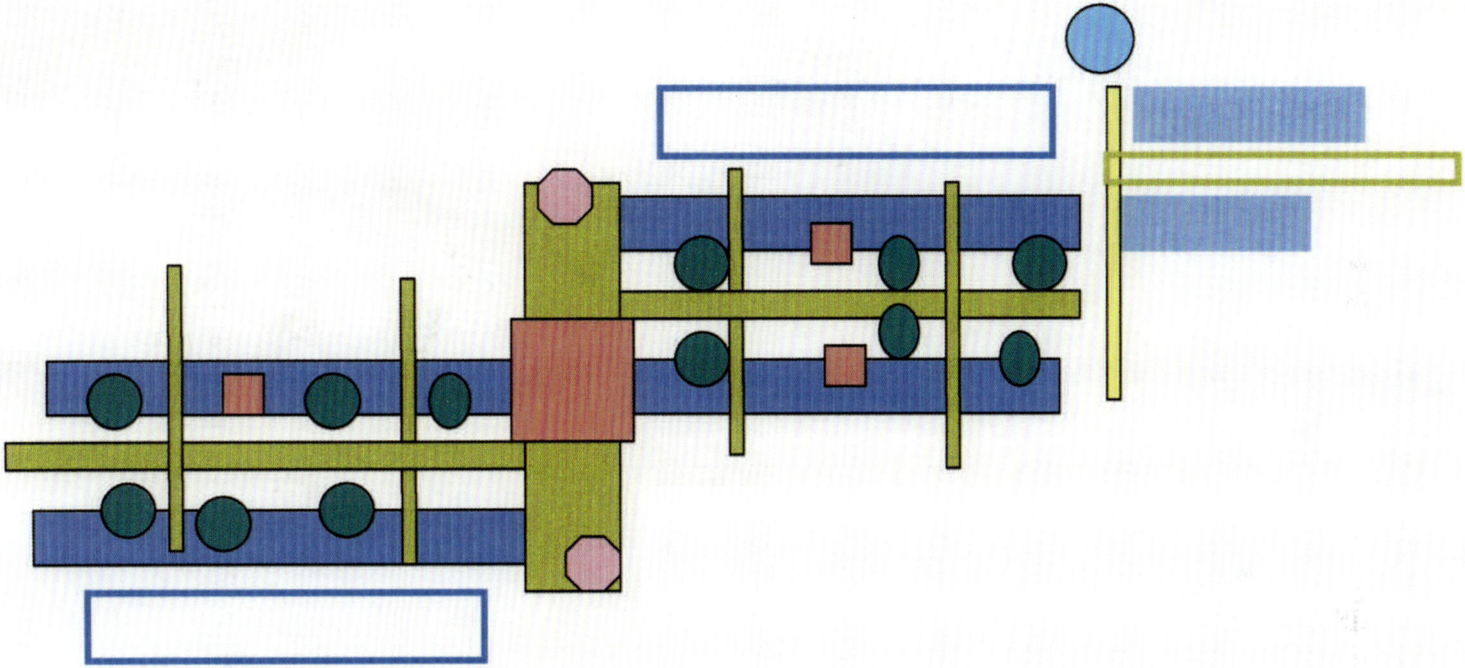

Abb. E.1: Gesamtverteilung der Gebäude und Fußgängerzone: abstraktes Schema

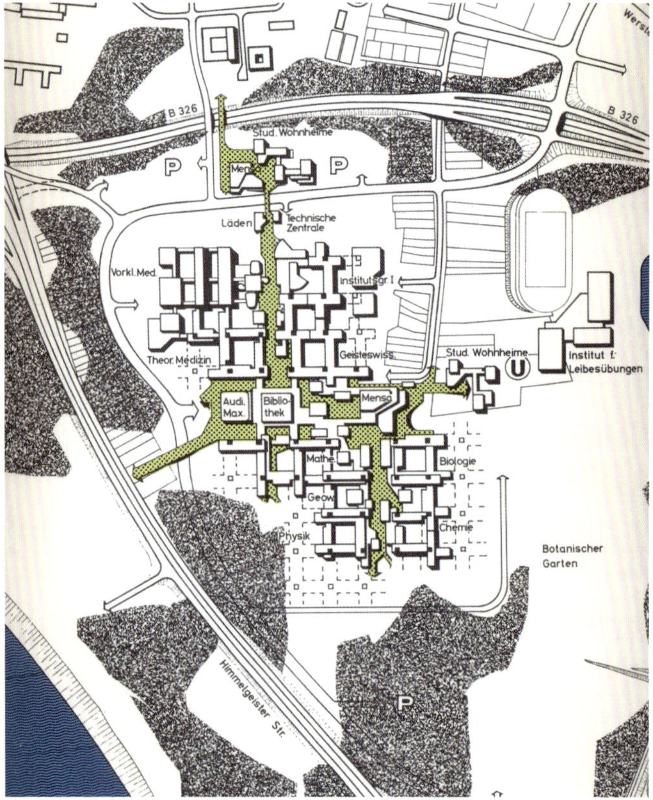

Abb. E.2: Gesamtverteilung der Gebäude und Fußgängerzone

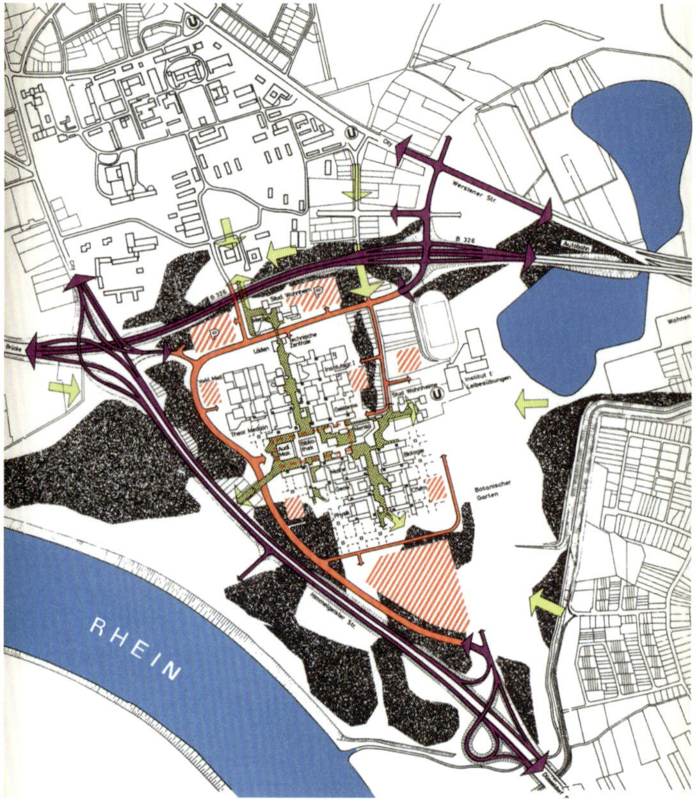

Abb. E.3: Gesamtverteilung der Gebäude, Fußgängerzone und Verkehrssystem

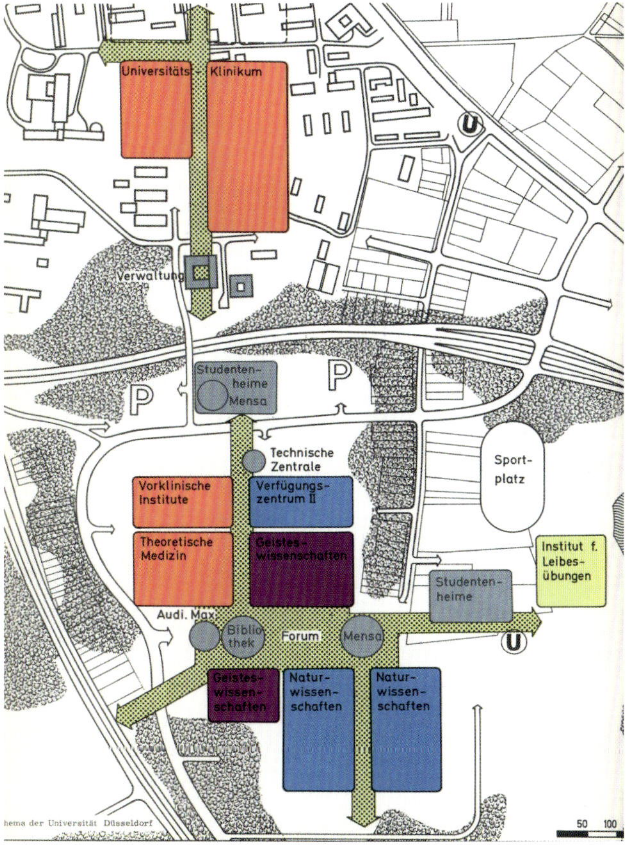

Abb. E.4: Verteilungsschema der Fächer

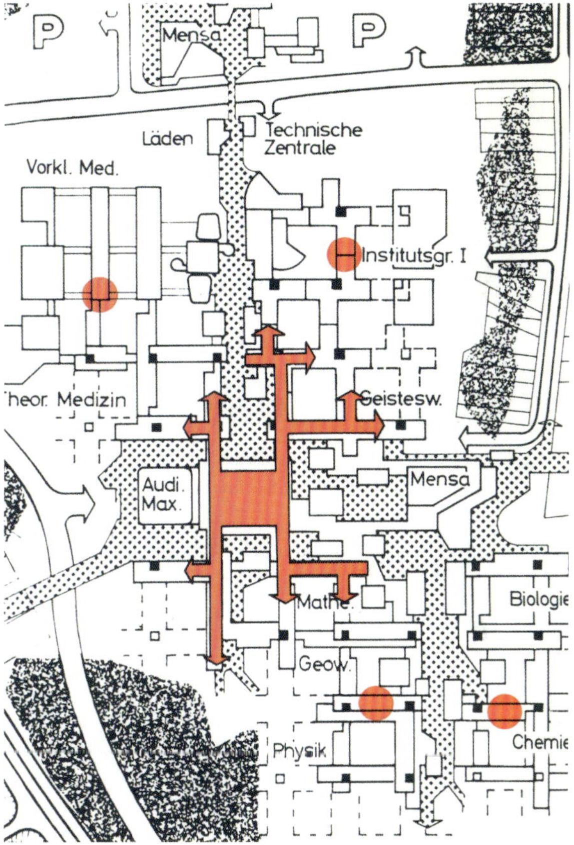

Abb. E.5: Erreichbarkeit der UB, wie sie zuerst geplant wurde

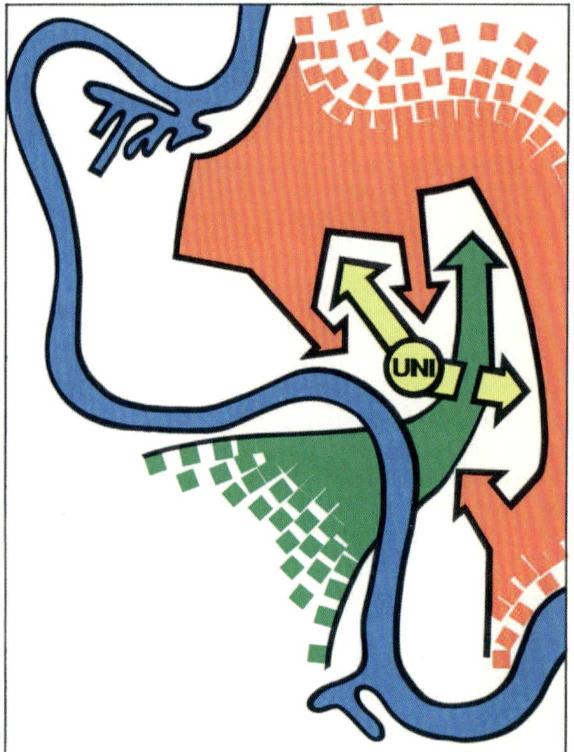

Abb. 9 Lage der Universität im Grünzug
Volksgarten - Rhein.

Abb. E.6: Grünraumplanung abstrakt

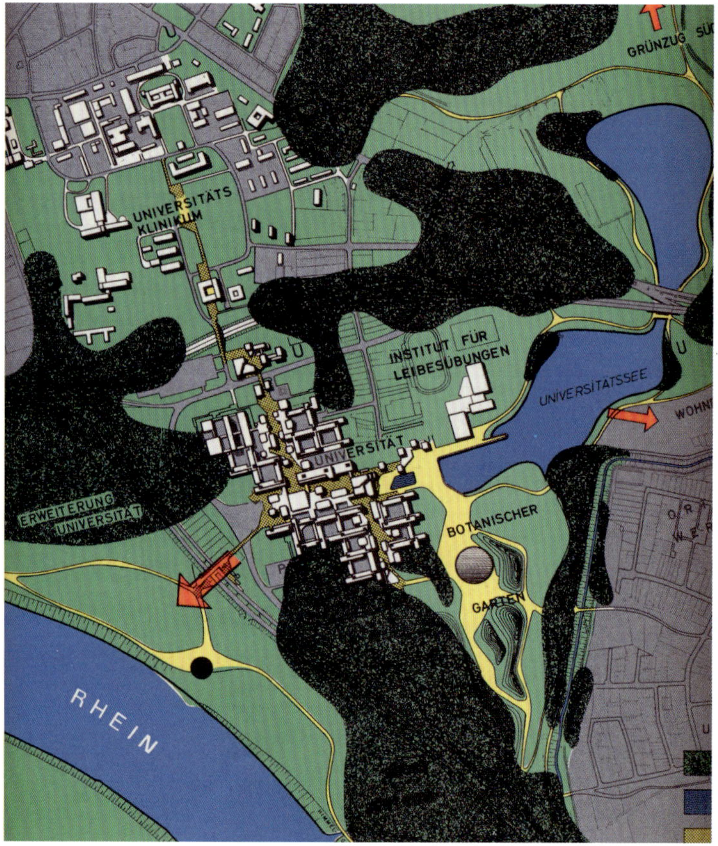

Abb. E.7: Grünraumplanung konkret

Abb. E.8: Gebäude 16.11

Abb. E.9: Gebäude 16.11

Abb. E.10: Mensa

Abb. E.11: Mensa

Abb. E.12: Studentenwohnheime bei der Mensa

Die neuen Universitätsbauten

Despina Lazaridis und Sarah Schmuhalek

Gebäudegruppe 22

Vor- und Nachteil der spezifischen Arbeitsteilung im Entwurfsprozess zeigen sich gerade am Anfang der Neubebauung. In keinem Bereich der Universität südlich des Klinikums ist der Kontrast zwischen gelungener Architektur und bloßer Zweckarchitektur so groß wie hier – und dies bei derselben Ausführungsgemeinschaft. Neben den Planungsvorgaben des Staatshochbauamts waren es hier auch die privaten Architekten, welche die Chance, den großen Bogen der Universitätsstraße zu jener architektonischen Visitenkarte zu machen, die sich angesichts der städtebaulich exponierten Stelle bot,[1] ungenutzt ließen. Hingegen zählt das in seiner Grundstruktur von Anfang an so geplante Hörsaalensemble um den Roy-Lichtenstein-Saal beim nördlichen Abschluss dieses vorklinischen Ensembles zu den besten Raumschöpfungen des gesamten Geländes. Diese Diskrepanz lag nicht zuletzt daran, dass gerade hier der Beginn sich am wenigsten als echter Neuanfang definierte, sondern in einer personellen und materiellen Kontinuität zum Klinikgelände stand. Das Problem war abermals nicht der Waschbeton an sich. Problematisch war vielmehr, dass Konstanty Gutschow,[2] der, eher Funktionalist als Baukünstler, als ständiger architektonischer

[1] Seit Anfang 2008 werden die Gebäude 22.04 und 05 durch das renommierte Büro Heinle, Wischer und Partner saniert und in ihrer Außenerscheinung in einer Weise umgestaltet, die wenig sensibel mit den brutalistischen Vorgaben umgeht. Die Buntfarbigkeit markiert eine Eigenwertigkeit dieser Architektur, die ihr im Ensemble nicht zusteht.

[2] Zur Biographie von Gutschow vgl. Werner Durth, Deutsche Architekten: biographische Verflechtungen 1900–1970, Braunschweig 1986. Nach einer erfolgreichen Karriere unter Albert Speer verhalf ihm nicht zuletzt das republikweit einmalige Netzwerk ehemaliger Speermitarbeiter in Düsseldorf zu einem vollen Auftragsbuch. In Düsseldorf war Gutschow entscheidend an der Planung der Berliner Allee beteiligt

Berater der Klinik[3] erneut zum Zuge kam und für die neue Aufgabe seinen ehemaligen Mitarbeiter Jens-Peter Volkamer als Partner gewann,[4] wie schon bei seinen früheren Arbeiten die Proportionen (insbesondere bei den Fenstern) nicht optimal löste und den Waschbeton nicht besser auf andere Farben und Materialien abstimmte (*Abb. F.1, F.2*). So sehr Waschbetonplatten ein Kind des Brutalismus sind, so wenig entspricht Gutschows Umgang mit ihnen dem brutalistischen Dogma, das eine Radikalisierung der alten Materialgerechtigkeit ist, wurden sie doch mit Polyurethanschaum nachträglich an eine schalungsrauhe Betonwand angeklebt.

Der Kontrast war hier jedoch auch einer Gebäudetypologie geschuldet, die selten nur ein so freies plastisches Gestalten eines Einzelbaus zuließ wie im Fall des hervorragenden Lichtenstein-Saals (*Abb. F.3–F.7*), der ebenfalls in der Kooperation von Gutschow und Volkamer entstand, bei dem aber die modernere Gestaltung einen deutlich größeren Planungsanteil von Volkamer vermuten lässt.[5]

Der Normalfall waren vorgefertigte Strukturelemente, die als Betonbalken und -platten in die durch ein strenges Festpunktraster festgelegten Betonpfeiler eingehängt wurden und derart ein entweder gleichmäßiges (22er-, 25er-

---

und entwarf dort auch die Düsseldorfer Börse. Er wurde nach dem Bau der Chirugischen Klinik (12.41–46) als Berater tätig, entwarf außerdem die Abteilung Infektionskrankheiten (11.61–65), ein Personalwohnheim und den bis dahin größten Komplex des Uniklinikums, die 1985 fertig gestellte MNR-Klinik (13.50–55). Er hatte schon vor der Entscheidung zum Ausbau zu einer Universität Entwürfe für Gebäude für die vorklinische Medizin vorgelegt. Zur Tätigkeit von Gutschow für die Kliniken der Heinrich-Heine-Universität vgl. auch den Beitrag von Bernhard Jansen.

[3] Vgl. den Beitrag von Bernhard Jansen.

[4] Jens-Peter Volkamer (* 1931 in Duisburg) hatte nach seinem Studium in Darmstadt über ein Jahr im Büro von Gutschow gearbeitet und sich dann 1963 in Düsseldorf selbständig gemacht. Die Zusammenarbeit für die vorklinischen Gebäude war seither für Volkamer die Basis seiner erfolgreichen Tätigkeit beim Bau der Düsseldorf Universität. Volkamer, der seit 1969 Professor für Städtebau und Siedlungswesen an der Fachhochschule in Düsseldorf war, war als Hochschularchitekt auch für die RWTH Aachen tätig. Hervorzuheben in seinem Werk sind daneben die Grachtenhäuser in Ratingen.

[5] Hier wurde in den letzten Jahren ein Metallband an der Traufe angebracht, das der brutalistischen Ästhetik des Gebäudes leider zuwider läuft.

und 26er-Gruppe) oder durch gleichmäßig variierende Achsabstände rhythmisiertes (Baugruppe 23 und 24.21) Skelett bildeten (*Abb. F.8–F.29*). Sie bildeten geschossweise durchgehende Räume, die wie an zahllosen Bauten der Zeit untergliedert wurden, indem von einem inneren Flur (der am Außenbau ablesbar ist, wenn an den Schmalseiten Fenster erscheinen, die teilweise mittig, teilweise exzentrisch angebracht sind, hingegen nicht ablesbar ist bei der radikal egalitären Skelettstruktur der Baugruppen 22, 25 und 26) nach links und rechts die prinzipiell veränderlichen, aber kaum einmal veränderten Zimmerfluchten anschließen, deren Außenwand auf unterschiedliche Weise ausgefacht wurde. In der Regel sehen daher die Fensterachsen der Vorder- wie Rückseiten identisch aus, bei den Bauten 22.21 und den hohen Bauten der 25er- und 26er-Gruppe auch die Schmalseiten.

Die ferneren Vorbilder für diese nüchterne Gestaltung waren die architekturgeschichtlich wichtigen, frühen brutalistischen Großbauten eines Kenzō Tange, dessen Verwaltungsgebäude der Präfektur von Kagawa 1959 ausführlich in Otterlo auf dem letzten *Congrès International d'Architecture Moderne* (CIAM) vorgestellt worden war und seither in seiner vom japanischen Holzbau beeinflussten Skelettstruktur ab 1960 ungezählte Male imitiert wurde, eines Le Corbusier (*Unité d'Habitation*, Bauten in Chandigarh) und dann die Universitätsbauten eines Paul Rudolph und Louis I. Kahn vor/um 1960 mit ihrer je eigenen Physiognomie, während das räumlich wie gestalterisch deutlich nähere Vorbild die vom Staatlichen Hochschulbauamt entworfene und für die deutsche Architekturgeschichte der Zeit bedeutende Erweiterung der Universität Marburg auf den Lahnbergen ist (ab 1963) (*Abb. 6.1–6.3*). Gleichwohl bot diese Systemarchitektur, mit der die leichte und heitere Nachkriegsmoderne mit ihren abgeschlossenen Einzelbauten verabschiedet wurde, für eigene gestalterische Ansprüche an sich wenig Möglichkeiten. Hat man sich in die Düsseldorfer Bauten jedoch einmal eingesehen, ist es umso überraschender festzustellen, wieviele verschiedene Lösungen jenseits der unterschiedlichen Farbwahl der Fensterelemente es während der Bauzeit hervorgebracht hat. Die Kunst in der Architektur, die sich selbst in erster Linie über die Logik ihrer skelettierten Baukörper- und Raumsequenzen definierte, wurde so in radikaler Weise auf die Gestaltung von Fassaden zurückgeworfen – nicht anders als in der Säulenordnungslehre der frühen Neuzeit waren die Proportionen das Maß, an dem sich die Kunst zu beweisen hatte. In dieser radikalen Trennung von Struktur und Füllung liegen zugleich die unbewältigten – nicht nur energietechnischen – Probleme dieser standardisierten Architektur begründet. Zwischen dem Skelett und seiner modernistischen Ideologie des offenen Grundrisses innen und seiner gegebenenfalls farbigen Ausfachung mit Fensterelementen außen kam es dabei, je nachdem, ob die äußeren Pfeiler mit der Ausfachung fluchten oder vor ihnen stehen, zu Problemen, die entweder zu Lasten der Flexibilität der Raumaufteilung oder zu Lasten der Einheit von Innen und Außen gingen. Nicht selten stehen nämlich Pfeiler unmittelbar vor Fenstern und versperren die Aussicht.

Die Gebäudegruppe 22 beherbergt die Institute der vorklinischen und der theoretischen Medizin. Sie befindet sich etwa in der Mitte des mit der Mensa[6] beginnenden und bis zur Bibliothek reichenden ‚Bandforums' auf einer Höhe mit der gegenüberliegenden, deutlich verdichteteren Gruppe 23. Im Bebauungsplan war zunächst ein Raster vorgesehen, das alle Gebäude der 22er-Gruppe verbinden und zu einem geplanten Hörsaalzentrum am ausgeweiteten ‚Querforum' überleiten sollte. Stattdessen wurde eine Aufteilung in drei Komplexe realisiert: einem zusammenhängenden, wenn auch nicht einheitlichen Abschnitt mit den vorklinischen Instituten im Norden und dem Hörsaalzentrum zum ‚Bandforum' hin. Die Gruppe 22.01–22.05 entspricht dem ursprünglichen Raster weitgehend. Die später erbauten Bereiche 22.21 und 22.22 im südlichen Teil setzen sich baulich sowohl vom nördlichen Bereich als auch untereinander ab, weshalb die Bauten der medizinischen Fakultät die am wenigsten homogenen des Geländes sind. Hier schreibt sich die lange schon im Klinikbereich praktizierte Disparatheit auch in den Neubauten der medizinischen Fakultät fort. Die von Gutschow/Volkamer bearbeitete Institutsgruppe 22.01–05 wurde

[6] Die 1972–1974 errichteten Bauten der Mensa und der benachbarten Studentenwohnheimgruppe bilden den Gebäudeabschnitt 21, der von den Gewinnern des 1969 ausgeschriebenen Wettbewerbs (Hermann Wilhelm Thesing, Hans Strizewski und Winfried Jansen; Gartenarchitekt war Franz Josef Greub) entworfen wurde. Vergleichbar mit den kurz zuvor entstandenen Bauten 22.01–05 ist die bandartig gestaltete Anordnung rot gerahmter Fenster. Charakteristisch ist die Kombination von Beton und schiefergrauer Verkleidung der Fassade.

Abb. 6.1: Marburg, Uni auf den Lahnbergen

Abb. 6.2: Ruhruniversität Bochum

Abb. 6.3: Paul Rudolph, Yale-University

1970 als erste unter den Neubauten der Universität Düsseldorf vollendet. Dieser Bauabschnitt wurde damals unter der Planungsbezeichnung Institutsgruppe II geführt.[7] Das weitaus besser die Vorgaben des Staatshochbauamtes integrierende und ungleich transparenter gegliederte Gebäude 22.21 für die theoretische Medizin (1972–1975) wurde durch die Planungsgemeinschaft Jens-Peter Volkamer, Frank Wetzel, Konrad Beckmann, Georg Lippsmeier bearbeitet.[8] Volkamer und Wetzel waren ebenfalls zusammen mit Olaf Jacobsen sowie Christoph und Brigitte Parade am Tierversuchsgebäude 22.22 beteiligt.[9]

Der Gebäudekomplex der vorklinischen Medizin besteht aus fünf miteinander verbundenen Bauten: Direkt dem ‚Bandforum' angeschlossen ist das Gebäude 22.01, das vier Hörsäle um das wegen seines Wandschmucks Roy-Lichtenstein-Saal genannte Zentrum umfasst.[10] Der Roy-Lichtenstein-Saal schließt zum autofreien ‚Bandforum' hin

---

[7] Nach Angabe von Kurt Hesse habe man damals die Bezeichnung ‚Institutsgruppe II' für den ersten Bauabschnitt gewählt, um dann den psychologischen Druck zu erhöhen, dass der zweite Bauabschnitt, die sogenannte ‚Institutsgruppe I', und damit die Volluniversität über eine medizinische Fakultät hinaus, tatsächlich auch in Angriff genommen würde – eine für die Planungsunsicherheit dieser Jahre bezeichnende Anekdote.

[8] Frank Wetzel (* 1931) war lange Zeit der Partner von Volkamer. Konrad Beckmann ist in Düsseldorf vor allem durch den meist unterschätzten, guten Bau der Kunsthalle am Grabbeplatz (1967) vertreten. Georg Lippsmeier (* 1923) war ein Spezialist für Krankenhäuser und Bauten der Gesundheitsfürsorge in den Tropen. Er war aber auch am nordrhein-westfälischen Hochschulbau noch in Bonn und Aachen beteiligt. Vom ihm stammt auch das ausschließlich von der FH Düsseldorf genutzte Gebäude 24.21 des Campus. Olaf Jacobsen, von dem u. a. die Freizeitstätte in Düsseldorf-Garath stammt, war zeitweilig Mitarbeiter von Walter Dansard (* 1927), der wiederum mit Heinz Kalenborn (* 1927) für das Institut für Leibesübungen, den Hausmeisterbau und das Versorgungszentrum an der Moorenstraße zuständig war. In der Auswahl der privaten Architekten der Heinrich-Heine-Universität Düsseldorf bilden sich zwei Muster deutlich ab. Es sind einerseits nur ortsansässige Architekten und sie haben andererseits eine mehr oder weniger enge Verbindung zur FH Düsseldorf.

[9] Christoph Parade (* 1934), dessen Stilspektrum vom Brutalismus (Stipendium an der Princeton University, wo er bei Louis I. Kahn studierte) bis zum Dekonstruktivismus (Stadtbahnhof Neue Mitte in Oberhausen) reicht, hat sich zusammen mit seiner Frau Brigitte (* 1935 in Wuppertal) vor allem einen Namen als Architekt von Schulbauten gemacht (u. a. Fliednergymnasium in Düsseldorf-Kaiserswerth, Deutsche Schule in Rom). Ihr bekanntester Bau in Düsseldorf ist das NRW-Landesstudio.

[10] Die Idee, Lichtenstein für die „Kunst am Bau" zu gewinnen, ging auf Gutschow und Volkamer zurück.

mit hochrechteckigen Fenstern ab. Bänke führen das Konzept von Aufenthaltsflächen, die zum stark frequentierten ‚Bandforum' hin transparent sind, im Inneren fort. Um den quadratischen Grundriss des Lichtenstein-Saales herum sind die vier Hörsäle versetzt angeordnet, abwechselnd zwei kleine runde und zwei große in abgerundeter polygonaler Form. Dieser Raum, der über zwei Etagen um eine zentrale Treppenanlage mit der tragenden Stützstruktur errichtet ist, ist nichts anderes als ein allseitig kommunizierendes Foyer, lädt aber gerade wegen seiner Großzügigkeit zum Verweilen insbesondere an den abgerundeten, verglasten und zum Außenraum hin transparente Ecken ein. Sowohl der um einen Mittelpfeiler organisiert, großzügige und zweigeschossige zentrale Foyerraum mit überaus gelungenem integrierten Treppenhaus, der auch ohne Lichtensteins umlaufendes Gemälde von großartiger Wirkung wäre, als auch die versetzt angebrachten Hörsäle (*Abb. G.8 und G.9*) verweisen auf ein Gestaltungspotential, das sich hier gegen die planerischen Vorgaben durchgesetzt hat, aber leider nicht immer ausgeschöpft wurde. Allerdings profitiert die Hörsaalgruppe des Lichtensteingebäudes auch vom Kontrast zur Systemarchitektur, indem sie auch auf den besonderen Rang der Aufgabe Hörsaal innerhalb der Hochschule verweist.

Durch eine Cafeteria-Terrasse führt dieses Foyer nach Westen zum langrechteckigen, flachen Bau 22.02 mit paralleler Ausrichtung zum ‚Bandforum'. Abermals parallel dazu befinden sich dahinter in identischer Länge, aber geringerer Breite der höchste Bauabschnitt dieser Gruppe, der mit acht Freigeschossen aufragende Bau 22.03, dem in der westlichen Peripherie niedrige, zweigeschossige, quadratische, geschlossene Gebäude (22.04 und 05) vorgelagert sind,[11] die seit Anfang 2008 durch das Büro Heile, Wischer und Partner umgebaut und mit einer auffallenden roten Oberfläche versehen werden. Alle Gebäude sind mit Durchgängen verbunden. Bis auf das Hörsaalgebäude sind nahezu alle Fassadenteile, so sie nicht durchfenstert sind, mit vorgehängten Waschbetonplatten verkleidet und die

[11] Die geschlossene, wenig durchfensterte Fassadengestaltung gründet in ihrer Nutzung. Die Innenaufteilung wurde hier wie bei einigen anderen Gebäuden des Vorklinikums so geplant, dass bestimmte Labore oder Einrichtungen nur von einzelnen Bauabschnitten durch befugte Personen erreicht werden können oder in wenig frequentierten Bereichen des Campus bzw. der Gebäudekomplexe liegen.

Fenster jeweils rot gerahmt. So entstand ein einheitliches, vor allem farblich abgesetztes Bild der medizinischen Vorklinik.

Der sich nicht nur wegen des Fehlens von Waschbeton gestalterisch stark unterscheidende Gebäudekomplex 22.21 beherbergt das Institut der theoretischen Medizin und besteht aus einem nördlichen und einem südlichen Bau, die versetzt miteinander verbunden sind. In dem dadurch ausgebildeten Winkel beherbergt es, entsprechend dem Konzept der stark frequentierten Zonen, einen polygonalen Hörsaal mit Backsteinoberfläche direkt am Hauptweg gegenüber der Philosophischen Fakultät. Dieser Hörsaalbau signalisiert schon vom Material her die Verbindung zum ‚Bandforum', mutet andererseits aber auch wie ein Sakralbau in einer Zeit an, in der umgekehrt auch Sakralbauten sich an Hörsälen orientierten (so bei Hans Schwipperts kurz zuvor entstandener Schulkirche im benachbarten Stadtteil Wersten). Die Fassadenstruktur der beiden mehrgeschossigen Betonskelettbauten ist gekennzeichnet durch ein vor die Außenwand springendes Stützenraster aus weißem Beton. Es wird gebildet durch lange Stützen, die ganz nach außen gestellt sind, und die Gehplatten der Wartungsbalkone, die auf den doppelt an den Stützen vorbei greifenden Querträgern eingehängt sind. Die dahinter sichtbare, nicht tragende Außenwand wird durch unterschiedlich große, hochrechteckige Fenster mit schwarzer Rahmung und dunkelgrünen Ausfachungen gegliedert. Ein weiteres Charakteristikum sind die – konträr zu den zurückspringenden Außenwänden der Obergeschosse – über das Skelett hinaus nach vorne zum ‚Bandforum' tretenden Vorbauten an den Längsseiten des unteren Geschosses. Hier erscheint zum ersten Mal das für die Architektengemeinschaft so charakteristische Motiv der polygonal vortretenden Baukörpererweiterung mit Pultdach, das für unterschiedlichste Gelegenheiten selbst innerhalb geschlossener Innenräume vielfach variiert wurde.

Auf der Höhe dieses Untergeschosses verklammern sie den Bau mit dem Außenbereich und bewirken im Inneren eine gute Lichtsituation (für Bibliotheks- und Seminarräume), trotz der gegenüber dem ‚Bandforum' tiefer gelegten Geschossniveaus, denn die Lichtsituation wird durch die Verglasung der Pultdächer optimiert. Die beiden entgegengesetzt platzierten Treppentürme an den Schmalseiten sowie der zentrale Treppenturm zwischen den beiden Gebäudeabschnitten weisen darauf hin, dass die beiden Gebäudeteile trotz einer grundsätzlich möglichen Verbindung faktisch gegeneinander isoliert sind. Ein öffentlicher Durchgang besteht nur im ersten Untergeschoss.

Das Gebäude 22.22 liegt etwas abseits. Aus der Nutzung als Tierversuchsgebäude resultiert auch die von außen geschlossene Gestaltung, die den Eindruck eines Hochsicherheitstraktes erweckt. In der Fassadengestaltung unterscheidet sich der Bau durch Farbigkeit und Material. Gemeinsam hat dieser Bau mit den Gebäuden 22.21 nur das vor die Außenwand gelagerte Stützskelett, was jedoch ausschließlich an der Nord- und Südfassade vorhanden ist. Das Hauptcharakteristikum der Fassade ist jedoch – neben starken farbigen Akzenten wie gelben Fluchttreppen – kühl technoid anmutende Verkleidung mit silberfarbenen, metallisch beschichteten glatten Platten.

Gebäudegruppe 23

Die Gebäudegruppe 23 beherbergt neben einigen medizinischen Instituten und Räumlichkeiten für die Fachhochschule die Philosophische Fakultät. Hier befand sich auch die Wirtschaftswissenschaftliche Fakultät, die inzwischen in das von Christoph Ingenhoven entworfene *Oeconomicum* umgezogen ist. Der größte Teil der vom Staatshochbauamt (23.01–12) und in enger Anlehnung an die hochbauamtlichen Vorgaben von Karl Krass (23.21)[12] errichteten Gebäudeabschnitte war bereits im Jahr 1973 bezugsfertig und ist somit nach den vorklinischen Instituten der zweite Bauabschnitt des Campus. Das Gebäude 23.31/32 (von Georg Lippsmeier, der weitgehend dem Hochbauamt folgte), das die Gebäudegruppe 23 im Süden abschließt, wurde zwischen November 1974 und Frühjahr 1977 errichtet. Anders als bei den Gebäuden 22.01–05, wo es zusätzliche Durchgangsbauten gibt, sind die einzelnen Gebäudeteile hier durch fließende Übergänge miteinander verbunden.

[12] Von Karl Krass stammen außerdem der technische Betriebshof und das Lagergebäude/Technikbereich. Außerdem arbeitete Krass zusammen mit Lippsmeier auch an der 25er Gruppe.

Während die Gebäudeabschnitte 23.32, 23.12, 23.02 und 23.03 an der unterschiedlich tief gestaffelten Ostseite liegen und von dort über Nebeneingänge der Innenhöfe erreicht werden können, weisen die Bereiche 23.01, 23.11, 23.21 und 23.31 unmittelbar zum Hauptweg des Campus. Das als Kommunikationsebene gestaltete Erdgeschoss dieser vier ineinander übergehenden Gebäudeteile ist dem Fußgängerweg so zugeordnet, dass parallel zu ihm linear durchgängige Raumfolgen entstehen, die eine Art innen gelegenen Fußgängerweg bilden. Hier befinden sich zentrale Einrichtungen wie Seminarräume, Hörsäle, die Cafeteria und Sitzzonen. Die Gebäude schließen in dieser Kommunikationsebene mit großen Fenstern zum Hauptweg hin ab, die den Bereich hell durchleuchten. Die Obergeschosse der Bauten nehmen Seminar- und Büroräume auf und das dritte Obergeschoss der Gebäude 23.21/31/32 umfasst die Fachbibliotheken der Philosophischen Fakultät.

Der Grundriss der Gebäudegruppe wurde auf der Basis eines Rasternetzes konstruiert, das mehrere Kreuzformen umfasst. Die dann in den 1970er Jahren üblich gewordene Rasterkonstruktion wurde vermutlich schon 1964 entwickelt, um den Bau angesichts der Planungsunsicherheit möglichst offen und variabel zu gestalten. Tatsächlich ist es das einzige Ensemble des Campus, an dem diese rasterartige Baufortsetzung – und auch nur mit Einschränkungen – eingehalten wurde. Das Raster wird durch versetzte Kreuzarme gebildet, zwischen denen sich die Treppenhäuser der Gebäude befinden.

Anders als bei der ähnlichen Fassadenstruktur von Gebäude 22.21 ist die Stützkonstruktion bei den älteren Gebäudeteile 23.21, 23.12, 23.13, 23.01, 23.02 und 23.03 in die Außenwand integriert, sodass tragende und nicht tragende Teile zusammenwirken. Die verschiedenen Gebäudeteile wurden in neuartiger Weise durch die unterschiedliche Farbigkeit der Fenster- und Türrahmen differenziert.[13] Anders als über das zwar folgerichtige, in seiner Logik gleichwohl schwer zu durchschauende System der außen aufgemalten Nummerierung[14] werden über die

[13] 23.02 (grün); 23.03 (gelb); 23.11. (rot); 23.12 (türkis); 23.21 (grün); 23.31/32 (schwarz mit weißen Füllungen).

[14] Auf die Nummerierung wurde bezeichnenderweise bei den Naturwissenschaften, die der normativen Kraft der Zahl anscheinend skep-

Farbigkeit überhaupt erst die Gebäudeteile als in sich abgeschlossene Blöcke erzeugt. Sie bringen eine künstliche sekundäre Ordnung in die Rasterstruktur, die selbst diese Ordnung nicht leisten kann.

An den später errichteten Gebäudeteilen 23.31 und 23.32 liest sich die stark reliefierte Fassadenstruktur als eine dem zentralen Ort geschuldete Synthese aus den älteren 23er-Bauten und dem westlich gegenüberliegenden 22.21 sowie der Farbigkeit der 25er- und 26er-Gruppe der Mathematisch-Naturwissenschaftlichen Fakultät. Die Stützen kommen hier nicht rahmend zum Einsatz, sondern sind der Wand wie in den Gebäuden der 25er- und 26er-Gruppe vorgelagert, allerdings im Gegensatz zu diesen viel zu eng an die Fenster herangerückt. Auch farblich ist dieser Gebäudeabschnitt von den früheren zu unterscheiden: Graue Betonstützen, schwarze Fensterrahmen und an Fachwerk erinnernde Ausfachungen mit weißen Asbestzementplatten sind hier kennzeichnend.

Gebäudegruppen 25 und 26

Während sich die Gebäudegruppen 22 und 23 im nördlichen Bereich des Campus befinden, liegen die Gebäude der Institutsgruppen 25 und 26 im südlichen Bereich des Campus. Sie wurden von der Hochschulbau- und Finanzierungsgesellschaft (HFG), einer Landesgründung von 1969 mit dem Ziel eines zügigeren Hochschulbaus, unter der Projektleitung von Kurt Hesse und der Mitarbeit von Hans-Walter Albien in einer Aufbaustufe im Oktober 1970 geplant und 1971 um die Pharmazie erweitert. Mit dem Bau wurde im Juli 1972 begonnen, die Arbeiten waren 1975 bzw. 1976 fertiggestellt.

Der neuen Flexibilität der HFG entsprach auch eine größere künstlerische Eigenständigkeit in der Detailplanung. Gefordert war ein Gebäudetyp, der aufgrund der unterschiedlichsten naturwissenschaftlichen Disziplinen

tischer gegenüber stehen, zugunsten der Fächernamen verzichtet: ‚Mathematik', ‚Physik'… steht hier groß geschrieben am jeweils abschließenden Betonbalken.

verschiedenen Ansprüchen gerecht werden sollte. Die Gebäude wurden ebenfalls in standardisierter Mischbauweise ausgeführt. An der Ausführung waren für die Institutsgruppe Ost mit Biologie, Chemie und Pharmazie (26) die Planungsgemeinschaft Jens-Peter Volkamer, Frank Wetzel, Konrad Beckmann und Walter Brückner aus Düsseldorf beteiligt, an der Institutsgruppe West mit Mathematik, Physik, Geographie und Rechenzentrum (25) Georg Lippsmeier und Karl Krass, die auch für das Heizwerk Uni-Süd, das Institut für Botanik und Gewächshäuser verantwortlich zeichneten. Beide Arbeitsgemeinschaften haben hier eine Fülle von gestalterischen Freiheiten gegenüber den bauamtlichen Vorgaben durchsetzen können, die auch auf einen ungleich größeren Etat verweisen. Das Ergebnis hat den zuvor sehr eingeengten Ausführungsplanern Recht gegeben. Der wichtigste Unterschied ist die Reduzierung des Rasters zugunsten von parallelen Längszügen mit mehrfachen Querverbindungen (*Abb. 6.4*). Auf diese Weise reagierten die Ausführungsplaner nicht nur auf das damals noch geplante ‚Querforum' und stärkten damit zugleich die Einheit mit den Bauten der Medizin und der Geisteswissenschaft, sondern auch auf die Verkehrserschließung.

Beide Gebäudegruppen sind im Süden links und rechts zu Beginn des südlichen ‚Bandforums' angesiedelt, das zwar weniger als Forum genutzt wird, das aber auch weniger als ein solches gestaltet ist. Die entspannende Intimität dieses Teils, der sehr viel enger mit den Gebäuden verzahnt ist als bei den Bauten der 22er- und 23er-Gruppe und eher den Charakter eines Innenraums annimmt (wie umgekehrt das Innere sehr viel stärker den Charakter eines Außenraums), hatte folgerichtig zur Konsequenz, dass die Nutzung eine reduzierte ist: kein Mangel, sondern eine besondere Leistung der Planung.

Die Bauten wurden hier aufgrund ihrer Nähe zum Botanischen Garten realisiert und insbesondere, um an Biologie und Pharmazie Forschungsflächen und Gewächshäuser in unmittelbarer Nähe anzuschließen. Die höhergeschossigen Bauten wurden im Stützenraster 7,20 Meter und 8,40 Meter konzipiert, wobei die äußeren Stützen zusammen mit umlaufenden Querbalken das skelettartig vor die Fassade gelagerte Gerüst bilden. Die formale Ähnlichkeit der Fassaden mit dem Gebäude 22.21 gründet nicht zuletzt darin, dass hier dieselbe Planungsgemeinschaft

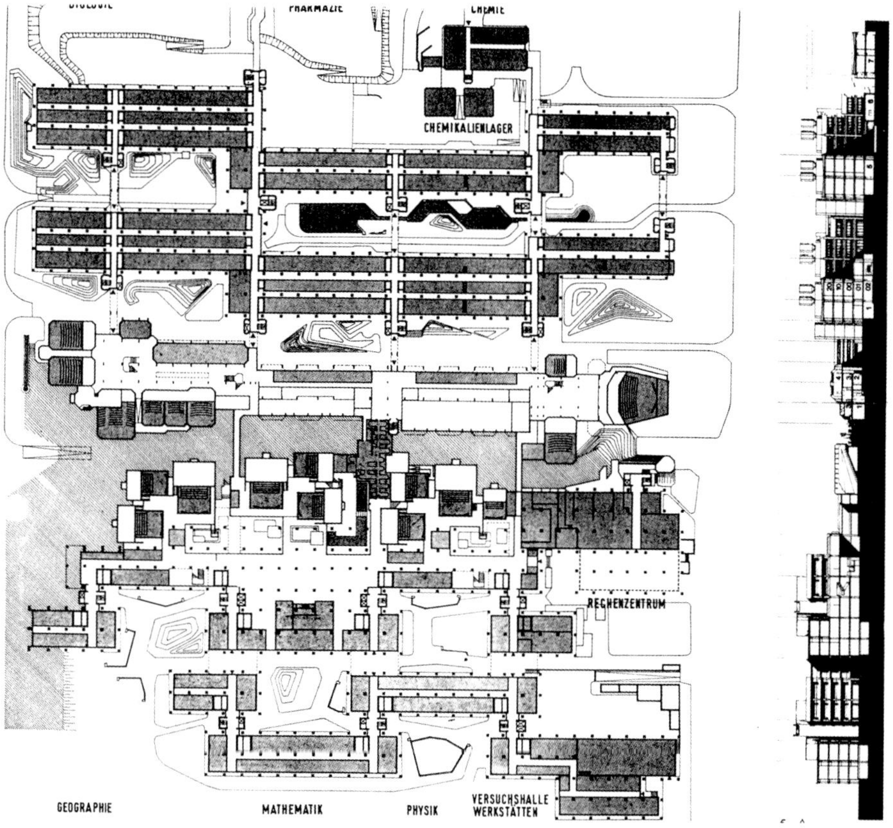

Abb. 6.4: Gebäudegruppen 25 und 26

tätig war. Treppenhäuser wurden in kubische Betontürme ausgelagert, um mehr Nutzungsfläche der Räumlichkeiten zu erzielen. Das Biologiegebäude 26.03/13 wurde zudem auf originelle Weise mit den erst während der Bauzeit konzipierten satteldachförmigen Dachgewächshäusern ausgestattet – die übrigen Bauten dieser Gruppen weisen in pittoresker Weise über den Treppen- und Versorgungstürmen kaminartige Aufsätze für Abluft und Luftfilter auf, die Assoziationen an Industriearchitektur ebenso zulassen wie zum skulpturalen Umgang mit Architektur im Brutalismus wie den gewachsenen Dachlandschaften in Paris (*Abb. A.1, A.6*).[15] Die Bauten, die unterschiedlich hoch sind, wurden innerhalb eines Zuges versetzt angeordnet und jeweils durch Querspangen miteinander verbunden. So entstanden die schönen von Georg Penker gestalteten Innenhöfe (*Abb. H.42–H.48*). Die Fachbereichsbibliotheken befinden sich jeweils in der ersten Ebene über der Forumszone im Osten und Westen und sind untereinander mit einer Kastenförderanlage verbunden.

Die östliche 26er-Gruppe besteht aus den in zwei parallelen Klammern aneinandergereihten Bauten sowie dem einzeln dahinter liegenden Gebäude 26.34, während dem zur Forumszone liegenden Gebäude insgesamt 16 niedere Anbauten (darunter zehn Hörsäle sowie Cafeterien u. a.) vorgelagert sind. Durchgänge zu den anderen Komplexen befinden sich jeweils an den Übergängen von Bau zu Bau, wodurch eine netzartige Verknüpfung der Gebäude entsteht. Die Querverbindungen zwischen diesen nordsüdlichen Längszügen sind einheitlich brückenartig auf Stützen gestellt, sie umfassen zwei Stockwerke und sind teils durchfenstert (*Abb. F.22, F.23, F.25*).

Die gegenüber 22.02/03 ungleich helleren Waschbetonplatten, die mit einer feinen Wellenreliefoberfläche lebendig strukturiert sind und die guten gestalterischen Möglichkeiten dieses Materials unter Beweis stellen, schließen die kubischen Hörsäle des 25er-Bereichs sowie die Westseite des 26er-Bereichs ab (*Abb. B.10–B.12, G.22, G.25, H.9–H.11, H.32*). Teilweise sind diese Hörsäle begrünt. Zum Südende des Campus ist ein oktogonaler Betonbau als Eingangs- und Informationsbereich angegliedert, durch den man das Hörsaalforum erreicht.

[15] Eine ähnliche Lösung zeigen die ungefähr gleichzeitig entstandenen Bauten für die Naturwissenschaften der Universität Regensburg von Heinle, Wischer und Partner.

Die Bauten der Gruppe 25, deren Versorgungs- und Treppen- bzw. Aufzugstürme sich lediglich durch kubische Dachaufbauten mit abgerundeten Ecken am Außenbau erkennbar sind, sind versetzt in ein grobes Raster eingeordnet und haben ihren Haupteingang an der Stirnseite von Gebäude 25.12, welche zum ‚Querforum' mit der Bibliothek weist. Der Eingang ist durch einen u-förmigen Stahlbogen gekennzeichnet, welcher sich an den Seiteneingängen wiederfindet. Durch den mit Fensterfronten ausgestatteten Innenbereich erreicht man über eine innere Verbindungsstraße der Ebene 00 die folgenden Gebäude sowie die jeweils östlich gelegenen drei Cluster an rechteckigen Hörsälen, die auch für von innen sich nähernde Personen als Außenbauten erscheinen – hier ist die vom Planungsbüro immer wieder variierte Verschränkung von Innen und Außen am weitesten getrieben. Über diese Straße werden ebenfalls die Cafeteria im Untergeschoss, welche zeitweilig in der Bauphase als Behelfsmensa genutzt wurde, und eine kleine Mensa (1976 eröffnet) erschlossen. Parallel nach Westen sind an die lineare Hauptverbindung die länglichen Bauten 25.23/33 angeschlossen, die mit den kleineren Bauten 25.13 und 25.42 sowie den anderen Gebäuden zwei versetzte, rechteckige Innenhöfe bilden.

Durch gleichsam schwebende Laufgänge und freie Verteilungstreppen, die einen offenen Verkehrsbereich inszenieren, sowie durch weiträumige, am amerikanischen Hochschulbau von Mies van der Rohe bis Paul Rudolph inspirierte Fensterfronten, die das unmittelbar anschließende Grün im Außenraum nach innen zu holen scheinen, wird eine größtmögliche Öffnung im linearen Durchgang der 25er-Gruppe erreicht. Unterhalb der Treppen befinden sich mehrere Sitzzonen, außerhalb der Fensterfront im Physikgebäude sind Sitzgruppen im Innenhof vorhanden. Anders als die geschlosseneren und von schönen Innenhöfen und Brückendurchgängen markierten 26er-Bauten ist der 25er-Bereich durch die Verbindungsstraße weitaus freier und kommunikativer nutzbar. Durch die Fensterflächen sind membranartige Durchblicke zu den Fensterfronten der Nebengebäude und zu den Innenhöfen möglich. Insgesamt wird so auch eine leichte Orientierung, unterstützt durch farblich markierte Bereiche, erreicht.

Die derart geschaffene, zum Aufenthalt einladende Atmosphäre dieser überaus gelungenen Innenarchitektur erreichen die nördlichen Gruppen 22 und 23 allenfalls mit dem Roy-Lichtenstein-Saal.

Kuppelgewächshaus

Im Jahr 1976 wurde der Bau eines öffentlich zugänglichen Schaugewächshauses in Form einer Halbkugel mit einem Radius von 18 Metern und einer Grundfläche von ca. 1.000 Quadratmetern realisiert (*Abb. F.31–F.34*). Die beeindruckende Kuppel, die den Gestaltungsideen der Leichtbauweise Buckminster Fullers oder Frei Ottos nahekommt, wird aus Stahlrohrdreiecken mit Plexiglashaut gebildet. Aufgrund seiner größeren Durchlässigkeit für UV-Strahlung hat Plexiglas gegenüber normalem Glas den Vorteil, ungünstiges Streckenwachstum der Pflanzen zu mindern. Es wurde als Kalthaus mit einer Wintertemperatur von 10 bis 12 Grad Celsius konzipiert und beherbergt Pflanzen aus Gebieten mit warmen, trockenen Sommern und regenreichen Wintern (Mittelmeerraum, Kanaren, Kalifornien, Chile, Südafrika, Neuseeland, südlicher Teil Asiens). Das Stahlrohrsystem wurde von der Würzburger Firma Mero als gleichnamiges Kugelknoten-System entwickelt, das Georg Lippsmeier beispielsweise schon bei einer Halle auf der Deutschen Industrieausstellung in Khartum angewandt hatte. Die Lastenteilung erfolgt damit punktweise in Knoten, wobei bis zu 18 nicht biegesteife Schraubenschlüsse an einem Knoten größte Gestaltungsfreiheit ermöglichen. Insgesamt beinhaltet die Konstruktion 640 teilweise gekippt zu öffnende Fenster, zehn davon wurden durch Ein- oder Ausgänge ersetzt.

Universitäts- und Landesbibliothek Düsseldorf

Am weitesten scherte die als Universitätsmittelpunkt bestimmte, mit dem BDA-Architekturpreis ausgezeichnete Universitäts- und Landesbibliothek (Bauzeit 1975–1979) aus den ursprünglichen Planungen aus (*Abb. F.35–F.39*). Sie ist in einem Gebäude untergebracht, das innerhalb der von Beton dominierten funktionalen Architektur des

Universitätscampus durch die Verwendung von rotem Ziegel, der auf die Pflasterung von ‚Band- und Querforum' reagiert, und von grün patiniertem Kupfer als Solitär hervorsticht. Die Bibliothek ist durch ihre Lage das universitäre Zentrum und das Bindeglied zwischen Süd- und Nordbereich.[16]

1972 hatte das Finanzministerium des Landes einen Bau- und Ideenwettbewerb für die Gestaltung der ULB ausgeschrieben. Dass sich im März 1973 das Preisgericht schließlich unter 31 Entwürfen bei der Vergabe des ersten Preises für die Düsseldorfer Architekten Volkamer, Wetzel und Beckmann entschied, lag sicherlich auch daran, dass die Wettbewerbssieger schon seit Jahren an der Universität mitplanten.[17] Die Architektur ist formal und funktional gelungen. Auch wenn sie außen nur bedingt als originell gelten kann – sie greift dabei so unterschiedliche Vorbilder wie Günter Behnisch, Ulmer Fachhochschule für Technik, im unteren Bereich und Christoph und Brigitte Parades, Realschule in Menden, im oberen Bereich auf –, so ist sie innen umso besser, indem sie im besonderen Einsatz von Backstein deutliche Referenzen auf die Düsseldorfer Architektur der 20er Jahre mit einem Zitat des Grundrisses vom berühmten Düsseldorfer Dreischeibenhaus aus den 50er Jahren verbindet – in beidem beginnt sich die Historisierung der Postmoderne abzuzeichnen – und so die angemessene Helligkeit und Übersichtlichkeit ermöglicht. Funktional schließlich ist die Bibliothek auch darüber hinaus sehr gut.

[16] Günter Gattermann/Hans Marwald (Hg.), Universitätsbibliothek Düsseldorf. Beiträge zur festlichen Übergabe des Neubaus am 26.11. 1979, Düsseldorf 1980; vgl. Rolf Fuhlrott, Gerhard Liebers, Franz-Heinrich Philipp, Bibliotheksneubauten in der Bundesrepublik Deutschland, Frankfurt am Main 1983, S. 63–69 (jeweils mit weiterer Literatur).

[17] Vgl. UAD 1/5 117 und 261. Es handelte sich um einen NRW-weiten kombinierten Wettbewerb, der einerseits den Zentralbereich im Ganzen betraf und andererseits einen Wettbewerb für die Universitätsbibliothek. Beide Teile wurden unter Vorsitz von Joachim Schürmann jeweils für sich bewertet und ausgezeichnet. Es fällt bei beiden auf, dass unter den Gewinnern und mit Preisen bedachten Teilnehmern zum größten Teil Büros verzeichnet sind, die bereits für die Düsseldorfer Universität tätig waren: Volkamer, Wetzel und Beckmann gewannen ebenso wie Georg Lippsmeier und Partner den zweiten Preis für die Gesamtplanung (ein erster Preis wurde nicht vergeben). Das Büro Lippsmeier gewann den dritten Preis beim Wettbewerb für die Bibliothek, Die Arbeitsgemeinschaft von Chamier, Dansard, Hellenkamp, Kalenborn und Partner gewann den dritten Preis der Gesamtplanung und den vierten Preis für die Bibliothek.

Der Bau wird durch die Längsachse in einen Nord- und einen längeren Südbau halbiert. Er wurde in Beton gegossen und verfügt über ein Stützenraster von 8,40 mal 8,40 Meter. Die Fassade besteht aus verschiedenen Materialien und Bauelementen. Der größte Teil der Außenansicht wird durch von grauen Betonstützen getragene, auskragende und durchfensterte Bauteile mit kupfernen Pultdächern gebildet, die als Fertigteile eingehängt wurden. Diese Architekturelemente bestimmen die äußere Ansicht der drei Lesegeschosse. Zwischen den Auskragungen verlaufen schmale Fensterbänder. In diese stark durchfensterte Fassadenstruktur schieben sich in den unteren Bereich Bauelemente aus Backstein, welche wiederum durch unterschiedlich große Fenster durchbrochen werden. Teilweise sind es auskragende Baukörper, die mit Brüstungen versehen sind und von Betonstützen getragen werden. Die Fassade wird somit von horizontalen Bauteilen dominiert, während vertikale Stützen in den Hintergrund treten. Der südliche Bau ist in allen drei Obergeschossen nach Westen hin und im zweiten und dritten Geschoss auch nach Osten hin verkürzt. Zwischen den beiden Gebäudeteilen ragt auf jeder Seite jeweils ein Fluchttreppenturm aus Backstein aus dem Gebäude heraus. In der Mitte des sonst flachen Daches sorgt ein gläsernes Satteldach über dem Treppenhaus für einen günstigen Lichteinfall.

Die Bibliothek ist gegliedert in drei Untergeschosse, eine Eingangshalle, ein Zwischengeschoss (u. a. mit einem Vortragssaal) und drei Obergeschosse. In den drei Obergeschossen befinden sich die Freihandbereiche. Man erreicht sie über die Haupttreppe in der Mitte des Gebäudes oder mit einem der beiden Aufzüge. Die drei Obergeschosse sind in ihrer Grundstruktur gleich aufgebaut: Die Freihandbereiche liegen im Gebäudekern und die Leseplätze zum größten Teil an den Fenstern. Die Raumhöhe ist in dieser Randzone fast durchgehend niedriger als im Freihandbereich, denn hier erlauben es die hohen Decken, die Bücherregale nach Bedarf aufzustocken. Zusätzliche Leseplätze bieten einige geschlossene Arbeitsräume, sogenannte Carrels.

Ein bestimmendes Element der (bis auf die zu kleinen Aufzüge) logistisch bestens erschlossenen Bibliothek ist ihre Transparenz, die sowohl in der Fassade als auch im Gebäudeinneren zum Ausdruck kommt. Die Backsteinwände des Treppenhauses beispielsweise sind durch verglaste Fensterschlitze durchbrochen und erlauben Durchblicke in die Freihandbereiche. Dieser Eindruck der Durchsichtigkeit wird durch die verglasten Eingangstüren der Lesegeschosse, das Glasdach über der dritten Etage des Treppenhauses sowie durch die vielen großen und kleinen Fenster, die einen hohen Lichteinfall ermöglichen, nochmals betont. Insgesamt hat das Gebäude, das eine beginnende Abkehr vom globalen Brutalismus zu neohistoristischen Tendenzen einer integrativen Heimatstil-Postmoderne markiert, innerhalb der gesamten Universitätsarchitektur einen nur bedingt auf die frühbrutalistischen Skelettbauten abgestimmten, von den Architekten ausdrücklich gewollten individuellen Charakter, der sich bereits in der Fülle der Materialien und Farben (weißer Beton, braune Fenster, grünes Dach, rote Wände und schließlich gelb für die Jalousien) exponiert.

Abb. F.1: Gebäude 22.03

Abb. F.2: Gebäude 22.04

Abb. F.3: Gebäude 22.01 Roy-Lichtenstein-Saal, außen

Abb. F.4: Gebäude 22.01 Roy-Lichtenstein-Saal, außen

Abb. F.5: Gebäude 22.01 Roy-Lichtenstein-Saal, innen

Abb. F.6: Gebäude 22.01 Roy-Lichtenstein-Saal, innen

Abb. F.7: Gebäude 22.01 Roy-Lichtenstein-Saal, innen

Abb. F.8: Außengestalt von 22.21

Abb. F.9: Außengestalt 22.21mit Beton-/Fensterstruktur

Abb. F.10: Außengestalt von 22.22 mit 22.03 im Hintergrund

Abb. F.11: Außengestalt von 22.22, Detail mit Außentreppe

Abb. F.12: Außengestalt mit Beton-/Fensterstruktur 23.02 mit Blick auf Hörsaal 3A in 23.01

Abb. F.13: Außengestalt mit Beton-/Fensterstruktur 23.03

Abb. F.14: Außengestalt mit Beton-/Fensterstruktur 23.11

Abb. F.15: Außengestalt mit Beton-/Fensterstruktur 23.11/21, Verbindungsflügel (Ostseite)

Abb. F.16: Außengestalt mit Beton-/Fensterstruktur 23.11 (im Hof), 23.12 (rechts), 23.21 (links)

Abb. F.17: Außengestalt mit Beton-/Fensterstruktur 23.11 (rote Fenster) und 23.12 (türkise Fenster)

Abb. F.18: Außengestalt mit Beton-/Fensterstruktur 23.21 (Ostseite)

Abb. F.19: Außengestalt mit Beton-/Fensterstruktur 23.12/21/32 (von rechts nach links)

Abb. F.20: Außengestalt mit Beton-/Fensterstruktur 23.31/32 (Südseite)

Abb. F.21: Außengestalt mit Beton-/Fensterstruktur 23.31 (von Südwest)

Abb. F.22: Außengestalt mit Beton-/Fensterstruktur 25.22 und 25.33

Abb. F.23: Außengestalt mit Beton-/Fensterstruktur 25.43/33/42

Abb. F.24: Außengestalt mit Beton-/Fensterstruktur 25.43

Abb. F.25: Außengestalt mit Beton-/Fensterstruktur 25.22/12/11

Abb. F.26: Außengestalt mit Beton-/Fensterstruktur 25.41

Abb. F.27: Außengestalt mit Beton-/Fensterstruktur 26.43

Abb. F.28: Außengestalt mit Beton-/Fensterstruktur 26.22

Abb. F.29: Außengestalt mit Beton-/Fensterstruktur 26.12

Abb. F.30: Außengestalt mit Beton-/Fensterstruktur 26.31

Abb. F.31: Kuppel des Botanischen Gartens

Abb. F.32: Kuppel des Botanischen Gartens

Abb. F.33: Kuppel des Botanischen Gartens

Abb. F.34: Kuppel des Botanischen Gartens

Abb. F.35: Universitäts- und Landesbibliothek außen Ostseite

Abb. F.36: Universitäts- und Landesbibliothek außen Nordseite

Abb. F.37: Universitäts- und Landesbibliothek innen

Abb. F.38: Universitäts- und Landesbibliothek außen Nord- und Westseite

Abb. F.39: Universitäts- und Landesbibliothek innen

Von Innen aus: architekturanthropologische Überlegungen zum Eindruck und Ausdruck ausgewählter Innenräume

Maaheen Ahmed

Räume sind ephemere Gebilde, weil sie direkten Bezug auf den Leib nehmen. Maurice Merleau-Ponty zufolge schafft der Körper seinen Raum: „Kein Raum für mich wäre, hätte ich keinen Leib."[1] In der deutschsprachigen Kunstgeschichte war dies spätestens mit der vitalistischen Wahrnehmungspsychologie bei Heinrich Wölfflin und August Schmarsow vor/um 1900 die grundlegende Bedingung einer Architekturaneignung jenseits tradierter Ordnungslehren. Die Wurzeln solch anthropologisch begründeter phänomenologischer Konstruktion von Raum durch den Betrachter waren einerseits Nietzsches Leibkonzeption und andererseits Kant, für den der Raum aus dem Innern des Wahrnehmenden entstand. Andererseits scheinen bestimmte Gefühle in der Wahrnehmung mit bestimmten architektonischen Elementen musterhaft verbunden, weshalb es eine Ordnungskraft des Raums oberhalb der *aisthesis* im genuinen Sinn zu geben scheint. Die Gestaltung eines Raumes fördert oder behindert ein spezifisches Wahrnehmen des Raums und seiner „Atmosphäre" und damit auch ein spezifisches Verhalten im Raum, das seinerseits den Raum je neu hervorzubringen hilft. Ziel dieser Überlegungen ist es, ausgewählte Raumeindrücke in den Gebäudegruppen 22 bis 26 zu rationalisieren, mithin nach der Ursache von Wirkungen zu fragen.

Diese Auswahl konzentriert sich auf die am meisten benutzten, aber untereinander stark kontrastierenden Bereiche: auf die für das akademische Selbstverständnis zentrale Aufgabe des Hörsaals sowie auf die logistische Struktur, die zwischen den Hörsälen hergestellt wurde. Damit wird zugleich auf eine Diskussion der logistischen Struktur auf der Ebene der Institute verzichtet. Im Extremfall kann dort eine labyrinthische Struktur, wie sie in

[1] Maurice Merleau-Ponty, Phänomenologie der Wahrnehmung, Berlin 1966, S. 127.

der sogenannten „Institutsgruppe I“ (Gebäuden 23.01–12) am ausgeprägtesten ist, noch durch viel zu niedrige, viel zu schmale und viel zu wenig durchlichtete Flure sowie durch zu viele undurchsichtige Gebäudeabschnittstüren und versteckte Treppenhäuser zu klaustrophoben „Gängen des Grauens“[2] gesteigert werden. Sie scheinen den beunruhigten Besucher immer wieder in die kafkaesk anmutende Situation zu bringen, ungewollt Orte betreten zu haben, für die er keine Zutrittsbefugnis hat, zumal er mit dem Passieren von Zwischentüren plötzlich mit Räumen eines ganz anderes Fach konfrontiert ist, die nicht selten – mehr oder weniger unbewusst – der Uniformität des Ensembles mittels Plakaten u. ä. eine individuelle Physiognomie einer alltäglichen Lebenswelt, die selbstreferentiell auf sich verweist, einschreiben wollen (*Abb. G.1*).[3]

Wenn hier Innenräume ins Visier genommen werden, so ist dies nicht eine Analyse, die nach anthropologischen Kategorien von Raumformen fragt,[4] sondern die diese in ihren historischen Ansprüchen fasst. Der Brutalismus legitimierte sich jenseits seiner als demokratische Tugenden verstandenen Kriterien wie Sparsamkeit des Materials (die sich wiederum in einer besonders sorgsam zu wählenden Materialität des Sparsamen zu repräsentieren hat) oder Effizienz der Mittel nicht zuletzt über seine typologische Dynamik, wie sie sich aus der funktionalistischen Analyse von Raumfolgen ergibt. Ob grundlegende Räume und die Verbindung zwischen ihnen nicht nur materiell, sondern auch emotional und sinnlich funktionieren, ist daher nicht nur ein überzeitlich funktionales,

---

[2] So der Titel einer Ausstellung von Studierenden in der Philosophischen Fakultät der Heinrich-Heine-Universität unter Leitung von Peter Matussek im Jahre 2004.

[3] Darin spiegelt sich noch immer die Situation der Bauzeit, als dieses (allzu) eilig erstellte Gebäudeensemble rasch wechselnde, kurzfristig auf viel Stauraum angewiesene Institute aufnehmen sollte, die sich – die Produktivkraft des Faktischen unterschätzend – dann gelegentlich als Dauerprovisorien herausstellten. So finden sich hier so unterschiedliche geisteswissenschaftliche Fächer wie die Erziehungswissenschaft, Modernes Japan, Medien- und Kulturwissenschaften, Geschichte der Medizin sowie verschiedene biologisch und chemisch ausgerichtete Zweige der Medizin.

[4] Vgl. Rudolf Arnheim, Die Macht der Mitte, Köln 1983; Wolfgang Meisenheimer, Der Raum in der Architektur. Strukturen, Gestalten, Begriffe, Diss., Aachen 1964; ders., Das Denken des Leibes und der architektonische Raum, Köln 2006.

sondern auch ein historisches Problem. Dass man es selbst so gesehen hat, wird darin evident, dass gerade aus den gemachten Fehlern gelernt wurde. Dies gilt sogar für das Staatshochbauamt, das die von ihm selbst durchgeplanten südlichen Teile der 23er-Gruppe (insbesondere 23.31/32) gerade in diesen Punkten großzügiger konzipierte und sich, wie auch beim Skelettraster, an den freien Architekten um Jens-Peter Volkamer orientierte.

Sucht man nach einer über das bloße Vorhandensein von Sitzgelegenheiten hinausgehenden funktionalistischen Theorie einer Typologie von konzentrierten Versammlungsräumen in der Moderne, so ist es bezeichnenderweise nicht die säkulare Moderne, die den neuen Menschen zu erziehen und bilden bestrebt war, sondern Rudolf Schwarz' Phänomenologie serieller Raumbestuhlung für den modernen Kirchenbau, mit denen er idealtypisch das konzentrierte Verhältnis von Personen zu einem Fokus ihres Interesses, ihrer Aufmerksamkeit und ihrer leiblichen Hinwendung in sieben Modellen systematisch durchspielte.[5] Seine Begriffe wie der „Ring", der „offene Ring" und der „Weg" sind hier übertragbar, indem etwa die ersten beiden ein Kollektiv schaffen oder der „Weg" die Gemeinschaft auf eine homogene Anzahl von Einzelpersonen reduziert. Dieser Effekt geht beispielsweise von Hörsaal 3F aus (*Abb. G.2*). Dass sich von Schwarz' Typologie Grundlegendes auf den Hörsaal übertragen lässt, verweist auf einen liturgisch-performativen Aspekt von Wissenschaftsvermittlung. Dasselbe gilt für die Forderung, dass der Außenraum nicht über ablenkende Ausblicke nach innen geholt werden dürfte, wie sie in Überlegungen zur modernen Sakralarchitektur aufgestellt wurde. Der Kult, das Spektakel, findet Innen statt, und nur von hier aus ist ein Außen simulierbar. Der Vergleich mit moderner Sakralarchitektur liegt insbesondere beim Hörsaalgebäude von 22.21 auf der Hand, denn die oktogonale Form mit Backsteinverkleidung (*Abb. G.3 und G.4*) und die durch zwei versetzte Wandschalen gebildeten, verdeckten Eingänge scheinen unmittelbar der architektonisch bedeutenden Bonhoeffer-Kirche in Düsseldorf-Garath (vom Architekturbüro HPP) nachempfunden.[6]

---

[5] Rudolf Schwarz, Vom Bau der Kirche, Würzburg 1938.

[6] Hentrich & Petschnigg hatten zuvor schon bei ihrer evangelischen Kirche in Düren mit abgesenkten Sitzreihen in der Art von Zuschauerräumen im Theater experimentiert; vgl. Henry Russell Hitchcock, HPP. Bauten und Entwürfe, Düsseldorf/Wien 1973, S. 96–101.

Grundsätzlich zielen Hörsäle auf den suggestiven Raumeffekt, mittels großer von Hand beschriebener Wandtafeln und Projektionen die Lehrveranstaltungen eindrucksvoller und die Dozenten als alleinigen Protagonisten einer Vorstellung auf einer Bühne erscheinen zu lassen. Die Projektionsflächen schaffen einen virtuellen zeitabhängigen Raum voller vorübergehender Simulationen und exemplifizieren jeweils das in jedem dieser Räume angelegte Verwandlungspotential.

Den Hörsaal 3H beherrschen Kreissegmente (*Abb. G.5*). Der Halbkreis des Sprecherpodiums spiegelt sich in dem dynamischeren vorspringenden Halbkreis über den Tafeln wider und formt einen großen Bühnenbezirk um das Podium, auf dem der Redner in seiner Performanz wie verloren wirken kann. Die von der Decke herabhängenden Spotlights und die kontrastierenden weißen Quadrate weisen noch deutlichere Kurven auf. Gleicherweise ist die bogenförmige Anordnung der Sitze und der Wandtafeln einer größeren Zusammengehörigkeit zuträglich, im Gegensatz zu den orthogonalen Arrangements der älteren Hörsäle wie 3F und 5C (*Abb. G.6*).[7] Die beweglich angeordneten Rechtecke der fünf Wandtafeln, die mit den Spotlights abwechselnden Reihen der weißen Quadrate an den Decken und die gestuften Paneelen an den beiden Wänden entlang der Treppen verleihen den Rändern von 3H trotz seiner Geschlossenheit eine gewisse unterkühlte Leichtigkeit. Zusätzlich verleiht das sanfte Biegen von

---

Etwa gleichzeitig zum Hörsaalbau 22.21 entstand in der Nähe der Heinrich-Heine-Universität die Schulkirche Franz von Sales (von Hans Schwippert 1973 fertiggestellt), wo ebenfalls ein zentralisierender Bau mit gestuften Sitzreihen ausgestattet ist; vgl. Gerdamaria Schwippert/ Charlotte Werhahn (Hg.), Hans Schwippert, Düsseldorf 1984, S. 50 f.; Agatha Buslei-Wuppermann, Hans Schwippert, 1899–1973. Von der Werkkunst zum Design, München 2007.

[7] Die horizontale Anordnung der Plätze in Hörsaal 3F sowie seine furnierten Sperrholzpaneele als Wandverkleidung und die rechteckigen Leuchten steigern den an sich strengen Raumeindruck. Gerade weil der Raum deutlich kleiner als 3H ist, verstärken die Wandverkleidung und Decke noch die Enge. Die beiden Hörsaaltypen in Gebäude 25 (5A, 5B u. a.) werden auf halber Höhe betreten, dadurch wird ihr steiles Abfallen weniger augenscheinlich. Die ausgewählte Materialität (an der Außenseite der helle Waschbeton mit Wellenstruktur und innen ein dunkles sandgestrahltes Furnier) verleiht diesen Hörsälen eine – dem Lehrstoff nicht unbedingt angemessene – größere Eleganz und feierliche Gediegenheit, die über den hier in seiner klaustrophoben Beengtheit noch gesteigerten Container hinweg helfen.

Vorder- und Rückwand ein Gefühl der Weite, ohne andererseits mit der Weite eine Isolierung hervorzurufen. In diesem Sinn ist der „Kreis als Anschauungsideal“ wirksam, da bereits der Halbkreis unmittelbar auf den vollen Kreis verweist.[8] Dass in 3H tatsächlich auch Theaterstücke und Filme aufgeführt werden, ist daher nur folgerichtig.

Es ist emblematisch, dass die meisten der alten Hörsäle auf Fenster verzichten. Als Disziplinierungsmaßnahme galt es als ein Credo im damaligen Universitätsbau,[9] sollten doch Ablenkungsangebote minimiert werden, wo für viele Benutzer doch nur das Unwohlsein maximiert wird. In dieser Perspektive sind wohl auch die Ausgangstüren zu sehen, die versteckt und/oder plan in die Wandpaneelierung integriert sind. Der Innenausbau betont zusätzlich in jedem Hörsaal den Fokus auf ein zentriertes Unten und Vorne. Eine akzentuierte Mitte vermehrt nicht nur die oberflächliche Harmonie des Objekts, sondern sie ermächtigt auch das Zentrum und entkräftet zugleich die Menge des auf das Zentrum blickenden Publikums. Obwohl diese Faktoren zunächst einmal allen Hörsälen gemeinsam sind, unterscheiden sich doch die kurviert geführten Reihen mit ihrer offenen Verbundenheit des Auditoriums von den linear angelegten Bänken, die nicht nur jede Reihe, sondern auch innerhalb einer jeden Reihe jede Person isolieren, da gebogene Reihen immerhin Blickkontakt zu Person am anderen Ende der Reihe ermöglichen. Hingegen bietet eine gerade Bankführung nur eine einzige, eindimensionale Kommunikationsoption.

Ausnahmen zur Regel des fensterlosen Hörsaaltypus sind die Hörsäle 2A, B, C (*Abb. G.7–G.9*). Obwohl 2C einer der kleinsten Hörsäle ist, schafft der umgebende Ring von Fenstern ein Gefühl der Weite, und die kurvierten Sitzreihen tragen zu der Behaglichkeit des Raumes bei. Da die Fenster als ein Oberlichtband gebildet sind, das nur einen Ausblick auf den Himmel erlaubt, ist gleichwohl gewährleistet, dass die Zuhörer nicht durch ein äußeres Geschehen irritiert werden. Nur auf Höhe der Dozenten reichen die Fenster bis auf den Boden herab. Derart

[8] Meisenheimer, 1964 (wie Anm. 4), S. 71.

[9] Auf die Frage, was er heute anders machen würde, war der erste Vorschlag Jens-Peter Volkamers, die Hörsäle großzügig mit Fenstern auszustatten; siehe das Interview mit Volkamer (S. 331–335).

kommt es zu einer seitlichen Beleuchtung – auch dies ein performatives Inszenierungsmittel, das im modernen Kirchenbau ebenfalls reichlich erprobt war.

Offensichtlich fungieren die Wege, die zwischen den Türen und den eigentlichen Hörsälen liegen, als Vorboten der Eigenschaften des schließenden Raumes. In den älteren Sälen wie 3H und 3F sind diese Wege eng und mit scharfen Biegungen und Winkeln versehen, die den Hörsaal akustisch abschirmen sollen. Am jeweiligen Ende steht eine Tür – eine am Ausgang zum Korridor und die andere am Eingang zum Hörsaal. Solche Gestaltung zwingt und reguliert gleichzeitig Bewegung. Lange Aufenthalte sind nicht erlaubt. Dagegen führt die einzige Tür von 2C unvermittelt vom Foyer des Roy-Lichtenstein-Saals zum Raum (*Abb. F.6*). Trotz der geringeren Maße wird so der Eindruck von Enge vermieden.

Ein weiterer, die räumlichen Wirkungen nachhaltig beeinflussender Faktor ist die Dimension, weil die sozialisierende Sphäre sich der Größe des Raumes entsprechend wandelt. So schwächen sich die verengenden Vertikalen im relativ weiträumigen Hörsaal 5C (*Abb. G.10*) stärker ab als im benachbarten kleineren 5A oder gar als in 3E. Auch die möglichen interpersonalen Beziehungen innerhalb eines Raumes können sich je nach Raumgröße in eklatanter Weise ändern. So wird das Zentrum umso schwächer, je kleiner der Saal ist. In einem Raum wie 2C, dessen Aufnahmekapazität bis zu 80 Personen vorsieht, fällt es den an der Peripherie befindlichen Personen leichter, auf Vorgänge im Raum einzuwirken. Die Offenheit, die der Hörsaal 2C im Sinne von Atmosphäre und Kommunikationspotential zwischen den Personen im Raum bietet, nähert sich jener von Seminarräumen an, die mit Möbeln, die *ad hoc* umgestellt werden können, eine noch größere Flexibilität aufweisen. Ein wichtiger Unterschied liegt in der konzentrischen Anordnung der Stühle und Tische, wodurch selbst der Sitz des Dozenten veränderlich ist.

Die von der Mathematischen und Naturwissenschaftlichen Fakultät genutzte Gebäudegruppe 25 verfügt in ihrer logistischen Anlage über eine sich horizontal ausbreitende und als solche anschaulich erfahrbare Struktur (*Abb. G.11–G.14*), während die Gebäudegruppe 23 eher von Senkrechten beherrscht wird. Folgerichtig sind die

Durchgänge der ersteren weiter und angenehmer als jene der Philosophischen Fakultät. Auch konzentriert sich die Schwere auf die regelmäßigen Pfeiler, die entweder kantig und aus Beton oder zylindrisch und aus Stahl sind, sowie auf die gebäudeteilenden Wände. In der Wahrnehmung scheint folglich das Gewicht der Gebäude stark reduziert. Dagegen sind die Menschen in der 23er-Gruppe fast immer von der Masse der Architektur mit ihren einengenden, gleichsam zur Mitte drängenden Wänden und den herabgesenkten Decken umgeben. Die Wirkästhetik des Flurs neben der Cafeteria war für die Benutzer in besonderer Weise eine unangenehme, weil der Boden plötzlich steil abzufallen beginnt, während sich die Betonträger aus der Decke drohend niederzustrecken scheinen (*Abb. G.15–G.17*). Mit der Neugestaltung 2013 ist dieser Eindruck abgemildert.

Indem der höhere und breitere Durchgang in der 25er-Gruppe, der dort gleichsam als Hochstraße das eigentliche ‚Bandforum' auch in funktional-logistischer Weise bildet, immer wieder nach links und rechts abzweigt, und zwar in derselben Ebene oder, nach einem weiteren Verbindungsweg, ein Halbgeschoss tiefer, und sich dort zu einer platzartigen Raumkonstellation formiert, die oft nur durch hohe Glaswände vom Außenraum unmerklich abgetrennt ist, wird die Freiheit, Leichtigkeit, Offenheit und Kommunikabilität des Raumes akzentuiert. Auf den Gipfel getrieben ist dies unterhalb des südöstlichen Eingangs zum Gebäude 25.22, wo der Aufenthaltsbereich gleichzeitig innen und außen ist, während an anderen Stellen durch Schattenmuster auf dem Boden und insbesondere durch Spiegelungseffekte des semitransluziden Fensterglases Projektionen des Äußeren nach innen und des Inneren nach außen und zugleich deren wechselseitige Durchdringung stattfinden, wodurch sich Architektur auch in dynamische Bilder aufzulösen scheint (*Abb. G.18–G.25*) – keine Gänge des Grauens, sondern des Schauens.

Die sich wiederholenden gelenkähnlichen Verbindungen zwischen den Gebäudeteilen erscheinen organisch. Lebendigkeit wird durch die gerundeten Sockel und Türrahmen an jedem seitlichen ‚Gelenk' erhöht. Auffälligstes Gestaltungsmittel sind die riesigen, beidseitigen Fenster, die sich vom Boden zur Decke erstrecken und oft auf Grünhöfe hinausblicken. Daraus ergibt sich ein hellerer Raum trotz der sich südlich anschließenden Hochbauten.

Mittels Pflanzen, die in den Gebäuden wachsen, zieht der Außenraum innen ein. Sie erzeugen ein Gefühl von Weite und Natürlichkeit. Sie erzeugen den paradoxalen Reiz, der darauf beruht, dass die anthropologische und zugleich in sich widersprüchliche Konstante schlechthin von Architektur, zum Schutz der Menschen feste Grenzen zwischen den Innen- und Außenwelten zu errichten, ohne die Menschen einzusperren, aufgehoben scheint, weil die Natur ihrerseits kalkulierbar, ja bis zur Gefahrlosigkeit domestiziert scheint.

Solche Innen-Außen-Spannungen sind die architekturgeschichtliche Leistung Mies van der Rohes, der an die Stelle von tragenden Wänden eine scheinbar entmaterialisierte Haut aus Glas setzte, die Grenze und Nichtgrenze zugleich sein soll. Fenster im Wandformat lösen die Grenzen auf, um Innen und Außen miteinander vermischen zu lassen. Anmutig ist die Ambivalenz zwischen den beiden, die von der Durchsichtigkeit der Wände erzeugt und gelegentlich als die Verkörperung der vierten Dimension, der Zeit, interpretiert werden, da die permanente Metamorphose von Natur nicht nur von innen aus ständig beobachtet werden kann (also selbst ein zeitlicher Akt ist), sondern den Innenraum selbst in ständiger Veränderung zu halten scheint. Beweglichkeit wurde vervielfacht, da die simultan geschehenden Handlungen überall sichtbar sind, wobei auch die schwachen Widerspiegelungen am Glas ihre Rolle spielen, wenn sie simultane Wirklichkeiten übereinander blenden und darin Wirklichkeit und Erscheinung im äußersten Fall ununterscheidbar machen.

Im Zusammenhang mit der architektonischen Transparenz auch als einer Form von Zeit verwies Wolfgang Meisenheimer auf eine phänomenologische Schicht des Taktilen, die eng mit dem Sehen verknüpft ist: „Sehen ist Tasten in die Ferne; daher die Dynamik.“[10] Transparenz als Bedingung des Sehens ist das Medium für die Fähigkeit von Menschen, sich mittels rein sinnlicher Eindrücke mental an andere Orte zu translozieren und den an sich heterotopen Ort einer Universität auch anschaulich – beispielsweise in einen Garten des Wissens – umzusetzen.[11]

---

[10] Meisenheimer 1964 (wie Anm. 4), S. 227.
[11] Michel Foucault, Die Heterotopien. Der utopische Körper: zwei Radiovorträge, Frankfurt am Main 2005.

Es ist dies eine artifizielle Freiheit, die sich in der Gebäudegruppe 23 wegen der eher be- als entgrenzenden kleinen Fenster und der fehlenden materiellen Bezüge, etwa über Pflanzen, kaum einmal einstellt.

Eines der merkwürdigsten Raumphänomene stellt der einsame unterirdische Durchgang zwischen der Philosophischen Fakultät und dem Roy-Lichtenstein-Saal dar (*Abb. G.26*). Trotz seiner niedrigen Decke, seines schmalen Umfangs, seiner unwirklich anmutenden Materialität und der Reduktion auf ein Fenster bleibt die zu erwartende Klaustrophobie aus. Zum einen ist dieser Durchgang nicht so lang wie die vorher diskutierten Hauptgänge, und die sanfte Biegung, die sich in die Richtung der Roy-Lichtenstein-Halle ausweitet, mischt ein organisches Element und damit eine Spur von Behaglichkeit bei. Die Zuordnung der Lampen entspricht der Gestaltung des Gangs und hat daher auch etwas Bewegliches an sich. Wenn man von einer Interaktion zwischen dem Körper und dem Raum reden will, dann ist die Reaktion hier freundlich und friedlich.

In diesen Beispielen wird das Unorganische, das Material, organisch zum einen durch die direkte Verbindung mit dem Außen und zum anderen durch die lebendige Modellierung ihrer Formen und die räumliche Vielfalt. Die individuelle Erscheinung vieler Teile lässt es nicht zu, alles nur über einen spezifischen Stil zu bestimmen. So wird hier van der Rohes spielerische Ambivalenz zwischen Innen und Außen mit Le Corbusiers Ästhetisierung des reinen Betons verbunden, insbesondere in der Weise, wie sie seine Adepten in den USA und Japan – Paul Rudolph, Louis I. Kahn, Kenzō Tange – pflegten. Auch die die Technik anbetenden Ideen von Gropius bleiben spürbar, nicht nur im harten Aussehen, das für Architekten der 60er Jahren so anziehend erschien, sondern und vor allem im freigelegten strukturellen Gefüge. Der wechselnde Umgang mit dem Material – teilweise bloßgelegt, teilweise verschleiert – belegt bei aller straffen typologischen Ausgangssituation eine Pluralität der Einflüsse, auf die allein freilich diese Architektur nicht reduziert werden kann, wenn man die Eigenheiten dieser Innenräume verstehen will.

Abb. G.1: Flur in 23.11/12

Abb. G.2: Hörsaal 3F

Abb. G.3: Hörsaalgebäude 22.21 außen

Abb. G.4: Hörsaalgebäude 22.21 innen, Hörsaal 2E

Abb. G.5: Hörsaal 3H

Abb. G.6: Hörsaal 5C

Abb. G.7: Hörsaal 2A

Abb. G.8: Hörsaal 2B

Abb. G.9: Hörsaal 2C

Abb. G.10: Hörsaal 5A

Abb. G.11: 25er-Gruppe Gang/Aufenthaltsraum

Abb. G.12: 25er-Gruppe Gang/Aufenthaltsraum

Abb. G.13: 25er-Gruppe Gang/Aufenthaltsraum

Abb. G.14: 25er-Gruppe Gang/Aufenthaltsraum

Abb. G.15: 23.01

Abb. G.16: 23.11, Ebene 00

Abb. G.17: 23.11

Abb. G.18: Treppenhaus 25.22

Abb. G.19: Treppenhaus und Hochflur 25.22

Abb. G.20: Fensterwand auf der Ostseite von 25.32

Abb. G.21: Querflur in 25.11

Abb. G.22: Blick vom Hochflur auf Treppenhaus und Hörsäle (25.21/22)

Abb. G.23: Blick aus 25.32 Richtung 25.33

Abb. 7.1: Blick aus 25.32

Abb. G.24: Blick von der Querbrücke vor dem südöstlichen Eingang von 25.22

Abb. G.25: Blick von der Querbrücke vor dem südöstlichen Eingang von 25.22 in Richtung 25.21

Abb. G.26: Durchgang unter Roy-Lichtenstein-Saal

Georg Penkers Landschaftsgestaltung der Heinrich-Heine-Universität

8

Heike Fröhlich

In den Jahren 1964–1968 wurde in Zusammenarbeit mit dem Staatshochbauamt die Gesamtplanung für die Bebauung und Gestaltung des Universitätsgeländes Düsseldorf erstellt (*Abb. E.2–E.7*).[1] Innerhalb des Planungskollektivs, zu dem private und bauamtliche Architekten, Verkehrs- und Stadtplaner gehörten, wurde der größte und wichtigste Teil des planerischen Gesamtkonzeptes der Außenanlagen Georg Penker übertragen, der zeitgleich auch die Außengestaltung der Ruhruniversität Bochum plante und der nicht zuletzt mit diesen Planungen zu einem der wichtigsten deutschen Landschaftsarchitekten wurde.[2]

---

[1] UAD 8/1, 26: Universität Düsseldorf, Landschaftsplan 1968, aufgestellt vom Staatshochbauamt für die Universität Düsseldorf, erarbeitet von Georg Penker.

[2] Georg Penker (* 1925) wuchs in der Nähe von Freising auf, wo er eine Lehre an der Staatlichen Forstanstalt absolvierte. Danach folgten ein Studium an der Lehranstalt für Wein- und Obstbau in Veitshöchheim und ein Studium in Weihenstephan bei dem bedeutenden Landschaftsarchitekten Ulrich Wolf (1902–1967), der 1953 Leiter des Garten-, Friedhof- und Forstamtes in Düsseldorf wurde und Penker mit nach Düsseldorf nahm, wo sich Penker 1958 selbständig machte. Penker arbeitete bei seinen zahlreichen Werken häufig mit führenden westdeutschen Architekten (Harald Deilmann; Erich Schneider-Wessling; Busmann und Haberer; Eller, Moser, Walter; Hentrich, Petschnigg und Partner; Kraemer, Sieverts und Partner) und/oder mit namhaften Künstlern (Anatol, Ian Hamilton Finlay, Dani Karavan, Heinz Mack, Eduardo Paolozzi, Klaus Rinke, Ulrich Rückriem) zusammen; vgl. Georg Penker, Im Dialog mit der Natur, Köln 1997, S. 156–171. Hauptwerke von Penker sind neben den Universitäten Düsseldorf und Bochum sowie Dortmund und Siegen die Landschaftsplanung für den Düsseldorfer Landtag, das Sprengelmuseum Hannover, die Landeszentralbank Wiesbaden, die Stadthalle Hagen, das Forschungszentrum der Heidelberger Druckmaschinen, die Victoria-Hauptverwaltung in Düsseldorf, die Landesgartenschau Grevenbroich, der Rheingarten in Köln sowie die Wettbewerbsgewinne bei den Bundesgartenschauen in Berlin 1980 und Düsseldorf 1987.

Abb. 8.1: Brücker Bach

Der am südlichen Rand der Innenstadt gelegene, von einer Autobahn und einer mit ihr konvergierenden vierspurigen Schnellstraße gesäumte Landschaftsraum schloss eine städtebauliche Lücke zwischen dem Universitätsklinikum und dem Volksgarten im Norden und dem Stadtteil Wersten im Süden. Hier dient der Brücker Bach (*Abb. 8.1*), ein streng geometrisch verlaufendes Gerinne, als Deich und ermöglicht bei Hochwasser einen Rückstau von zehn Metern Höhe. Durch den etwa 300 Meter breiten Waldgürtel des Fleher Wäldchens vom Rhein getrennt, verläuft die westliche Grenze des Campus parallel zum Rheinbogen zwischen Flehe und Himmelgeist. Damit bestand für das zu gestaltende Gelände die Möglichkeit einer unmittelbaren Anbindung an eine vorhandene Kultur- und Parklandschaft. Innerhalb des Geländes dominieren, durch städtebauliche, logistische und kulturlandschaftliche Vorgaben bedingt, auf der parallel zum Rhein gelegenen Nordwestseite Architektur und Verkehrsinfrastruktur und auf der Südostseite die Grünraumgestaltung. Dieser Konstellation entsprechend war die Aufgabe des Landschaftsarchitekten eine dreifache: die gartenkünstlerische An- und Einbindung einer Parklandschaft in ein vorgegebenes System von Grünräumen und stehenden und fließenden Gewässern, die Gestaltung des Außenraums zwischen den Gebäuden einschließlich der Verschränkung dieser beiden Aufgaben miteinander sowie eine grundsätzliche städtebauliche Strukturierung eines Großgeländes zwischen Innenstadt und einer dörflich und landwirtschaftlich geprägten und mit Naturräumen durchsetzten Vorstadt. Über die in der Landschaftsarchitektur ohnehin angelegte Konvergenz von Natur und Kunst hinaus kam es zu produktiven Wechselbeziehungen zwischen der künstlerischen Gestaltung, der Erforschung von Natur und technologischen Strukturen, die für die Forschung unabdingbar sind. Funktionsabläufe werden ästhetisiert und die Raumästhetik funktionalisiert, ohne dass die Form nur den Funktionen folgen würde und ohne dass Funktionen nur formal aufgehübscht und mit einem semantischen Feigenblatt versehen worden wären. Selbst über das puristisch-brutalistische Dogma einer ehrlichen, auf sich selbst verweisenden Materialität hinausgehend, wurden künstlerische Gestaltung, logistische Funktionsabläufe, technologische Infrastruktur und die Integration in eine in der Forschung reflektierte Kulturlandschaft prozessual aufeinander abgestimmt, weshalb die materiellen Bedingungen produktiv werden und in wechselseitiger Kontamination formale, semantische oder wissenschaftliche Überschüsse erzielen konnten.

Das ca. 180 Hektar große Gelände im Düsseldorfer Süden (davon 44 Hektar als landschaftsarchitektonisches Planungsgebiet) erforderte bei der Gestaltung die Berücksichtigung besonderer verkehrstechnischer, städtebaulicher, landschaftlicher und universitätsspezifischer Vorgaben. Das vier Kilometer entfernte Stadtzentrum sollte durch eine Autobahn sowie durch U- und Straßenbahnen mit dem Campus verbunden und die um und nach 1900 entstandenen Bauten der Klinischen Anstalten an den Neubau der Universität angegliedert werden. Ursprünglich als reine „Campusuniversität im Grünen" geplant, änderte sich die Konzeption während der Planung in Richtung „stadtbezogene Universität", wie die an den Campus heranreichenden Stadtteile und die Planung von Wohnbauten direkt an oder auf dem Universitätsgelände belegen.

Die besondere städtebauliche und naturräumliche Konstellation war der Ausgangspunkt für Penkers Planungen. Sie kam seinem künstlerischen Credo entgegen. In seinem Buch *Im Dialog mit der Natur, Landschaftsarchitektur seit 1960* legt Penker seinen besonderen Zugang zur Natur dar, der sich auch in seiner planerischen Tätigkeit widerspiegelt. Als sein zentrales Thema kann die Auseinandersetzung mit dem Verhältnis von Natur und Zivilisation gelten, für die er einen harmonischen Ausgleich anstrebt, indem Penker sowohl den Naturschutz berücksichtigt, diesen aber mit den Bedürfnissen einer Urbanität zu vereinen bestrebt ist. Die Verwandlung von Natur aus einem vorhandenen Zustand in einen anderen als ein Leitfaden von Gestaltung zwischen Natur und Kunst beschreibt er mit den Worten: „Es ist die Faszination der Metamorphosen, die mich bis heute nicht losgelassen hat und für mich der Schlüssel und der Zugang zur Natur wurde."[3] Seine gegen ein striktes Ordnungsdenken und auf ein *Laissez-faire* gerichtete Gestaltmaxime, die er mit den Worten „Respektierung der Natur, sie mitplanen und mitarbeiten zu lassen" charakteristisiert,[4] fand bei der Gestaltung des Düsseldorfer Campus in vielerlei Hinsicht Berücksichti-

[3] Ebd., S. 152.
[4] Ebd., S. 154.

gung, indem er das vorhandene Spannungsverhältnis zwischen Rheinlandschaft und Städtebau mit großstädtischer Infrastruktur in der Freiraumgestaltung des Campusgeländes zum Ausdruck kommen lässt.

Charakteristische Merkmale der Kulturlandschaft des vom Rhein geprägten Flachlands des Niederrheins sind Polder und Auenlandschaft.[5] Sie bildeten den Ausgangpunkt der landschaftsarchitektonischen Konzeption Penkers, die auf das Konstrukt einer Identität von Natur und Landschaftsgestaltung zielt. Die durch Deiche bestimmte niederrheinische Polderlandschaft wählte Penker als Leitmotiv für große Teile des Universitätsgeländes. Die Deichidee, die mit dem Brücker Bach schon vorgegeben war, findet sich in künstlerischer Form als steinerne „Großskulptur" wieder. Auch der vorhandene Charakter der als natürlich empfundenen Kulturlandschaft der Region wird von Penker in der Bodenreliefierung aufgegriffen – Ebenen und Anhöhen als Anspielung auf das charakteristische wellige Gelände des Rheinlandes wechseln einander ab.

Zwei Hauptachsen lagen von Beginn an dem Universitätsgelände zugrunde: eine landschaftlich gestaltete grüne Ostwestachse, die vom Volksgarten und Südpark (später zur BUGA erweitert) zum Rhein führt und die in der Vorstellung Penkers an einem Gesamtgrüngürtel um die Innenstadt hätte partizipieren sollen,[6] und eine Achse in Nordsüdrichtung, die als urban gestalteter Fußweg die Universitätsgebäude verbindet. Diese Nordsüdachse (*Abb. 8.2, 8.3; Abb. H.1–H.11*) ist einem befestigten Deich nachempfunden, der zu den Seiten hin in unterschiedlichen Steilheiten eine Wellenbewegung inszeniert. Den unmittelbaren Bauprozess in die Konzeption integrierend,

[5] Unter Polder werden landschaftsmodellierende Maßnahmen zur Überschwemmungsregulierung verstanden. Sie können einerseits das Ziel haben, durch Eindeichung einem Schwemmgebiet zusätzliches Land abzugewinnen und dieses dabei vor Hochwasser zu schützen (hier ist der Deich nahe am Gewässer), und andererseits gerade als ein Flutungsgebiet im Fall von Hochwasser die Überschwemmung der flussabwärts gelegenen Gebiete zu verhindern oder zu minimieren (hier ist der Deich vom Gewässer abgerückt, um unter Einbezug der Flussauen den Flussquerschnitt kurzfristig zu vergrößern).

[6] Penker hatte 1983 beim Wettbewerb für die Bundesgartenschau in Düsseldorf den ersten Preis erzielt. Bei seinem leider nicht realisierten Entwurf knüpfte er auch an seine Konzeption einer Verbindung von Südpark und Universitätspark ebenso an wie bei der Begrünung des Universitätstunnels (vgl. Penker, wie Anm. 1, S. 82–85 und 106 f.).

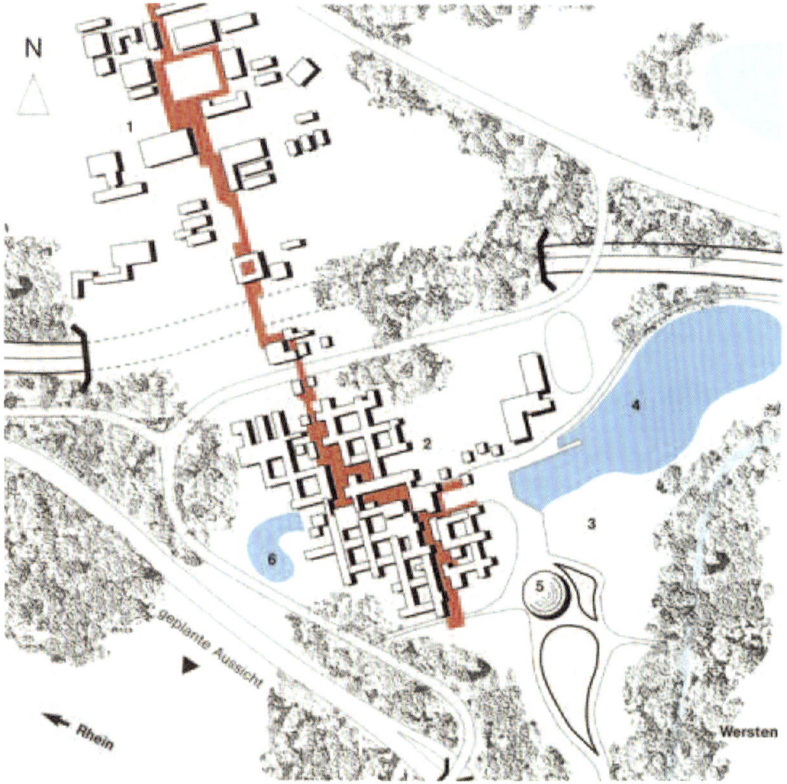

Abb. 8.2: Schema von Penker

Abb. 8.3: Entwurfszeichnung für eine skulpturale Deichgestaltung von Penker

wurde der gesamte Erdaushub auf dem Campus wiederverwendet, um Höhen und Tiefen des Geländes zu formen. Besonders kräftige ‚Wellen' muss der Fußgänger im Bereich zwischen der Brücke über die Universitätsstraße und der Technischen Zentrale überwinden, dort wo ein Weg vom tiefer gelegenen Straßenniveau auf den Campusweg hinaufführt.

Das Thema ‚Deich' wird auch an anderen universitären Orten wieder aufgenommen. Grüne Gegenstücke zum befestigten Klinkerdeich finden sich als Deichansätze im Botanischen Garten, längs der Wege, bis zu den die Universität umgebenden Parkplätzen. Der Botanische Garten (*Abb. H.12–H.30*) ist auf einem Polder gebaut, und in ihm wurden Reste älterer Deiche zur hügeligen Landschaftsgestaltung genutzt. Die neuen, künstlich gestalteten

Erdwölbungen entlang der Wege verbinden sich harmonisch mit der älteren Deichlandschaft am Brücker Bach. Diese über Jahrhunderte gewachsene charakteristische Kulturlandschaft des Niederrheins griff Penker bei seinen Planungen auf und machte sie zur Basis seiner Modellierung des Campusgeländes. Auch die Bepflanzung sollte der Niederrheinischen Landschaft entsprechen. So sollten Platanen und Pappeln gepflanzt und Nass- und Trockenwiesen angelegt werden.

Penkers bestechende Idee, das Universitätsgelände zum Rhein hin zu öffnen, indem ein Fußweg vom geplanten Forum über die vierspurige Schnellstraße durch den Waldgürtel hindurch zum Rheinufer eine Verbindung schaffen und schließlich mit einem Aussichtspunkt enden sollte, konnte nicht umgesetzt werden, da das gesamte Gelände am Rhein ein Wasserschutzgebiet ist und die Stadt Düsseldorf nicht bereit war, das dazugehörige Wasserwerk an einen anderen Ort zu verlegen. Auch der angebotene Kompromiss Penkers für einen imagebildenden Rheinanschluss, einen abgegrenzten Durchgang durch dieses Gebiet zu schaffen, um zur geplanten Rheinterrasse zu gelangen, wurde von Seiten der Stadt aus Gründen des Wasserschutzes abgelehnt.

Der Deich als Leitmotiv für die universitäre Landschaft erscheint auf dem Gelände entweder grün bewachsen, oder er ist aufwendig in rotem niederrheinischem Klinker gestaltet. Dieses auffällige Klinkerbauwerk, das die ca. 1.500 Meter lange zentrale Fußgängerachse bildet, durchzieht den Campus als Großskulptur. Beginnend am Rechenzentrum, in nordnordöstlicher Richtung das gesamte südliche Unigelände durchquerend, endet die Achse schließlich als Auffahrt zur MNR-Klinik. Bis zur Mensa verläuft der Weg ca. 4,5 Meter erhöht, was den Fußgängerstrom von den Autos trennt und die Möglichkeit schafft, die Universitätsstraße barrierefrei und formschön zu überwinden. Durch diese Baumaßnahme entstanden auch die markanten Gebäudeebenen. Die Eingangsbereiche aller direkt an der Achse befindlichen Institute liegen im ersten Stock, sodass aus der Perspektive des Deiches die ebenerdigen Geschosse zwar als Untergeschosse gezählt werden (Ebene U.1), aber doch nicht wie Kellerräumlichkeiten wirken, sondern gegebenenfalls sogar besonders stark mit dem grünen Außenraum kommunizieren (*Abb. 8.4*).

Abb. 8.4: Pflanzen vor den Fenstern in U1 von 22.21

Die Verspieltheit der Gestaltung des Deiches und die prägnante Morphologie seiner Biegungen und Kanten rechtfertigen Penkers Begriff der Großskulptur. Reliefierung des Landschaftsraumes meint daher nicht das sich mit konstruktiven Erfordernissen begnügende Werk eines Bauingenieurs, sondern trägt die Handschrift eines mit gestalterischen Mitteln vertrauten Architekten in der Tradition einer plastisch-organizistischen Moderne. Dass die Verkehrsachse vorgibt, ein Deich zu sein, obwohl sie faktisch keine Deichfunktion wahrnimmt, also nicht als Überschwemmungsschutz dient, ist bereits als ein semantischer Verweis eines landschaftlichen Großreliefs zu interpretieren, wie gerade der Vergleich mit dem Brücker Bach erhellt, der bis auf vier Biegungen schnurgerade verläuft und überall dieselbe Höhe und denselben Durchmesser hat. Er ist in seiner bloßen Funktionalität eine Ingenieursarbeit, die in erster Linie den Schutz der Stadt vor Überschwemmungen fokussiert, während der Spazierweg von sekundärer Bedeutung und gleichsam ein nützlicher Nebeneffekt ist. Penkers Deich variiert in seiner Ausprägung sehr stark. Breite und Höhe wechseln, er öffnet sich über großzügige Treppen oder durch kleine Passagen zu tiefer gelegenen Höfen, ist regelmäßig um größere oder kleinere Plätze ausgeweitet, bildet Terrassen aus und nimmt wiederholt künstlerische Formen auf, die der Gesamtästhetik dienen. Auf dem Autobahndeckel über der A46 wird der Deich z. B. durch einen Klinkerwall am Rande des Weges weiter angedeutet, obwohl er seine Funktion als Brücke oder erhöhter Weg ab dem Mensagelände offensichtlich verloren hat. In Miniatur gewinnt er sogar seine eigentliche Deichform wieder. Dort, wo die Außenseiten des Deiches unnatürlich steil abfallen, wird der Betrachter an einen begehbaren Wall erinnert, der eher als Verteidigungsanlage denn als Überschwemmungsschutz interpretiert werden kann. In der steinernen Großskulptur gelang es Penker, das plakativ formulierte Ziel einer „Demokratie als Bauherr“[7] (der auch ein – für das gesamte Ensemble geltender – gestalterisch zu bewältigender Anspruch war und seit gut 20 Jahren bezeichnenderweise kein geläufiger Begriff von Baupolitik mehr ist) und eines „Spannungsverhältnis[ses] zwischen Rheinlandschaft und urbanem Städtebau“[8] in der Freiraumgestaltung des Campus anschaulich umzusetzen.

Im Falle der „Demokratie als Bauherr“ bedeutet dies, dass Architektur in der Lage sein muss, Menschen zu animieren, den öffentlichen Raum zu nutzen, weil er in besonderer Weise geeignet ist, um Kommunikation und produktiven Gedankenaustausch zwischen ihnen zu entfalten. Penker setzt dafür bei seiner großzügigen Deichgestaltung vielfältige Mittel ein. Plätze und Höfe bieten eine große Zahl an Sitzgelegenheiten und schaffen Raum für

7 Ebd., S. 53.
8 Ebd., S. 54.

Abb. 8.5: Sitzstufen im Hof zwischen 26.21 und 26.22

Abb. 8.6: Sitzstufen im Botanischen Garten

Diskussion und Versammlung. Entlang des Deiches stehen (oder standen) große und kleine aus Klinker geformte Poller, die zum Sitzen geeignet und vorgesehen sind. In diesem Zusammenhang sei auch auf das immer wiederkehrende Motiv der übereinander gereihten Sitzbänke oder Tribünen hingewiesen, die wie Sitzränge im griechischen Theater anmuten (*Abb. 8.5, 8.6, Abb. H.31, H.32*). Sie scheinen wie aus einer Bodenwelle oder einem Deich geschlagen und ermöglichen das gemeinsame Sitzen in Bogensegmenten. Hier nehmen die Metamorphosen von Landschaft in Architektur – und zwar über ein Material, Backstein, das an sich schon zu beiden einen direkten Bezug hat – und von der Architektur zur Skulptur unmittelbare Gestalt an. Eine zentrale Stellung innerhalb des öffentlichen Raumes der Universität nimmt der Platz vor der Bibliothek ein (*Abb. H.33–H.37*). Als zentraler Knotenpunkt des Campus, mit Audimax, Hörsaalzentrum und Mensa geplant, scheiterte diese Idee letztlich an der Finanzierung. Die gewonnene Freifläche wurde zum größten Teil von einer höher gelegenen und durch eine Mauer eingefassten Liegewiese ausgefüllt, die rasterförmig mit Linden bepflanzt wurde, die inzwischen zu einem kleinen Wald gewachsen sind und den Charakter einer Liegewiese verdrängt haben. Im Gegensatz dazu ist die anhaltende Verdrängung identitätsstiftenden Grünraums auf dem Campus – und damit die Missachtung der Penkerschen Landschaftskunst – unsensibler Erweiterungspläne geschuldet. Penker schlug mit den Lindenbäumen bewusst eine preiswerte und einfache Lösung als ein Provisorium vor, das in kürzester Zeit und ohne großen Aufwand neuen Bedürfnissen einer künftigen Planung Platz bieten könnte. Wäre das Areal komplett mit Klinker modelliert worden, wäre eine spätere Neubebauung deutlich aufwendiger. Eine solche Lösung hätte auch dem künstlerischen Selbstverständnis Penkers, keine Arbeit für einen späteren Abriss zu schaffen, widersprochen. Das heißt aber auch, dass bis heute, wenn auch zunehmend weniger bewusst, diesem zentralen Bereich das landschaftsarchitektonische Provisorium auch anzusehen ist. Trotz der Nutzung an schönen Tagen reichen der Platanencluster und die Linden, so sehr sie auch zur atmosphärischen Verbesserung beitragen, sowie die schmalen und breiten Poller und Sitzmäuerchen in der Regel nicht aus, den Platz mit so viel Leben zu füllen, dass er als eine Verkörperung von Mitte sinnfällig wäre. Die zweite

Hauptachse auf dem Campusgelände ist als grüne Ostwestachse ausgeführt, die den Rhein über das Universitätsforum mit dem Stadtteil Stoffeln und den Baggerseen verbindet. Penkers Planungen sind Teil einer gesamtstädtischen Grünplanung, die den Düsseldorfer Süden an die nördlichen Grünbereiche der Stadt anschließen sollte. Diese Pläne gehen bereits auf Penkers Lehrmeister und Arbeitspartner Ulrich Wolf zurück, der als einer der renommiertesten und besten Landschaftsarchitekten seiner Zeit seit 1953 das Düsseldorfer Garten-, Friedhofs- und Forstamt leitete. Von der Universität ausgehend sollte eine großräumig konzipierte Garten- und Wasserachse bis zum Düsseldorfer Hauptbahnhof entstehen. Diese wurde durch das Landschaftsprojekt ‚Vor dem Deich' und die Neugestaltung des Südparks in den Jahren 1985 bis 1987 in Verbindung mit dem Universitätsgelände – wenn auch nicht optimal – realisiert. Universität, Südpark und Landschaftspark ‚Vor dem Deich' bilden nach Georg Penker den ‚Netzpark Grüner Süden', der die Ortsteile Stoffeln, Wersten und Himmelgeist im Südosten mit den Stadtteilen Hamm und Volmerswerth im Nordwesten verbindet. Verfolgt man den ‚Netzpark Grüner Süden'[9] weiter über Volks- und Hofgarten bis zum Rheinpark im Norden der Altstadt, so sollte er Teil einer ‚Grünen Achse von Rhein zu Rhein' werden. Das Pempelforter Rheinufer wäre dann mit der einzigen Unterbrechung zwischen Hof- und Volksgarten mit dem Universitätsufer verbunden worden. Tatsächlich hört heute die grüne Achse am Ende des Tunneldeckels der A46 an der Himmelgeister Straße auf. Der nachfolgende Weg zum Rhein ist wenig einladend, führt vorbei am eingezäunten Wasserschutzgebiet, der vierspurigen Schnellstraße (B8) und der Autobahn A46. Auf eine Verlegung des Wasserwerks und eine Realisierung der Rheinaussicht und somit der Vollendung der großartigen Idee einer ‚Grünen Achse von Rhein zu Rhein' warten die Düsseldorfer bislang vergeblich. Eine für die Geschlossenheit des Campusensembles entscheidende Baumaßnahme bei der Gestaltung des Universitätsgeländes stellt der Tunneldeckel über der A46 dar. Zu Beginn der Gesamtplanung sollte die Autobahn durch einen offenen Trog verlaufen und lediglich an der Stelle der Nordsüdachse überbrückt werden. Dies hätte unweigerlich zu einem deutlichen Verlust an

[9] Gespräch mit Georg Penker vom 12.12.06.

Lebensqualität für die Benutzer und Bewohner der Universität geführt sowie zu einem negativen Imagewandel. Aus der angestrebten ‚Rheinuniversität', die sie nicht geworden ist, wäre eine ‚Autobahnuniversität' geworden, da die Autobahn das Gelände nicht nur begrenzt, sondern auch durchschnitten hätte. Allein die physische Trennung, die eine offen verlegte Autobahn zwischen Süd- und Nordteil bewirkt hätte, hätte von Anfang an einen Imageschaden für die Universität bedeutet. Lärmbelästigung und Luftverschmutzung sowie der Verlust von Grünflächen hätten sich nachteilig auf die Attraktiviät ausgewirkt. So aber konnten durch die Übertunnelung der A46 Freiflächen zur landschaftlich-räumlichen Gestaltung gewonnen werden. Diese Maßnahme ließ zwischen den Universitätskliniken und dem eigentlichen Universitätscampus eine bis zu 100 Meter breite und 1.000 Meter lange Wiesenlandschaft entstehen. Penker nahm bei der Gestaltung dieser Landschaft zwar das bewegte Relief des Universitätsgeländes wieder auf, ohne jedoch eine Hügel- oder Deichlandschaft auszuformen. Dies mag daran liegen, dass es nicht möglich war, die Tunneldecke mit schweren Strukturen zu belasten. Heute ist hier eine einmalige Wiesenlandschaft mit verschiedenen Biotopen entstanden, die sich durch eine vielfältige Flora und Fauna auszeichnet. Dabei variieren Trocken- und Magerwiesen auf sandigem Kiesboden mit Feuchtwiesen und wechselfeuchten Mulden auf Lehm- und Tonuntergrund. Ergänzt werden diese durch Heckenbiotope aus einheimischen Laubgehölzen. Diese verschiedenen aufeinander abgestimmten Lebensräume beherbergen eine Vielzahl von Insekten und Kleintieren. Diese neue Klammer des neuen Universitätsgeländes liegt zwischen Himmelgeister und Werstener Straße. Sie sind Hauptzugangsstraßen zur Universität und verlaufen als Tangenten am nordöstlichen und westlichen Rande des Campusgeländes in nordsüdlicher Richtung. Der etwa vier Meter hohe und als Fußweg gestaltete zentrale Deich der Nordsüdachse des Campus ermöglicht eine nahtlose Überwindung der von Osten nach Westen verlaufenden Universitätsstraße und führt zu einer beispielhaften Trennung von Fußgängern, Rad- und Autofahrern, ohne dass ein Part deutlich beeinträchtigt wäre. Hinzuweisen ist in diesem Zusammenhang auch auf die unterschiedlichen Farbgebungen der Fuß-, Rad- und Autowege. Roter Klinker kennzeichnet die Fußwege, während grauer Asphalt oder graue Steine für Autostraßen und Fahrradwege vorgesehen wurden. Die Fußwege weisen in dichter Folge engere Kurven auf und dienen so eher dem Spazierengehen als dem zügigen Vorankommen. Die Fahrradwege sind aus grauen Verbundsteinen gelegt und verlaufen getrennt von den Gehwegen in großzügigen Schwüngen. Auf dem Tunneldeckel und im gesamten Unigelände finden sich neben den offiziellen Fußwegen mittlerweile auch zahlreiche ‚wilde Wege', mit denen die Benutzer des Geländes die vorhandenen logistischen Strukturen korrigieren und ergänzen. Diskret werden einige dieser Trampelpfade in der Zwischenzeit mit offenen Betonsteinen ausgelegt. Penker selbst begrüßt die Entstehung solcher Trampelpfade als natürliche Entwicklung. Zur Integration des ruhenden Verkehrs in das landschaftliche Gesamtbild wurden Tiefgaragenplätze und mehrere kleine begrünte und in die Deichlandschaft eingepasste Parkplätze an den Zubringerstraßen der Universität geplant. Der inzwischen einseitig auf das Oeconicum bezogene und seiner Kaskade beraubte Unibibliothek- oder Forumsee (heute fälschlich als ‚Uni-See' bezeichnet), sodann der Weiher und das Gerinne beim vorzüglich gestalteten Parkgelände im Bereich des Botanischen Gartens, an dessen Ausarbeitung auch der Landschaftsarchitekt Franz Josef Greub beteiligt war, sowie des in der Planung sogenannten, zwischen A46 und dem Universitätssportgelände gelegenen Universitätssee,[10] der zum einen deutlich größer ausfallen und zum anderen durch einen Kanal direkt mit dem See im Südpark verbunden werden sollte, bilden eine Wasserachse zum Südpark, die über den dortigen Baggersee und verschiedene Teiche im Volksgarten bis zur Düssel verfolgt werden kann. Auch hier hat die bürokratische Realität nicht das Niveau der großartigen Konzeption erreicht. Als ein verbindendes gestalterisches Element geplant, ist diese Wasserachse aber auch für das Kühlsystem der Universitätsgebäude von Bedeutung. Kaltes Grundwasser wird der Klimaanlage zugeführt und durch Hörsäle und andere Räumlichkeiten geleitet. Dort sorgt das Wasser für die notwendige

[10] An das Unigelände angrenzender Baggersee, der sich in der Gesamtplanung noch auf dem Campusgelände befand und als Universitätssee ausgewiesen wurde. Diese Ausgrenzung führte dazu, dass mit der Bezeichnung ‚Universitätssee' heute der Forumsee bei der Universitäts- und Landesbibliothek assoziiert wird.

Raumkühlung. Das dadurch erwärmte Wasser floss anschließend etwa auf Höhe der Unibibliothek in Kaskaden dem Forumsee zu und gelangte weiter über das offene Gerinne des Botanischen Gartens in den Universitätssee. Auf seinem Weg durch das Universitäts-, BUGA- sowie Volksgartengelände bis hin zur Düssel kühlt das Wasser wieder auf Umgebungstemperatur ab. Durch diese Abwärme des Kühlsystems wurde der Forumsee zu einem für die Biologen interessanten Warmwasserbiotop, das selbst in den Wintermonaten eine relativ konstante Temperatur um die 20°C aufweist (*Abb. H.38–H.41*). Der Universitätssee liegt, wie sein Gegenstück im Südpark, in einer Wasserschutzzone und ist auf Anweisung der Wasserschutzbehörden mit einem hässlichen und abschreckenden Stacheldrahtzaun eingefasst, der den See – nicht zuletzt für die angrenzende Schrebergartensiedlung – unzugänglich macht und damit das gesamte benachbarte Gelände als Naherholungsgebiet unattraktiv werden lässt. Die Abzäunung schadet enorm der Schönheit der an sich überaus gelungenen Parkanlage, zweifellos eine der schönsten der ‚Garten-Stadt' Düsseldorf, und trägt dazu bei, dass dieses Areal weder von der Universität noch von der Öffentlichkeit adäquat angenommen und genutzt wird. Ganz anders der nur durch die Autobahn getrennte See im Südpark: Hier wurde der ursprüngliche Baggersee 1987 zur Bundesgartenschau südlich des alten Hochwasserdeiches auf Grund der starken Wasserstandsschwankungen um weiträumig offene Wasserflächen ergänzt, die als sogenannte Feuchtwiesen behandelt werden. Der See blieb wenigstens teilweise direkt für Spaziergänger zugänglich und ist demnach wesentlich attraktiver als der Universitätssee.

Zwischen den Gebäuden der Mathematisch-Naturwissenschaftlichen Fakultät befinden sich einladende, ruhige, gärtnerisch gestaltete Innenhöfe, die als Refugium zwischen den Lern- und Arbeitszeiten gedacht sind und die auch in der Gestaltung des Außenraums ein kritisches Lernen an der älteren Planung anzeigen (*Abb. H.42–H.48*). Zwei Arten lassen sich dabei unterscheiden: zum einen die mehr von Wasser geprägten und zum anderen die stärker bepflanzten Höfe. Pflegeleichte, immergrüne Pflanzen wie Taxus, Farn, wilder Wein, Japanmispel und Efeu sollen die Unterhaltskosten niedrig halten. In den Wasserinnenhöfen tritt der Klinker stärker zum Vorschein.

Dieser modelliert die Wasserbecken, die von niedrigen Mäuerchen umfasst werden. Die Biologen können die innenliegenden Becken selbst gestalten, pflegen und dabei Wassertiere und Pflanzen zu Studienzwecken beobachten. Leider ist dieses Konzept nicht überall konsequent durchgehalten, denn in den Gebäudegruppen 22 und 23 sind gestaltete Aufenthaltsflächen im Freien leider selbst dort selten, wo die – architekturbedingt oft eingeschränkte – Lichtsituation der Höfe es zuließe. Der Uni-Schutthügel (*Abb. 8.7* und *8.8*) stellt ein weiteres Beispiel für die Vereinbarkeit ästhetischer und naturwissenschaftlicher Interessen dar. Größtenteils wurde der beim Bau der Universität angefallene Erdaushub zur Geländegestaltung weiter verwendet. Reste dieser umweltverträglichen Lösung finden sich als Hügelchen am Universitätstunneldeckel und als ‚Uni-Schutthügel' wieder, der zwischen den 26er-Gebäuden und den südlichen Studentenheimen gelegen ist. Die nicht zur Geländegestaltung benötigte Erde sollte nach der Zwischenlagerung abtransportiert werden. Penker setzte die Idee eines biologischen Experimentes durch. Lange bevor das Wort Recycling in den Sprachgebrauch Eingang fand, wurde hier Schutt produktiv wiederverwendet. Er wurde in mehrere Hügel mit Feuchtmulden und Tümpeln umgeschichtet, mit einem Zaun versehen und dann sich selbst überlassen. Botaniker und Biologen konnten die Veränderungen und das Entstehen verschiedener Biotope über Jahre hinweg beobachten. Über ihren Nutzen für Forschung und Lehre hinaus brachte diese Lösung nicht zuletzt auch finanzielle Einsparungen für die Bauherren mit sich.

Das Universitätsgelände weist mit dem Arboretum[11] als Ergänzung zum Botanischen Garten eine weitere Besonderheit auf. Es durchzieht weite Teile der Universität als unterschiedlich breites Band. Beginnend an der theoretischen Medizin und der Vorklinik im Norden, erstreckt es sich über die gesamte Westseite der Universität bis zum im Süden liegenden Rechenzentrum und zum Botanischen Garten. Die zahlreichen aneinander gereihten

[11] Als Arboretum wird die Vielzahl in einem Garten versammelter Bäume bezeichnet. Dies geschah häufig und gerade in botanischen Gärten aus wissenschaftlichen Gründen. In der Regel wurde dabei dem naturwissenschaftlichen Ordnungssystem auch eine ästhetische Ordnung unterlegt.

Abb. 8.7: Uni-Schutthügel

Abb. 8.8: Uni-Schutthügel

Parkplätze auf dieser Seite wurden mit unterschiedlichen Busch- und Baumbeständen sowie mit Bodendeckern begrünt. Bepflanzte, künstlich angelegte Deichteilstücke[12] und Arboretum lassen die Parkplätze hinter grünen Wänden verschwinden.

Im Laufe der Jahre veränderte sich die ursprüngliche Gestaltung des Landschaftsraums: einerseits durch Nachlässigkeit, andererseits aber auch und vor allem durch unangemessene und ästhetisch nicht abgestimmte Eingriffe oder gar aus dem Bedürfnis, die Gestalt zu verbessern[13] und ihre Semantik zu präzisieren[14] oder vor weiterer Beeinträchtigung zu schützen.[15] Die Universität drohe, so Penkers anhaltende und verständliche Kritik, durch schleichende Aufweichungen seines Planungskonzeptes, mangelnde Bestandspflege, Veränderungen der Bepflanzung, das Entstehen von unangepassten Neubauten und das Einfügen von Skulpturen am Deich und in den Innenhöfen zu verkitschen. Insbesondere die nachträglich eingefügte Architektur beeinträchtigt die nicht zuletzt wegen der Grünraumplanung so gelungene Ensemblewirkung der universitären Landschaft. Demnächst wird das betont transparent konzipierte Studierendencenter des Aachener Architekturbüros *kadawittfeldarchitektur* die beliebteste Liegewiese

[12] Vgl. Parkhaus des Rechenzentrums.

[13] Für die Skulptur von Thomas Schönauer wurden, wie Penker scharf kritisiert, mehrere Reihen Klinker und ein Teil der Erdmasse des Deiches abgetragen: Verlust von Schönheit durch Kunst.

[14] Das von Paul Krüger angelegte Blumenbeet auf der Nordseite des Rektorats wurde anlässlich des Besuchs der Queen von England ausschließlich mit symbolischen Pflanzen, arabischen und amerikanischen Pennisetten, eine Pico Paloma, Rizinus, Artischocken und Fenchel bepflanzt. Diese Beetgestaltung stellt sinnbildlich die schwelenden Konflikte im Mittleren und Nahen Osten dar, wobei England die Vermittlerrolle zwischen den USA und den Arabischen Staaten zukommt. Die Pennisetten in Kombination mit der Pico Paloma lassen eine solche Interpretation vielleicht zu, während die Wehrhaftigkeit der Artischocke, kombiniert mit der tödlichen Kraft des Rizinus sowie der beruhigenden Wirkung des Fenchels, zu einer willkürlichen Metaphorik gerät.

[15] An einigen Deichböschungen wurden quergestellte, vortretende Klinker eingefügt, die dem Deich jetzt ein geriffeltes Aussehen verschaffen und verhindern, dass Skater und Radfahrer den Deich als Rampe, Wellenbrecher oder Spielplatz benutzen und ihn im Sinne Penkers „beleben".

der Studierenden erheblich dezimieren. Zuletzt hat das zwar in sich ansehnliche, sonst aber strukturell um so weniger auf Architektur und Landschaft abgestimmte Oeconomicum den Forumssee autokratisch für sich reserviert. Es schloss den landschaftlichen Ausblick und brachte eine Vernichtung des Baumbestandes, der das Auge behutsam auf das Zentrum des Campus hinführte. Davor griffen vor allem die Bauten der juristischen Fakultät (24.81/91) in Penkers Konzept ein. Der Klinker wurde bei diesen nicht bis an die Architektur herangeführt, was die Entfremdung noch verstärkt. Auch die grünliche und metallen erscheinende Fassade des Gebäudes sowie die vor dem Gebäude befindlichen Stahlbänke stehen in starkem Kontrast zu dem warmen Rot der Klinker. Das Eckige der Stahlbänke entspricht nicht den roten Klinkerpollern und die runde Form der Gebäude passt nicht zu den anderen eckigen Gebäuden des Deiches.

Damit sind nur einige wenige Veränderungen, die im Laufe der Jahre vorgenommen oder mangels Pflege zugelassen wurden, angedeutet. Auch die Berankung der Wände, die dem Material Sichtbeton vieles von seiner oft als kalt empfundenen Künstlichkeit nimmt, wurde an etlichen Gebäuden entfernt. Mögen die Auffassungen über den Erhalt des von Georg Penker gestalteten Landschaftsraumes an der Heinrich-Heine-Universität geteilt sein, so bleibt doch unbestritten, dass seine landschaftsarchitektonischen Planungskonzepte, Ziele und Anforderungen überzeugend umgesetzt wurden und eine Mahnung und ein Maß für alle künftige Gestaltung darstellen. Insbesondere der Deichgedanke ermöglicht einerseits die strikte Trennung des Autoverkehrs vom Fußgängerbereich und verbindet andererseits geschickt die Kulturlandschaft des Niederrheins mit dem Bau einer modernen Universität und fügt das Gesamtgelände nahtlos in den ‚Netzpark Grüner Süden' ein. Ziel aller künftigen Veränderungen sollte daher nicht nur sein, diese auf das Vorhandene abzustimmen, sondern sich auch am hohen Gestaltungsniveau Penkers messen zu lassen.

Abb. H.1: Fußgängerweg/Böschung: Der steinerne Deich über der A46

Abb. H.2: Fußgängerweg/Böschung: Der steinerne Deich über der A46

Abb. H.3: Fußgängerweg/Böschung: Der steinerne Deich vor Gebäude 23.11

Abb. H.4: Fußgängerweg/Böschung: Der steinerne Deich neben dem Roy-Lichtenstein-Saal

Abb. H.5: Fußgängerweg/Böschung: Der steinerne Deich zwischen Gebäude 22.01 und 22.21

Abb. H.6: Fußgängerweg/Böschung: Der steinerne Deich bei Gebäude 22.21

Abb. H.7: Fußgängerweg/Böschung: Der steinerne Deich zwischen Roy-Lichtenstein-Saal und Universitätsbibliothek

Abb. H.8: Fußgängerweg/Böschung: Der steinerne Deich bei Gebäude 23.01

Abb. H.9: Fußgängerweg/Böschung: Der steinerne Deich zwischen den Gebäudegruppen 25 und 26

Abb. H.10: Fußgängerweg/Böschung: Der steinerne Deich vor Gebäude 25.11

Abb. H.11: Fußgängerweg/Böschung: Der steinerne Deich bei Gebäude 25.41 und 26.41

Abb. H.12: Botanischer Garten

Abb. H.13: Botanischer Garten

Abb. H.14: Botanischer Garten

Abb. H.15: Botanischer Garten

Abb. H.16: Botanischer Garten

Abb. H.17: Botanischer Garten

Abb. H.18: Botanischer Garten

Abb. H.19: Botanischer Garten

Abb. H.20: Botanischer Garten

Abb. H.21: Botanischer Garten

Abb. H.22: Botanischer Garten

Abb. H.23: Botanischer Garten

Abb. H.24: Botanischer Garten

Abb. H.25: Botanischer Garten

Abb. H.26: Botanischer Garten

Abb. H.27: Botanischer Garten

Abb. H.28: Botanischer Garten

Abb. H.29: Botanischer Garten

Abb. H.30: Botanischer Garten

Abb. H.31: Gestufte Sitzreihen aus Klinker bei der Gebäudegruppe 26

Abb. H.32: Gestufte Sitzreihen aus Klinker zwischen Gebäudegruppe 25 und 26

Abb. H.33: Zentraler Platz an der Universitäts- und Landesbibliothek und über der Tiefgarage

Abb. H.34: Zentraler Platz an der Universitäts- und Landesbibliothek und über der Tiefgarage

Abb. H.35: Zentraler Platz an der Universitäts- und Landesbibliothek und über der Tiefgarage

Abb. H.36: Zentraler Platz an der Universitäts- und Landesbibliothek und über der Tiefgarage

Abb. H.37: Zentraler Platz an der Universitäts- und Landesbibliothek und über der Tiefgarage

Abb. H.38: Forumssee („Uni-See“) vor der Errichtung des Oeconomicums

Abb. H.39: Forumssee („Uni-See“)

Abb. H.40: Forumssee („Uni-See“)

Abb. H.41: Forumssee („Uni-See“) vor der Errichtung des Oeconomicums

Abb. H.42: Landschaftsgestaltung im Bereich 26

Abb. H.43: Landschaftsgestaltung im Bereich 26

Abb. H.44: Landschaftsgestaltung im Bereich 26

Abb. H.45: Landschaftsgestaltung im Bereich 26

Abb. H.46: Landschaftsgestaltung im Bereich 26

Abb. H.47: Landschaftsgestaltung im Bereich 26

Abb. H.48: Landschaftsgestaltung im Bereich 26

Interview mit Jens-Peter Volkamer, geführt von Despina Lazaridis und Sarah Schmuhalek am 21.08.2007

Wie kam die Auftragsvergabe für den Bau der HHU zustande?

Zunächst existierte ja nur die Medizinische Akademie, deren Räumlichkeiten zu knapp wurden, sodass drei weitere Institute der Medizin entstehen sollten. Prof. Gutschow aus Hamburg hatte bereits die Chirurgie gebaut und war als Berater tätig. Er erhielt schließlich den Auftrag für diese Institute und machte einen Vorentwurf. Daraufhin holte er mich ins Boot, weil er mich bereits aus früherer Zusammenarbeit kannte. Inoffiziell war aber inzwischen aus der Medizinischen Akademie eine Universität geworden und eine völlig neue Gesamtplanung wurde nötig. Das neu gegründete Staatshochbauamt entwarf die grobe Planung mit den zwei Achsen (Band- und Querforum) und den Umgebungsstraßen. So entstanden, basierend auf Gutschows Vorentwurf und der Gesamtplanung, die ersten Gebäude der Vorklinik.

Welche Vorgaben hatten Sie vom Auftraggeber und wie viel Planungsspielraum blieb Ihnen? Und wie erfolgte die Zusammenarbeit mit den anderen Architekten?

Das Raumprogramm war festgelegt und ließ keinerlei Spielraum zu. Außerdem gab es natürlich Kostenvorgaben. Das Band- und Querforum war ebenfalls vorgegeben, daran orientierten wir uns im Hinblick auf die Raumverteilung. Die Hochbau- und Finanzierungsgesellschaft (HFG) wurde gegründet und suchte nach weiteren Architekten für die neuen Gebäude. Ich erhielt den Auftrag für die Gebäudegruppe der Biologie, Chemie und Pharmazie, während die Philosophische Fakultät und die Mathematische Fakultät vom Staatshochbauamt selbst und weiteren Architektengruppen ausgeführt wurden. Es gab immer Absprachen untereinander, auch mit den anderen Architekten. Auch die hervorragende Zusammenarbeit mit Dipl.-Ing. Penker, der die Wellenstruktur des Geländes entwarf, begann schon mit dem Bau der Vorklinik.

Welche Vorbilder und Einflüsse hatten Sie bei Ihrer Arbeit?

Es war eine Zeit, in der man Beton sehr stark idealisierte. Man hatte die Vorstellung, Beton sei haltbar, preiswert und unverwüstlich. Dass es so nicht war, stellte sich dann später erst heraus. Kubische, plastische Formen wurden favorisiert. Die Universität entstand ja ungefähr zur gleichen Zeit wie beispielsweise die Wallfahrtskirche von Dominikus Böhm in Neviges. Aber so eine ganz individuelle Gestaltung wie bei Böhm war hier nicht denkbar. Vorbilder gab es in der ganzen Welt. Le Corbusier und Mies van der Rohe hatten natürlich einen großen Einfluss. Auch der amerikanische Architekt Paul Rudolph hat mich z. B. bei der reliefierten Behandlung des Betons inspiriert. Es spielten viele ideologische, technische und industrielle Einflüsse eine Rolle.

Warum ist das ursprünglich geplante Raster, das eine bauliche Vereinheitlichung und Verknüpfung der Bauten bieten sollte, nicht umgesetzt worden und wie kommt es zu der unterschiedlichen Optik der Baugruppen? Wie stellte man sich im Hinblick auf den Baustil die Erweiterung der Gebäudegruppen vor?

Auf dem Zeichenpapier lässt sich alles planen, aber die Fähigkeit, vom Papier in die Realität zu transponieren ist nicht immer so einfach. Systemvorstellungen sind nie konform mit der Eigendynamik und Entwicklung eines Projektes. Der ursprüngliche Plan vom Land, alles nach demselben Schema auszuführen, funktioniert nicht, da jeder Bau andere Anforderungen mit sich bringt. Nach diesem Raster hätten auch die Anbauten in späteren Jahren in diesem Stil erfolgen sollen, was natürlich nicht durchführbar ist. Das ursprünglich geplante Raster der naturwissenschaftlichen Bauten (Gruppe 26) scheint zwar vom Grundriss her logisch, hat im Inneren aber Labyrinthcharakter. Das heutige System ist einfacher, die Querverbindungen zwischen den Bauten sind immer sichtbar, der Bau erklärt sich von selbst und ist heller. Und die Struktur mit den Innenhöfen haben wir schließlich beibehalten. Das A und O ist für mich, dass Bauten sich unterscheiden, sie müssen einen Wiedererkennungswert haben. Ich war eher Städteplaner als Architekt, und hier bewegen sich schließlich tausende von Studenten in einer ‚Stadt' hin und her. Auf dem Campus greift dasselbe Prinzip der Unterschiede zwischen belebten und weniger belebten Zonen sowie öffentlichen und privaten Gebäuden wie in einer Stadt.

Der zentrale Komplex mit Mensa, Audimax und Hörsaalzentrum wurde nicht verwirklicht. Was waren die Gründe hierfür und wie bewerten Sie die heutige Situation mit der Freifläche und dem neuen Juridicum?

Das Audimax sollte sich ungefähr dort befinden, wo man heute die Begrenzung der Wiese sieht. Man stoppte den Bau des bereits geplanten Komplexes mit dem daran anschließenden langgestreckten Hörsaalzentrum zum einen aus Kostengründen und der laufenden Diskussion, dass bald Studiengänge elektronisiert ablaufen werden und man keine großen Hörsäle mehr benötigt. Zum anderen wollte man in der Zeit von studentischen Unruhen kein Versammlungszentrum für weitere ‚Krawalle' bieten. Heute ist diese freie Fläche trostlos. Das Juridicum daneben ist ein ordentlicher Bau. Aber stellen Sie sich vor, man nähme die Bäume davor weg – es würde ein ‚Loch' auf diesem Teil des Campus entstehen.

Wie kam es zu den unterschiedlichen Fassadengestaltungen der Bauten?

Ein großer Teil besteht aus Fertigteilen, wie beispielsweise die Balkongehplatten oder Stützen, in Kombination mit Ortbeton. Damals wurde vom Land NRW und der HFG ein Fertigteilsystem entwickelt, nach dem man alle öffentlichen Gebäude wie Schulen, Universitäten etc. bauen wollte. Die Ideologie der Vorfertigung hatte zu jener Zeit einen großen Stellenwert. Nun war es aber so, dass uns das entwickelte System nicht gefiel und wir entwarfen ein eigenes, was wiederum das Staatshochbauamt nicht ansprach. Und somit baute jeder auf seine Weise, was man auch sieht, wenn man die Fassaden der Philosophischen Fakultät mit denen der Naturwissenschaften vergleicht. Ich habe mich später einmal mit Prof. Siepen, dem Leiter des Staatshochbauamtes, darüber unterhalten und fragte:

„Warum haben wir damals eigentlich nicht die schönste Uni der Welt gebaut und uns stattdessen über Dinge wie Fertigteile gestritten?“

Warum sind die Erholungs- und Freizeitflächen in Richtung Rhein nicht realisiert worden?

Das war eine der größten Fehlplanungen. Die Uni liegt so nah an einem Fluss, aber man sieht ihn nicht! Wir hatten die Vorstellung, dass man vom Rhein kommend auf die Uni blicken können sollte. Das Problem war das Wasserschutzgebiet zwischen Campus und Rhein, in dem sich Trinkwasserbrunnen befinden. Theoretisch hätte man es lösen können, aber es wäre ziemlich aufwendig gewesen.

Warum nimmt die ULB eine bauliche Sonderstellung ein?

Die Bibliothek war in einem Wettbewerb ausgeschrieben, den ich zusammen mit Wetzel und Beckmann gewann. Sie musste einem hochkomplizierten Raumprogramm gerecht werden. Es durfte aus Diebstahlgründen keine direkten Wegkreuzungen geben und das Gebäude durfte außen nicht an andere Bauten angrenzen. Ursprünglich sollte die ULB aber durch eine Brücke mit dem gegenüberliegenden Hörsaalzentrum mit geplanten Galerien verbunden sein.

Welche Rolle spielte die Ästhetik bei den hauptsächlich funktionalen Universitätsbauten?

Mit dem Begriff ‚funktionaler Bau‘ sollte man vorsichtig umgehen, schließlich ist jeder Bau im weitesten Sinne funktional. Besser ist es, von einem Bau zu sprechen, der seinen Zweck erfüllt, was auch heißen kann, dass er unterschiedlichen Verwendungszwecken und Ansprüchen gerecht wird. Selbstverständlich soll das Gebäude auch nach etwas aussehen. Auch Farben, Proportionen und Lichteinfall müssen stimmen. Le Corbusier hat dies mal auf den Punkt gebracht, indem er sagte: „Architektur ist das weise und korrekte Spiel der Körper im Licht“.

Was würden Sie heute anders machen?

Alles! Wahrscheinlich würde ich etwas machen, was ich dann in fünfzehn Jahren wieder anders machen würde. Ich würde mich sicherlich nicht mehr über Fertigteilsysteme streiten. Auf jeden Fall würde ich heute die Hörsäle viel heller, zu den Innenhöfen hin verglast, gestalten. Damals war es verboten, Hörsäle mit Fenstern zu bauen – heute ist es verboten, sie ohne Fenster zu bauen. Die schmalen Fensterbänder sind ein Kompromiss gewesen, den Gutschow und ich eingegangen sind, weil wir keine komplett geschlossenen Säle wollten. Die Vorklinik würde ich wieder genauso bauen. Ich würde aber einige teilweise gewendelte Betontreppenhäuser, die durch Licht und Schatten plastisch wirken, anders gestalten, obwohl sie nicht schlecht sind. Diese Ideen kamen damals von Le Corbusier und fanden großen Anklang. Im Großen und Ganzen würde ich heute etwas graziler, leichter und heller bauen.

Moorenbrunnen (1910 vollendet)
Joseph Hammerschmidt

Muschelkalk, Bronze

Moorenplatz

Iris Metje

Die Brunnenanlage auf dem Moorenplatz an der Witzelstraße ist, wie der Platz, nach dem Augenarzt Geheimrat Albert Clemens Mooren (1828–1900) benannt, dem zu Ehren der Brunnen posthum errichtet und nach mehrjährigen Arbeiten im Oktober 1910 enthüllt wurde. Mooren, der von 1862 bis 1883 die Düsseldorfer Augenklinik leitete, machte sich international um die Augenheilkunde verdient und verhalf der Düsseldorfer Klinik zu großer Anerkennung. Seine Rolle für das Düsseldorfer Gesellschaftsleben begründete sich darüber hinaus in seinen ‚Dienstagsgesellschaften', die als Künstlertreffpunkt bekannt waren. Mooren war ebenfalls Mitglied des Künstlervereins *Malkasten*.

Geschaffen hat das Denkmal der Bildhauer Joseph Hammerschmidt, der das Stadtbild an mehreren Orten durch seine Skulpturen prägte, so durch die Kopien von Schmuckvasen des Schlossparks von Versailles an der Goltsteinstraße (1910) oder den als ‚Gröne Jong' bezeichneten Triton als Brunnenfigur im Runden Weiher des Düsseldorfer Hofgartens (1898).

Für den Moorenbrunnen gestaltete Hammerschmidt aus Muschelkalk ein ovales Wasserbecken mit niedriger, gestufter Umfassung. Diese Einfassung erhebt sich an den Schmalseiten des Beckens zu einer balustradenartigen Brüstung, die an der hinteren Längsseite des Ovals wiederum gestuft zu einem hohen Sockel für eine Figurengruppe aufsteigt und den Brunnen eindeutig zum Betrachter ausrichtet. Auf dem Postament platzierte der Künstler drei Kinder, die an die Verdienste des Arztes Mooren erinnern: Rechts hat sich ein Junge mit einem aufgeschlagenen

Buch niedergelassen. Er schaut zu dem links sitzenden Jungen, der sich weinend ein Auge reibt. Zwischen den beiden steht ein Mädchen, das, mit einer Lupe in der Hand, den Weinenden tröstet.

Der Skulpturensockel trägt mittig eine Bronzetafel mit dem Reliefporträt Moorens über einer kleineren Brunnenschale, aus der das Wasser kaskadenförmig in das untere Becken läuft. Zwei Wasserspeier in Maskengestalt an der Rückwand beleben den Brunnen zusätzlich. An der Rückseite ist auf einer weiteren Bronzetafel die Inschrift „Dem Augenarzte Geh. Med. Rat Professor Dr. Alb. Mooren, Ehrenbürger, in Liebe, Dankbarkeit und Verehrung gewidmet“ zu lesen. Bereits die Behandlung des 100.000. Patienten in der Düsseldorfer Augenklinik durch Mooren im Jahr 1880 war zum öffentlichen Ereignis mit Feierlichkeiten in der Altstadt geworden; zu seinem 70. Geburtstag wurde der Mediziner zum Ehrenbürger der Stadt ernannt.

Als sieben Jahre nach seinem Tod die Städtischen Krankenanstalten eröffnet wurden, benannte die Stadt eine Straße und den Platz in unmittelbarer Nähe der Klinik nach ihm. Auf Anregung der Düsseldorfer Ärzteschaft wurde der Moorenplatz gestaltet, der Brunnen geplant und mit Spenden der Bevölkerung realisiert. Zur Zeit seiner Errichtung stand der Moorenbrunnen gut sichtbar inmitten einer kreisrunden Grünfläche auf dem dreieckig ausgeformten, von Straßen eingefassten Platz. Das umgebende Gelände war – abgesehen von den Kliniken – noch weitgehend unbebaut. Erst durch die Bebauung der umliegenden Straßen nach dem Ersten Weltkrieg und die heute verkehrsreiche Lage ist der Brunnen optisch in den Hintergrund gerückt und hat seinen Charakter als Blickfang am Zugang zu den Kliniken eingebüßt.

Literatur

Bönninghausen 1928; Delvos 1938; Looz-Corswarem/Purpar 1996; Maes 1984; Willhardt 1991; Funken 2012

Relief Hexenwahn (1926)
Karl K. Damian

Bronze, Höhe 80 cm, Breite 50 cm

Torbogen des Haupteingangs des Universitätsklinikums

Eleni Kechagia

„Dem ersten Bekämpfer des Hexenwahns, dem Düsseldorfer Arzt Dr. Johann Weyer, 1515–1588“. So lautet die Inschrift auf dem unteren Teil des Reliefs, das 1926 gefertigt wurde und ursprünglich an der Jacobistraße am Haus der Ärzte aufgestellt war. Die Tafel, die seit 1975 am Torbogen des Haupteingangs des Universitätsklinikums an der Moorenstraße 5 zu sehen ist, wurde zu Weyers Ehren, der sein Leben dem Kampf gegen Hexenverfolgungen gewidmet hatte, angebracht. Weyers Überzeugungen fanden ihren publizistischen Niederschlag in seinem Werk *De Praestigiis Daemonum et Incantationibus ac Veneficiis* (‚Über die Blendwerke der Dämonen, über Zauberei und Hexerei‘).

Den Auftrag für die Fertigung des Reliefs erhielt der Bildhauer Karl K. Damian. Der Künstler war Mitglied der Künstlervereinigung *Das Junge Rheinland* und Schüler von Ewald Mataré, der als Professor und später als Rektor an der Kunstakademie Düsseldorfs wirkte. Der Einfluss des Lehrers auf das Werk Damians gibt sich insbesondere in der weichen Modellierung der Figuren zu erkennen.

Die Tafel misst 80 × 50 Zentimeter und ist 4 Zentimeter tief. Die Form des Reliefs erinnert an Grabreliefs: Die zwei oberen Drittel des Reliefs nimmt die Darstellung des Hexenwahns ein; das untere Drittel enthält die Inschrift. Das Relief stellt die Rettung einer Frau aus den Flammen eines Scheiterhaufens dar. Breitbeinig steht ein nackter Mann auf der linken Seite und nimmt eine Frau in den Arm. Seine Figur ist in starker Bewegung: Die Beine sind weit geöffnet, die rechte Hand ist stark nach links ausgestreckt, mit dem linken Arm umarmt er die Frau. Seine Körperkraft wird in der Muskelbildung und in der dynamischen Körperhaltung sichtbar gemacht. Die Frau ist im

Relief Hexenwahn

Gegensatz zu ihrem Retter fast bewegungslos, ist im Wortsinne ‚ohnmächtig'. Nur die langen, fliegenden Haare, die Erotik evozieren und damit auf einen der Vorwände hinweisen, die angeführt wurden, um eine Frau als Hexe zu diffamieren, verleihen der Ohnmächtigen eine Spur von Bewegtheit. Sie ist mit einem Gewand bekleidet, das zum Baumstamm zurückweht, an den man sie gebunden hatte. Die rechte Seite des Reliefs nimmt der mit Ästen aufgeschichtete Scheiterhaufen ein. Durch die Äste drängen sich Kopf und Arme eines Teufels mit kleinen spitzen Hörnern auf der Stirn. Es scheint, als versuche er mit seinem rechten Arm das linke Bein der Frau zu fassen. Weiter nach oben springen Flammen auf, die das Gewand der Frau einkreisen.

Die Darstellung gewinnt Dramatik durch den Wechsel von Kraft und Ohnmacht und durch die Diagonalen, die die Komposition sowohl ordnen als auch in Spannung versetzen. Deutlich spiegelt sich in dem Paar Retter-Errettete der Figurenstil der 1920er Jahre. Der aufklärerische Appell mischt sich freilich mit einem durchaus ambivalenten Frauenbild. Als ohnmächtige ‚femme fragile', deren Ergänzung notwendig der ‚starke Mann' ist, entspricht die Gerettete einem im 19. Jahrhundert ausgebildeten und zur Zeit der Entstehung des Bildwerks ungebrochen aktuellen erotischen Klischee.

Literatur

Düsseldorfer Amtsblatt 22.2.1975; Maes 1970; Meyer-Petzold 2002; Schadewaldt 1966; Funken 2012

Mutter und Kind (1987)
Marianne Kiesselbach

Bronze, Höhe 138 cm

Vor der Frauenklinik

Martina Zieße

Die Bildhauerin Marianne Kiesselbach (1913–2005) war persönlich eng mit der Universität Düsseldorf verbunden. Sie war verheiratet mit dem 1975 emeritierten Leiter des Anatomischen Instituts der Kliniken, Professor Dr. Dr. Anton Kiesselbach. Die Künstlerin schuf mehrere Portraitbüsten von Professoren der Düsseldorfer Unikliniken, so zum Beispiel von Professor Kikuth und von Professor Ernst Edens. Zu ihren Werken auf dem Universitätsgelände zählen zwei figürliche Bronzeplastiken: die ehemalige Universitätsmedaille sowie Altar und Weihwasserbecken für die Kapelle der Universitätskliniken. Der Künstlerin verdankt ist auch die „Universitätseule“ (1973). Dieses Emblem der Universität Düsseldorf zeigt die Eule der Göttin Athene, die unter ihren Flügeln die Wappen der Stadt und des Bundeslandes trägt.

Die Skulptur *Mutter und Kind* wurde am 12. August 1987 in Anwesenheit der Künstlerin vom Klinikleiter Prof. Dr. Lutwin Beck enthüllt und schafft eine inhaltliche Verbindung zwischen der Frauenklinik und der Kinderklinik in der Nähe. Die Skulptur steht heute noch an ihrem ursprünglichen Aufstellungsort, doch ist sie zur Zeit so stark mit Pflanzen überwuchert, dass man sie kaum erkennen kann.

Die Skulpturengruppe ist umgeben von Pflanzen und zeigt in der Hauptansicht fast frontal eine Mutter mit ihrem kleinen Kind. Die Mutter sitzt aufgestützt auf ihren rechten Arm auf dem Boden, das rechte Bein hat sie angewinkelt. An ihrer Brust liegt ein Kleinkind, das seinen Kopf eng an die Mutter anschmiegt. Den Kopf hält die Mutter gesenkt und blickt auf das Kind hinab. Um ihre Schultern liegt ein Tuch, das ihre rechte Körperhälfte bis auf den aufstützenden Arm frei lässt, während es die linke Körperhälfte verhüllt. Das Kind wird exponiert und ist

doch durch den Mantel, der beide Körper umschließt, und die Körperhaltung der Mutter – ihr gesenkter Kopf, das Behältnis, das durch ihr rechtes Bein und den linken Arm gebildet werden – geschützt. Die beiden Körper sind eine Einheit.

Marianne Kiesselbachs Skulptur ist auf den konkreten Ort bezogen. Die Mutter-Kind-Gruppe verbindet Frauen- und Kinderklinik und kann insofern über die Darstellung einer Mutter mit ihrem Kind hinaus durch die einladend geöffnete Haltung als ‚Caritas' gedeutet werden, spielt in allegorischer Weise auf Mutterliebe und ärztliche Fürsorge an.

Schlossmannbrunnen (1933)
Ernst Gottschalk

Brunnenplastik: Bronze, 96 × 179 × 98 cm
Bildnismedaillon: Bronze, Durchmesser 45 cm
Sockel: Klinker, 175 × 290 × 170 cm

Vor dem Eingang zum Klinikgelände (heute Kopie)
Original im Eingangsbereich der Kinderklinik

Kai Hohenfeld

Im Jahr 1933 schuf der Düsseldorfer Bildhauer Ernst Gottschalk (1877–1942) eine Figurengruppe mit Schalenbrunnen und Bildnismedaillon aus Bronze zu Ehren des jüdischen Arztes Arthur Schlossmann (1867–1932). Mit der Gestaltung der Inschrift „Arthur Schlossmann Dem Retter Der Kinder“ wurde der Künstler Fritz Moselage (1881–1955) beauftragt. Schlossmann war Reichstagsabgeordneter und Ehrenmitglied der Medizinischen Akademie Düsseldorf. Er initiierte die große Düsseldorfer Ausstellung für Gesundheitspflege, soziale Führsorge und Leibesübungen (GeSoLei) des Jahres 1926. Obwohl der rote Klinkersockel bereits ein Jahr nach seinem Tod gemauert worden war, wurde Gottschalks Plastik erst nach dem Ende des Dritten Reiches öffentlich zugänglich gemacht, da die Nationalsozialisten Schlossmann die posthume Ehrung vorenthalten hatten. Zum 25-jährigen Jubiläum der Akademie im Jahr 1948 wurde der *Schlossmannbrunnen* auf der zentralen Zugangsachse des Klinikgeländes aufgestellt.

Zwischen dem Dekanat der Medizinischen Fakultät im Gebäude 13.70 und dem Gebäude der Neurochirurgischen- und Urologischen Klinik steht heute eine von matter Patina überzogene Kopie der Brunnenplastik. Der originale Brunnen ist heute im Eingangsbereich der Kinderklinik, dem sogenannten *Schlossmann-Haus*, instal-

ARTHUR SCHLOSSMANN

liert. Inmitten des hellen Aufenthaltsbereiches zwischen u-förmig aufgestellten Sitzbänken schafft er eine von Ruhe getragene Atmosphäre für Patienten und Besucher der Klinik.

Umgeben von grüner Rasenfläche und vor dem Prospekt einer hohen Klinkerwand lehnen zwei Knaben an einer Brunnenschale. Ernst blicken ihre tief liegenden Augen. Schwer lasten die Tränensäcke auf den pausbäckigen Gesichtern. In gebeugtem Kontrapost stützen sie sich mit ihren fleischigen Händchen auf dem Rand der Brunnenschale ab, um ihren Durst mit dem plätschernden Wasser zu stillen. In annähernd symmetrischer Komposition werden die Knaben in unterschiedlichen Momenten des Schöpfens und Trinkens dargestellt. Während der linke bereits die Schale an den Mund ansetzt, holt der rechte weit und bedächtig mit seinem Ärmchen aus, um seine Schale in das Brunnenwasser zu tauchen. Trotz des kindlichen Themas stilisiert Gottschalk die Knaben würdevoll zu Symbolfiguren der Hilfsbedürftigkeit. Nackt und frei von Merkmalen eines sozialen Standes kosten sie beide vom Heilung versprechenden Wasser. Der kleine *Schlossmannbrunnen* steht ikonographisch in der Tradition des Jung- und Lebensbrunnens, welcher ewige Jugend und Gesundheit verspricht. Die Plastik im Gesamten ehrt Schlossmann als Pionier der Kinderheilkunde mit sozialem Sendungsbewusstsein und ist Ausdruck des karitativen Selbstverständnisses der medizinischen Akademie.

Literatur

Doede 1946; Körner/Stercken 2002; Willhardt 1991; Looz-Corswarem/Purpar 1996

Stehender Jüngling (1931)
Gerhard Marcks

Bronze, Höhe 192 cm

Vor den Chirurgischen Kliniken, Gebäude 12.41

Martina Zieße

Schon Ende der fünfziger Jahre hatte der Architekt Konstanty Gutschow eine repräsentative Großplastik eines namhaften Künstlers für den Garten der Chirurgischen Kliniken vorgesehen. Die Statue *Stehender Jüngling* aus dem Jahr 1931 wurde im Jahr 1961 von den Universitätskliniken erworben. Es handelt sich hierbei um einen von vier Bronzegüssen. Guss I gehört zum Bestand der Kunsthalle Hamburg. Guss II ist die Skulptur der Chirurgischen Klinik in Düsseldorf, Guss III ist im Besitz der Gerhard-Marcks-Stiftung in Bremen und Guss IV befindet sich im Kunsthandel.

Die Bronzestatue eines nackten jungen Mannes in leichtem Kontrapost steht auf einem flachen, annähernd quadratischen Sockel. Seine angewinkelt erhobenen Arme hat er hinter dem leicht gesenkten Kopf verschränkt, wodurch der Oberkörper stark gestreckt wird. Es entsteht der Eindruck von Versunkenheit und Nachdenklichkeit. Diesen Eindruck verstärkt der Umriss der Skulptur, die in der Vorderansicht als geschlossener hochrechteckiger Block erscheint. Seiten- und Rückenansicht zeigen einen nach vorne gewölbten Bauch bzw. ein Hohlkreuz. Öffnungen zwischen den Beinen und am rechten Arm erlauben Durchblicke, Kopf und linker Arm sind dagegen miteinander verschmolzen. Die Figur wirkt in ihrer Exponiertheit verletzlich. Den Ausdruck der Selbstbesinnung unterstreicht die Armhaltung. Die Gesichtszüge des Jünglings wirken verschlossen und verträumt; unterstrichen wird dies durch die geschlossenen Augen und die zu einem leichten Lächeln verzogenen Lippen.

Die gesamte Skulptur drückt in ihrer Körpersprache zugleich Anspannung und Entspannung eines sich reckenden und streckenden Erwachenden aus. Das Gesicht trägt den Ausdruck eines Jünglings, der sich noch nicht ganz vom Schlaf gelöst hat. Die Körperhaltung der Figur, der vorgewölbte Bauch und der wie zufällig an den Oberarm gelehnte Kopf deuten darauf hin, dass sich der Jüngling unbeobachtet wähnt. Zugleich suggeriert die Geschlossenheit der Frontalansicht Introvertiertheit. Es entsteht ein Eindruck von Intimität; der Jüngling steht unberührt und isoliert vom Alltagsgeschehen.

Stil und Ausdruck des *Jünglings* von Gerhard Marcks erinnern an den Radrennfahrer von Aristide Maillol (1907–08, München, Neue Pinakothek). Im Unterschied zu der Skulptur von Gerhard Marcks ist dieser junge Mann muskulöser und sportlicher. Ähnlich sind der kontemplative und selbstbesonnene Ausdruck. Intimität, Entrückung vom Alltag und im Tun oder Sein versunkene, isolierte Personen sind auch Charakteristika von Figuren Wilhelm Lehmbrucks, dessen Werke ebenso wie Werke von Marcks 1937 auf der Münchner Ausstellung *Entartete Kunst* diffamiert wurden. Marcks erhielt Ausstellungsverbot und konnte nur durch die Unterstützung von Freunden weiter arbeiten. Im Jahr 1950 ging er als freier Künstler nach Köln und erhielt renommierte Kunstpreise und zahlreiche öffentliche Aufträge (Skulptur des Albertus Magnus vor der Kölner Universität, Bremer Stadtmusikanten).

Die Skulpturen Gerhard Marcks' sind inspiriert von der antiken, archaischen Tradition und gleichzeitig von einer modernen Formensprache, die dem Figürlichen verpflichtet ist. Fand er zunächst in der mittelalterlichen, gotischen Kunst Vorbilder, so konzentrierte er sich ab den 1920er Jahren auf die griechische Kunst. Er bezeichnete sich selbst als einen „unbedingten Griechenlandverehrer“ und sagte von sich, er sei „nur ein Blatt am Baum“ der europäischen Tradition. „Ich habe überall mit heißem Bemühen an großer und guter Kunst gelernt, von den Ägyptern bis zu den Zeitgenossen. Nämlich das Wie, nicht das Was.“ (Trier)

Literatur

Busch 1977; Frenzel 1988; Hoffmann 1982; Kat. Gerhard Marcks 1999; Maes 1984; Rudloff 1989; Trier 1992; Universitätsarchiv Akten 1/2 492, 698(1), 733; 1/5 140; Looz-Corswarem/Purpar 1996

Große Sitzende (1958)
Max Kratz

Bronze, Höhe 138 cm

Hörsaalfoyer der Chirurgischen Klinik

Martina Zieße

Die *Große Sitzende* ist eine Bronzestatue, deren Sockel den unteren Abschluss der Treppenwange bildet. Die Skulptur ist eindeutig für das geräumige Foyer des von der Horizontalen bestimmten Baukörpers konzipiert und gibt ein Gegengewicht zu der auf der linken Seite des breiten dreistufigen Treppenaufgangs steil aufragenden Treppe. Der weibliche Akt wurde im Jahr 1958 als Auftragsarbeit für die neu gebaute Chirurgische Klinik Düsseldorf von Max Kratz gefertigt und anlässlich ihrer Einweihung aufgestellt.

Mit dem rechten Arm greift sie nach hinten und stützt sich mit der rechten Hand auf, wodurch ihr Oberkörper eine schwungvolle Drehung erfährt. Beide Beine sind spitz angewinkelt in einem angedeuteten Schneidersitz, wobei die Füße nur leicht den Boden berühren. Der Oberkörper ist in der Taille stark nach rechts gedreht; den linken Arm hält die Figur zwischen den Beinen und berührt mit der Handfläche den Boden. Weit ist die linke Schulter nach rechts gedreht, wodurch ihr Oberkörper direkt dem Treppenlauf zugewandt ist. Ihr Kopf wendet sich jedoch von der Treppe weg, das Gesicht ist leicht gesenkt und sie blickt auf ihre linke Hand zwischen ihren Füßen. Insgesamt ist der Körper weich und gelängt, die Pose wirkt elegant und anmutig.

Die Oberfläche der Skulptur ist ungleichmäßig und rau. Körperdetails wie Gesicht und Haare sind skizzenhaft vereinfacht; die Haare sind zu einem Dutt hochgesteckt. In der Komposition verschränken sich geometrische Formen – Winkel, Dreieck – mit organischen Rundungen. Die Figur hat eine sehr schlanke Taille, Schenkel und Arme wirken hingegen füllig und rund. Die durch Winkel gebildeten Formen, wie z. B. das von den angewinkelten Beinen gebildete Dreieck, die Stellung der Schienbeine zueinander, auch die Form des Kopfes und der Frisur,

verleihen der Komposition abstrakte Klarheit und geometrische Strenge, die organisch in die gerundeten Umrisse der Skulptur an Knien, Schultern und Kopf eingebunden werden. Teilweise öffnet sich die Skulptur dem Raum und dem Betrachter, teilweise verschließt sie sich. Der körperlichen Schwere der Skulptur steht ihre tänzerische und anmutige Haltung gegenüber. Die Skulptur berührt den Sockel nur an wenigen Punkten, sie sitzt nicht schwer auf, sondern erscheint schwebend und leicht. Trotz deutlicher Bezogenheit auf den Ort der Aufstellung wirkt die Skulptur in alle Richtungen des Raumes. Die für den Bau der Kliniken verantwortliche Architektengemeinschaft Konstanty Gutschow – Godber Nissen hatte sich schon vor der Fertigstellung der Klinik mit der künstlerischen Ausgestaltung beschäftigt. Sie planten ein künstlerisches Gesamtkonzept und legten großen Wert auf eine architektonische und künstlerische Zusammenwirkung.

Literatur

Bachmann 1990; Gutschow 1960; Knopper 1995; Kratz 2000; Willhardt 1991; Universitäts-Archiv Düsseldorf, Akten 1/2 492, 1/2 698(1), 1/2 733, 1/5 140; Looz-Corswarem/Purpar 1996

Farb-Raum (2004)
Martin Gerwers

Acryl und Öl auf Metallpaneelen, 320 × 600 × 2000 cm

Foyer der Chirurgischen Universitätsklinik

Elly Tsoutsias

Ein Raum ist unmittelbar verbunden mit seiner Funktion. Im Falle einer chirurgischen Klinik sind die Räumlichkeiten von Ordnung, Systematik und Hygiene geprägt. Damit ist zugleich die Frage nach angemessenen Funktionsmöglichkeiten von Kunst an einem solchen Ort verbunden. Meistens werden in derartigen Gebäuden Denkmäler oder Werke bevorzugt, die dekorativ sind. Ein Beispiel für eine gelungene Alternative dazu ist die Gestaltung des Eingangsbereichs vom Alt- zum Erweiterungsbau der Chirurgischen Universitätsklinik des Düsseldorfer Künstlers Martin Gerwers.

Als sich die Jury des Bau- und Liegenschaftsbetriebs Nordrhein-Westfalen (BLB) im Februar 2004 aus vier Wettbewerbern für das Kunst- und Bau-Projekt des Düsseldorfer Künstlers entschied, wurde ein ‚dezentes' Kunstwerk geschaffen, das in direkter Verbindung zur Architektur steht. Martin Gerwers übernahm die vorgegebene Struktur der Wand und verzierte sie mit monochromen Farbflächen. Die Farben sind scheinbar unsystematisch zusammengestellt und variieren zwischen den ‚Nichtfarben' – Schwarz, Weiß, Grau – und Pastelltönen von Gelb und Hellblau. Ebenso arbeitet er kräftiges Rot und Blau ein. Farblich abgesetzte dünne Streifen an den Rändern einiger Farbflächen lassen diese stärker hervortreten. Da das typisch kühle Krankenhauslicht auf den Farbflächen reflektiert wird, erscheint der Gesamteindruck freundlicher. Im Zusammenhang mit der sorgfältigen Bearbeitung der glatten metallischen Oberflächen lassen die verkleideten Wände des Foyers den Raum wie einen Meditationsraum wirken. Die Rhythmisierung durch die horizontale und vertikale Anordnung der Flächen und die scheinbar zufällige Positionierung der Farbflächen bieten dem Betrachter die Gelegenheit zur Entschlüsselung der Verteilung

Ausgang

der Metallpaneele: Diese nehmen die Gliederung der Türen und ihrer Oberlichter auf und kehren sie teilweise um. Obwohl nicht ausgewiesen wird, dass es sich um ein Kunstwerk handelt, erfährt der Besucher diesen Raum – gerade im Kontrast mit den anliegenden Fluren – als etwas Besonderes. Künstler und Werk bleiben anonym. Vertieft man sich in eine begrenzte Farbfläche, die man instinktiv auswählt, spürt man anstatt der farbigen Unordnung des ersten Augenblicks eine fast kontemplative Ruhe, die sich über den ganzen Raum ausbreitet. Martin Gerwers gelingt es mit diesem Projekt, die Lehren von *De Stijl*, *Bauhaus* und *Minimal Art* zu zitieren und sie in einen öffentlichen Bau an den Anfang des neuen Jahrhunderts zu versetzen und zur Geltung zu bringen.

Literatur

Ausst.-Kat. *Malerei-Corinne Wasmuht, Martin Gerwers, Dirk Skreber*, 1997; Ausst.-Kat.: *Primary Structures*, 1999; Druschel 2004; Kunst und Bau 2007

Ohne Titel (1989)
Michael Irmer

Stahl

Universitätsklinik, Parkanlage

Petra Becker

Wie viele Werke Irmers trägt die Skulptur keinen Titel. Der Düsseldorfer Maler und Bildhauer Michael Irmer fertigte sie aus ca. 3,5 Zentimeter starken Stahlplatten 1989, ein Jahr nach einem langen Aufenthalt in der Düsseldorfer Uniklinik. Vor seiner Erkrankung bekam Irmer eine Stahlplatte geschenkt. Lange Zeit war ihm nicht klar, was er damit machen sollte. Während seines Krankenhausaufenthaltes kam ihm die Idee für die Verwendung der Platte. Die Plastik kann somit als Symbol für die Überwindung der schweren Erkrankung und die Figur als der Künstler selbst gedeutet werden. Irmer dankte damit dem Klinikpersonal, das ihm im Jahr zuvor das Leben gerettet und ihn in der Zeit der Erkrankung begleitet hatte. Trotz dieses Zusammenhangs sollen mögliche, auf Biographisches rückbezogene Deutungen nicht weiter verfolgt werden, da sich der Künstler zeitlebens gegen Interpretationen und Festlegungen seines Werkes wehrte. Die Skulptur wurde am 15. September 1989 im Beisein Irmers auf der Wiese vor der Chirurgischen Klinik enthüllt, wo sie bis zu Beginn der Bauarbeiten zur Erweiterung der Uniklinik stand.

Irmer zerteilte die Stahlplatte in drei Teile und fügte sie dann zu einer u-förmigen Konstruktion zusammen. Aus der größten Einzelplatte wurde die Silhouette einer Figur herausgeschnitten und vor der u-förmigen Konstruktion aufgestellt, wodurch sich ein Positiv-Negativ-Effekt ergibt. So wird der Eindruck erweckt, als trete die Figur aus der Platte wie aus einem Tor heraus. Die Stahlplatten weisen mit senkrecht verlaufenden Einkerbungen und waagerechten hellen Balken Bearbeitungsspuren auf, die der Künstler vor der Heraustrennung der Figur vornahm. Durch Oxidation erhielt die Skulptur ihren rostroten bzw. rostbraunen Farbton.

Der in der Literatur immer wieder betonte Aspekt des Prozesshaften bestimmt auch diese Skulptur Irmers. Veränderungen des Werks nach seiner ‚Fertigstellung' betrachtete Irmer als notwendigen Bestandteil des Objekts. Die von Umwelteinflüssen geprägte und vom Künstler nicht vollständig kontrollierbare Oberflächenerscheinung ist Teil des intendierten Werkprozesses. Bei direktem Lichteinfall wirft die Skulptur einen Schatten auf die sie umgebende Wiese, wodurch der Positiv-Negativ-Effekt deutlich zutage tritt. Über den raumgreifenden Schatten wird der umgebende Raum zum ‚Lebensraum' der Skulptur.

Literatur

Pressestelle 1989; Stachelhaus 1997; Looz-Corswarem/Purpar 1996; Funken 2012

Ohne Titel (1992)
Michael Irmer

Bronze

Hinter dem Rektoratsgebäude 16.11

Petra Becker

Die Bronzeskulptur entstand 1992 zunächst als Teil einer Vierergruppe und stand vor ihrer Aufstellung 2004 in der Universität Düsseldorf im Garten der Familie Irmer. Von der Skulptur wurden fünf Abgüsse gefertigt.

Die auf einem sehr kleinen Sockel fußende Figur, deren Oberfläche rau und zerklüftet ist, weist wie die meisten von Irmers Gestalten wenige physiognomische Merkmale auf. Auch die Gliedmaßen werden nur angedeutet. So fügen sich die Beine zu einem Schaft zusammen. Zudem sind die einzelnen Körperteile, insbesondere die Halspartie, in extremen Überlängungen wiedergegeben. Wie bei der Mehrzahl der Figuren Irmers ist das Geschlecht der Figur nicht zu bestimmen.

Die Gestaltung ihrer Oberfläche erinnert an Arbeiten des Schweizer Bildhauers Alberto Giacometti, den Irmer sehr bewunderte. Er sagte selbst, er habe sich „wie ohnmächtig“ (Ruhrberg S. 124) gefühlt, als er Giacomettis Skulpturen 1976 zum ersten Mal in einer Ausstellung sah. Zugleich hat die zerklüftete Oberfläche einen autobiographischen Bezug. Seit seinem langen Krankenhausaufenthalt im Jahr 1988 haben der Schwebezustand zwischen Leben und Tod sowie die Erfahrung des Schmerzes das Werk Irmers geprägt; Einritzungen oder Linien auf seinen Figuren könnten gleichwohl auf Operationsnarben anspielen. Dies führte zur Vermutung, in Irmers Figuren Momente eines Selbstporträts zu sehen. Heiner Stachelhaus geht in Bezug auf das Gesamtwerk Irmers noch einen Schritt weiter: „Irmer hat das Kunstwerk tatsächlich als Prozess begriffen – als Möglichkeit, unmittelbar psychisch und physisch in seinen Werken gegenwärtig zu sein. Er selbst ist die Figur, und seine Bilder und Skulpturen sind Klärungsprozesse, die letztlich immer auf ihn selbst verweisen.“ (Stachelhaus S. 237)

Andererseits zeichnen sich die beiden Skulpturen Irmers auf dem Campus der Heinrich-Heine-Universität auch durch ihre Unbestimmbarkeit aus, und zwar nicht nur, weil sie ohne Titel sind: Da Arme und Beine fehlen, kommt der Anschein von Unbeweglichkeit hinzu und steigert damit ihre Bindung an den Ort. Dabei ist der Bildraum der Lebensraum der Figur, in dem die Figuren als Unabgeschlossene, im Prozess des Werdens und Vergehens befindlich, erfahren werden.

Literatur

Baltrock 1997; Herchenröder 1997; Ruhrberg 1997; Stachelhaus 1997; Looz-Corswarem/Purpar 1996

Kopf (1988)
Hede Bühl

Bronze, 73 × 60 × 40 cm

Eingangsbereich des Rektoratsgebäudes der Heinrich-Heine-Universität
Dauerleihgabe der Stadt Düsseldorf

Maren Jahnke-Ouni

Die 2006 aufgestellte Bronzeplastik *Kopf* von Hede Bühl stellt einen stark abstrahierten menschlichen Schädel dar, der auf einem schlichten weißen Metallgestell steht. Geboren 1940 in Haan bei Düsseldorf, studierte Hede Bühl Bildhauerei an der Düsseldorfer Kunstakademie, unter anderem bei Josef Beuys. Sie war Mitarbeiterin von Ewald Mataré. Neben dem *Villa-Romana-Preis* 1973 und dem *Villa-Massimo-Preis* 1979/80 erhielt sie u. a. 2007 in Berlin den *Käthe-Kollwitz-Preis*. Hede Bühl lebt und arbeitet in Düsseldorf.

Der etwas in die Länge gezogene Kopf erscheint in der Seitenansicht fast rechteckig; nach vorne läuft der Kopf schmal zu und bildet eine Kinnpartie aus. Eine kleine Einwölbung im unteren Teil deutet die Kehle an. Mund, Nase und Ohren sind nicht eigens markiert. In die polierte Oberfläche sind Kerben eingearbeitet, die etwa zehn Zentimeter breite, um den Kopf gewickelte Bänder begrenzen. Die Bänder kreuzen sich über der Augenpartie. Ein weiteres Mal überkreuzen sich die Bänder oberhalb der eingewölbten Kehle. Im Hinterkopfbereich lösen sich die Linien auf und verschmelzen mit dem Kopf zu einer Einheit. Eine weitere Einkerbung befindet sich an der rechten Seite des Kopfes, oberhalb der Binden. Das glatte Material mit den organischen Rundungen und die geschlossene Form verleihen der Skulptur Stabilität und innere Ruhe.

Das Werk der Düsseldorfer Künstlerin Hede Bühl umfasst zahlreiche Köpfe. Sie befasst sich auch mit Ganzfiguren, die wie die Köpfe massiv, kompakt und archaisch wirken. Die Behandlung der Oberflächen, ob aus Metall, Stein oder Holz, verstärkt diese Wirkung. Wie der *Kopf* der Heinrich-Heine-Universität erscheinen viele ihrer Kopf-

skulpturen mumienartig umwickelt. Die Bänder bedecken manchmal nicht nur die Augen, sondern auch den Mund oder das gesamte Gesicht. Dadurch entsteht oftmals der Eindruck, als sei der Kopf mit einem Helm verschmolzen.

Literatur

Ausst.-Kat. Hede Bühl 1995; Looz-Corswarem/Purpar 1996, Funken 2012

Batlas II (2006)
Thomas Schönauer

Edelstahl, mit Lackfarbe bemalt, 520 x 94 x 104 cm

Vor dem Rektoratsgebäude 16.11

Kai Hohenfeld

Das von der Gesellschaft von Freunden und Förderern der Heinrich-Heine-Universität Düsseldorf e. V. gestiftete Kunstwerk konnte am 6. Dezember 2006 feierlich vor dem Rektorat der Universität enthüllt werden. Die landschaftsarchitektonische Gestaltung des Grünstreifens, an dessen Spitze *Batlas II* platziert worden ist, erinnert an einen Wellenbrecher und ist wegweisend auf den Mitteltrakt des Rektoratsgebäudes ausgerichtet.

Thomas Schönauer konstruierte sein 5,20 Meter hohes Kunstwerk aus Edelstahl, bemalte seine vier Einzelglieder in blauer Farbe mit kaum sichtbarem Pinselstrich und verband diese mit jeweils zwei grau bemalten elastischen Stahlscheiben. Gattungsübergreifend vereint *Batlas II* sowohl skulpturale und malerische, als auch architektonische Eigenschaften. Vier rechteckige geometrische Körper stabilisieren sich gegenseitig über flache horizontale Stege. Aufgetürmt und zaghaft wankend schweben sie paarweise übereinander. In schwindelnder Labilität gerät *Batlas II* zur artistischen Attraktion. Auf dem schmalen Grat zwischen den Alternativen auseinander- oder in sich zusammenzufallen, entfaltet die abstrakte Skulpter auf einer Bühne aus roten Klinkersteinen und vor einer Kulisse grünen Laubes ihre ganze Theatralik.

Die Komposition, welche auf der räumlichen Gruppierung farbiger geometrischer Formen mit scheinbarem Bewegungspotenzial beruht, weckt Assoziationen an den russischen Konstruktivismus. Kasimir Malewitschs *Dynamischer Suprematismus Nr. 57* von 1916 arrangiert sich vor dem Auge des Betrachters scheinbar ständig von Neuem. Malewitsch spielt mit rechtwinkligen und windschiefen Gliederungen über weißem Grund, die ähnlich bewegt scheinen wie Schönauers abstrakte Figurationen. Sie verdichten sich langsam, ohne sich je endgültig zu verbinden.

Batlas II

Als künstlerisches Vorbild Schönauers in Bezug auf die Kombination von geometrisch-abstrakter Bildhauerei mit lyrisch-abstrakter Malerei kann auch der amerikanische Bildhauer David Smith gelten, der die Oberflächen mancher seiner Stahlskulpturen (*Zik II*) mit einem farbigen Anstrich versah. Schönauers Skulptur, deren mattes Blau die kühle Materialität des Edelstahls verschleiert, bietet aufgrund ihrer labilen Beweglichkeit und ihres figurenhaften Aufbaus Analogien zum Körper des Betrachters.

Literatur

Lytton 2006; Perica/Elolf 2003; Weiss 1995; Funken 2012

Endiadioin (1972)
Friederich Werthmann

Edelstahl (Remanit), 280 × 200 × 80 cm

Rampe zur Brücke über die Universitätsstraße

Kai Hohenfeld

Auf der zentralen Wegachse des Unicampus steht seit 1972 Friederich Werthmanns Stahlplastik *Endiadioin*. Ihr Titel leitet sich von der rhetorischen Stilfigur Hendiadyoin ab – eine Zusammensetzung aus zwei semantisch fast identischen Wörtern, die aber in ihrer Kombination einen metaphorischen Sinn ergeben (z. B. „Feuer und Flamme sein“).

Werthmanns Stahlplastik ist drehbar auf einem stützenden Rohr montiert und lässt sich in ihrer bikonvexen Struktur in zwei gleichberechtigte Hälften einteilen: eine geschlossene und eine durchbrochene Scheibe, die durch einen handbreiten Spalt voneinander getrennt sind und von einer inneren Trägerkonstruktion zusammengehalten werden. Wie von einem magnetischen Zentrum angezogen, verdichten sich Splitter und Streifen aus Stahl auf der durchbrochenen Scheibe in einem dynamischen, gestisch-verlebendigten Bewegungsmuster zu einer kreuzartigen Struktur, die zeichnerische Qualität gewinnt. Scharfkantige Durchbrüche in der Oberfläche geben den Blick auf die Rückseite der zweiten Schale frei. Im Gegensatz zur Lebendigkeit ihres durchbrochenen Gegenparts regt die geschlossene Scheibe des *Endiadioins* eher zur Kontemplation an. Einer beruhigten Bewegung folgend, treffen sich glänzende Schleifbahnen vom Rand der Scheibe ausgehend in deren kreisrundem Zentrum, auf das der Blick des Betrachters gelenkt wird. Zwischendurch bricht er aus, um dem ringförmigen Lichtreflex zu folgen, der die Scheibe funkelnd zu veredeln scheint. Die geschlossene Scheibe öffnet sich dem Licht und erhellt mit leuchtenden Reflexionen ihre Umgebung. Die zwei Scheiben von *Endiadioin* bilden eine dialektische Ganzheit. Kontemplation trifft auf

Bewegtheit, kalter Stahl wird verlebendigt, Geschlossenheit begegnet der Öffnung zum Raum und ausdrucksvolle Gestik verbindet sich mit Zurückhaltung.

Diese Formensprache lässt *Endiadioin* in den Kontext des Informell einordnen. Dies bestätigt nicht nur Werthmanns umfangreiches zeichnerisches Œuvre, sondern auch der Vergleich mit Positionen des Informell, wie z. B. die Bildhauerei Norbert Krickes oder die Malerei Peter Brünings. Gemeinsamkeiten mit Krickes plastischem Werk (z. B. *Flächenbahn*) sind etwa die Darstellung von dynamischen Bewegungsformen, das Einfangen eines transitorischen Moments, das Einbeziehen von Luft und Licht, die flächige Ballung in Parallelität und in Kreuzstrukturen sowie die hohe Geschwindigkeit der abgebildeten Bewegung. Auch nimmt der Betrachter das stählerne Material der Plastik kaum noch wahr. Er konzentriert sich ganz auf die Schwerelosigkeit der dynamischen Linearstrukturen.

Friederich Werthmann und der Maler Peter Brüning waren zeitweilig Mitglieder der Künstlervereinigung *Gruppe 53*. Vergleichbar mit Brünings Malerei (z. B. *Komposition VI58*) sind die sich gegenseitig überdeckenden, miteinander zu orthogonalen Strukturen verwachsenden und rhythmisierenden Linearstrukturen. Der sichtbare Schaffensprozess der Malerei Brünings findet sowohl eine Entsprechung in Werthmanns Pinselzeichnung als auch in den tachistischen Strukturen poröser Fäden und Kleckse der durchbrochenen Scheibe von *Endiadioin*.

Als Kunst-am-Bau-Objekt verbindet sich *Endiadioin* mit Architektur und gestalteter Landschaft. Die Sichtbetonfassaden der Hörsäle und die Stahlplastik zeichnet ein von der Industriekultur geprägtes Material aus. Sowohl die Stahlplastik als auch die Gebäudefassade erfahren eine Naturalisierung ihrer Oberflächen. Während es Werthmann gelingt, die kühle Materialität des Stahls mit Hilfe dynamisch bewegter Einzelelemente und einem verspielten Umgang mit der Schweißelektrode aufzulösen, wird ein vergleichbarer Effekt bei der Sichtbetonfassade des Hörsaals 3A durch eine teilweise Berankung mit Efeu erreicht. *Endiadioin* öffnet sich dem Umgebungsraum und wendet sich kommunikativ jedem vorbeischreitenden Fußgänger zu. Wie ein großes Auge verfolgt ihn der ringförmige

Lichtreflex und wandert über die geschlossene Scheibe der Stahlplastik, weitet sich beim Näherkommen und zieht sich zusammen, sobald er sich entfernt. Dadurch gewinnt *Endiadioin* eine beobachtende Präsenz.

Literatur

Brockhaus/Leinz 1992; Fehlemann 2002; Funken 2006; Orth 1980; Purpar ^{2}2009; Schürmann 1988; Schwickerath 1988; Zemter 2006; Funken 2012

Heine-Stein (1993)
Michael Kienemund

Schiefer, 225 × 260 × 87 cm

Vor dem Hörsaalgebäude 3A

Kai Hohenfeld

Groß und anscheinend unvergänglich ragt der schwere dunkelgraue Schieferblock aus dem Tagebau im Hunsrück vor dem Hörsaalgebäude 3A auf der zentralen Nord-Süd-Achse des Campus der Heinrich-Heine-Universität auf, der von dem Lippstädter Steinmetz Michael Kienemund bearbeitet wurde. In Kooperation des AStA mit dem Düsseldorfer Germanisten Prof. Dr. Wilhelm Gössmann wurde der Gedenkstein zu Ehren Heinrich Heines am 14. Juni 1993 aufgestellt. Mit einem geraden Abschnitt am Fuße und fast geraden Abschlüssen zu den Seiten wölbt er sich in Richtung Himmel, als wollte er über seine eigene Größe hinauswachsen. Nur leicht an der Vorderseite geglättet, zeigt der Stein mit den kräftigen linearen Strukturen die Gestaltungsspuren der Natur. Mitten in dieses chaotische Linienspiel rötlicher Eisenspuren in der grauen Monochromie geben in die Oberfläche eingeschnittene Buchstaben in Antiqua den Schlussvers des Heine-Gedichts *Enfant Perdu* wieder: „Ein Posten ist vakant! Die Wunden klaffen / Der eine fällt, die andern rücken nach / Doch fall ich unbesiegt, und meine Waffen / Sind nicht gebrochen – Nur mein Herze brach." Rechts darunter ziert die faksimilierte geschwungene Unterschrift des Dichters den großen Steinblock.

Bereits in den 1980er Jahren sprühten Studenten am späteren Aufstellungsort des Heine-Steins ein Grafitto an die Wand, in welchem sie Heinrich Heine als Namensgeber für ihre Universität forderten. Eine Forderung, die sich gegen Widerstand durchsetzen sollte, obwohl die Wurzeln der Universität in der Medizin und nicht in der Dichtung zu finden sind. Durch das Auftreiben von Spendengeldern konnte die fünfstellige Summe der Herstellungskosten komplett ohne öffentliche Gelder aufgebracht werden. Als Träger einer pathetischen literarischen Botschaft, die den Anspruch hat, identitätsstiftend zu sein, soll der Heine-Stein alle Angehörigen der Heinrich-Heine-Universität beim täglichen Vorbeischreiten daran erinnern, stets selbst nach kreativer und wissenschaftlicher Selbstverwirklichung zu streben.

Literatur

Düsseldorfer Unizeitung 1993; Purpar ^{2}2009

Tages- und Nachtzeiten (2006)
Ulrich Erben

Je sechs mal 280 × 200 cm, Acryl auf Leinwand

Konrad-Henkel-Hörsaal (Hörsaal 3A)

Kai Hohenfeld

Vier hochformatige Leinwände des Düsseldorfer Malers Ulrich Erben, eine Stiftung von Ehrensenator Dr. hc. Rolf Schwarz-Schütte, zieren seit dem 13. Dezember 2006 die Nord- und Südwand des Konrad-Henkel-Hörsaals. Im September 2013 kamen zwei weitere hinzu. Ulrich Erbens *Tages- und Nachtzeiten* setzen sich aus zwei Diptychen zusammen. In geometrischer Abstraktion gemalt und immer dem gleichen Kompositionsschema verpflichtet, hängen an der Nordwand des Hörsaals die *Tageszeiten* und an seiner Südwand die *Nachtzeiten*. Zwei einfarbige Hochrechtecke unterschiedlicher Größe überlagern sich gegenseitig. Zwischen ihnen verläuft schattenhaft eine schimmernd-dunkle Linie. Alle Bilder werden von einer schmalen, schwarzen Leiste gerahmt. Schreiendes Gelb vor tosendem Braunrot und dröhnendes Orange vor lärmendem Blau – alle Hast und rasende Rastlosigkeit des Tages prallen schlagartig auf das wache Auge des Betrachters. Demgegenüber verheißen ein stilles Violett vor schlummerndem Braun und dunkelndes Grün vor wärmendem Rot die entspannende Ruhe der Nacht.

Nur von den obersten Rängen der Sitzreihen aus können sie auf Augenhöhe betrachtet werden. Verweilt der Blick des Betrachters auf einer der Leinwände, so gerät diese unerwartet in optische Schwingung. Das innere Farbfeld dehnt sich aus, und die Leinwand scheint sich plötzlich dem Betrachter entgegenzuwölben. Doch lange kann er sich unmöglich auf ein Bild konzentrieren. Alle vier Bilder und ihre insgesamt acht Farbflächen ringen um seine Aufmerksamkeit und beeinflussen sich dabei gegenseitig in ihrer Wirkung. In vielschichtigen Simultankontrasten erscheinen die leuchtenden Farben noch heller, als sie wirklich sind, und die dunkleren Farben verdüstern sich. Der

Künstler veranschaulicht dadurch das natürliche Phänomen einer Verunklärung und Durchmischung der Farben während der nächtlichen Dunkelheit.

Bereits im Jahr 1996 malt Ulrich Erben *6 Bilder für einen Raum* und stellt diese im Essener Kunstverein Ruhr e. V. aus. Die sechs Leinwände sind wie die *Tages- und Nachtzeiten* als Gesamtkunstwerk konzipiert. Auch ihre Gestaltung folgt einem einheitlichen Schema: Im Zentrum ragt ein schwarzer Streifen auf, den eine breite farbige Fläche umgibt. Diese wird von einem kräftigen schwarzen Rand eingerahmt. Erben macht die Malerei selbst zum Thema seiner Kunst und betont durch die fehlende Rahmung seiner Bilder ihre Objekthaftigkeit – eine Herausforderung, die seit Frank Stellas Bildern der späten 1950er Jahre in der Malerei stets aktuell geblieben ist. In eben diesem Jahrzehnt beginnt der Maler Joseph Albers seine Bilderserie *Hommage to the Square*, die im Kontext der konkreten Kunst und der Op-Art steht und mit Ulrich Erbens *Tages- und Nachtzeiten* den optischen Effekt und die Verschachtelung geometrischer Formen gemeinsam hat. Allerdings steht bei Albers jedes Bild für sich und beansprucht völlige Autonomie. Im Gegensatz dazu verleiht Ulrich Erben seinen Bildern für den Konrad-Henkel-Hörsaal eine Referenz zur natürlichen Lebenswelt des Betrachters. Innerhalb von Ulrich Erbens Raumkunstwerk existieren Tag und Nacht in ständiger Parallelität – ein Phänomen, das auch für unsere Lebenswelt gilt, jedoch nie in dieser Form wahrgenommen werden kann. Während auf der einen Erdhälfte Dunkelheit herrscht, erstrahlt die andere Hälfte in hellem Sonnenglanz. Indem der Künstler sowohl den Tag als auch die Nacht an einem einzigen Ort einander gegenüberstellt, schafft er deren völlige Entzeitlichung. Mit wissenschaftlichem Gespür untersucht Ulrich Erben die Wahrnehmungsmuster des Betrachters, der sich gleichzeitig ganz den ästhetischen Reizen der Farbe hingeben kann. Der Hörsaal als Ort der Wissenschaft wird zu einem Ort der Kunst. Daraus entsteht eine Symbiose, die sich als genauso reizvoll wie logisch herausstellt, denn nur augenscheinlich unterscheidet sich der Künstler von dem Wissenschaftler.

Literatur

Erben/Mönig/de Werd 2002; Friese/Heinrich 1996; Magazin der Heinrich-Heine-Universität Düsseldorf 1/2007; Ausst.-Kat. Städt. Kunsthalle Mannheim 1984; Stiegemann 1996

Brushstroke (1970)
Roy Lichtenstein

Vier Wandbilder, insges. 48 m

Geb. 22.01, Foyer

Petra Becker

Roy Lichtenstein, einer der wichtigsten Vertreter der amerikanischen *Pop Art*, schuf 1970 die Wandbilder im Foyer des vorklinischen Instituts, einem Gebäude, das von den Architekten Konstanty Gutschow und Jens-Peter Volkamer entworfen worden war. Gutschow sah 1966 auf der Biennale in Venedig erstmals Werke Lichtensteins und hatte dort die Idee, sein damals in Planung befindliches Gebäude von ihm ausmalen zu lassen. 1970 reiste er zu Verhandlungen mit Lichtenstein nach New York, der ihm zusicherte, alle vier Wände mit Bildern zu versehen. Bereits im Herbst 1970 war der Entwurf fertig. Lichtenstein schickte seine Assistentin Carlene Meeker nach Düsseldorf, die die Entwürfe auf die Wand projizierte und die Bilder darauf übertrug. Zum Schluss brachte sie mit einer Schablone die Rasterpunkte auf. Mitte Oktober 1970 kam dann Lichtenstein selbst nach Düsseldorf, um die Arbeit zu besichtigen und mit einer übergroßen Signatur zu vollenden.

Auf den ersten Blick scheint jedes der vier Bilder für sich allein zu stehen, doch handelt es sich um ein über vier Wände verlaufendes, 48 Meter langes, fortlaufendes Gemälde. Auf der dem Eingang gegenüberliegenden Seite überkreuzen sich ein roter und ein gelber *Brushstroke* auf blauem Punktraster und springen auf die nächste Wand über, wo sie auf roten Punktrastern auslaufen. Ein großer gelber Farbklecks auf weißem Hintergrund verweist auf Neues: In der oberen rechten Ecke beginnt ein gelber *Brushstroke*, der sich aber erst auf der nächsten Wand auf rot gerastertem Hintergrund voll entfaltet. Dieser wird am Ende von einem weißen *Brushstroke* überlagert und endet auf der letzten Wand in einer gelb-weißen Spitze. Die letzte Wand ist vollständig mit einem blauen Punktraster überzogen, auf dem ein weißer *Brushstroke* zu sehen ist. An der Grenze der Wand zur Decke ragt ein blauer *Brushstroke* heraus, der sich durch seine Position direkt unterhalb der Decke und durch seine Farbgebung von den übrigen *Brushstrokes* unterscheidet: Alle anderen *Brushstrokes* und Farbkleckse sind rot, gelb oder weiß.

Ausgangspunkt für die von Lichtenstein 1965 begonnene Serie der *Brushstroke*-Bilder war eine Seite aus dem Comic-Strip *The Painting* aus Charltons Comics *Strange Suspence Stories*. Lichtenstein verbindet in den Wandbildern drei Elemente aus unterschiedlichen Gattungen, die überdimensional dargestellt werden: der *Brushstroke*, einerseits aus dem Comic übernommen, aber auch ein Verweis auf den *Abstrakten Expressionismus*, der Farbklecks aus dem *Action Painting* und die *Benday dots*, die Rasterpunkte aus dem Siebdruckverfahren. Das Motiv überdimensionaler malerischer Gesten in den Düsseldorfer Wandbildern des Pinselstriches und des Farbkleckses erinnert an die Formen des *Abstrakten Expressionismus* beispielsweise bei Willem de Kooning und an das *Action-Painting* von Jackson Pollock. Jedoch belässt es Lichtenstein hier nicht bei der bloßen Isolierung dieser expressiven malerischen Gesten, sondern standardisiert sie durch die klare schwarze Umrisslinie, die ungebrochene Farbigkeit und die einheitliche Folie der Rasterpunkte. Während die Pinselstriche eines de Kooning oder die *Drips* eines Pollock noch auf die „Meisterhand und ihre schöpferische Tat" (Prange) verweisen, fehlt Lichtensteins *Brushstrokes* und Farbklecksen dieser Wirklichkeitscharakter. Die schwarzen Umrisslinien und die sie flächig ausfüllende Farbe lassen die Malerei wie eine Parodie wirken: Durch die extreme Vergrößerung und Nahsichtigkeit monumentalisiert Lichtenstein die Banalität des *Brushstrokes*, des Farbkleckses und des *Benday-Dot* und hebt ihren Massencharakter durch das flächige Druckraster hervor. Die Parodie wird auch durch die Art der Ausführung der Wandbilder in Düsseldorf unterstrichen: Lichtenstein benötigte wenig Zeit, die Entwürfe zu erstellen, die nicht auf traditionelle Weise, sondern mit Hilfe eines Projektors und auch nicht von Lichtenstein selbst auf die Wände aufgebracht wurden.

Zeitgleich zu den Wandbildern Lichtensteins wurden in Deutschland auch an anderen Universitäten Wandmalereien in Auftrag gegeben, die noch der Tradition der Wandmalerei des 19. Jahrhunderts folgten. Mit seinen Wandbildern im Foyer des vorklinischen Instituts der Heinrich-Heine-Universität Düsseldorf folgt Roy Lichtenstein dieser Tradition jedoch nicht. Die traditionellen klassischen Darstellungen werden vielmehr mit seinen *Brushstrokes* konterkariert.

Literatur

Catalogo della XXXIII Esposizione Biennale 1966; Düsseldorfer Nachrichten 1970; Düsseldorfer Uni-Zeitung 1991; Kipphoff 1976; Prange 2001; Reinhard 2005; Waldmann 1993; Wattolik 2005

saal
C

Hörsaal
2D

Die Sinnende (1971)
Marianne Kiesselbach

Bronze, Höhe 165, auf Betonsockel, Höhe 45 cm

Terrasse der Cafeteria der Institutsgruppe II

Martina Zieße

Die Skulptur der *Sinnenden*, die der damalige Rektor Professor Fischer bei der Enthüllung im Herbst 1971 „die Meditierende" nannte, befindet sich neben dem Roy-Lichtenstein-Saal auf der Terrasse der Mediziner-Cafeteria. Sitzgelegenheiten und Tische umringen in einiger Entfernung die Skulptur, wodurch sie trotz ihrer zentralen Position isoliert steht. Ihre ursprüngliche Position zur Zeit der Aufstellung war etwas weniger zentral.

Die Bronzeskulptur stellt eine Frau dar, die in einer instabilen Sitzposition auf einem hochrechteckigen Sockel sitzt und ihren Oberkörper sehr gerade aufrichtet. Ihr linker Arm berührt den Ellbogen des rechten Armes, den sie zum leicht gesenkten und nach links gewendeten Kopf führt und dabei die Stirn abstützt. In der Hüfte dreht sie sich und wendet den Oberkörper nach links. Das rechte Bein ist vom Körper etwas abgespreizt, wird aber wieder zum linken Bein am Fuß zurückgeführt. Diese Beinstellung bewirkt, dass sich der Schoß der Skulptur weit öffnet und das angedeutete Gewand an dieser Stelle wie eine Schale darbietet. Das Gewand liegt ansonsten sehr eng am Körper an, ist sogar mit ihm verschmolzen. An Armen und Oberkörper wirkt die Skulptur nackt, es sind keine Gewandübergänge zu sehen. Nur die Haare oder ein Schleier fallen bis auf die Schultern herab. Es wirkt, als sei die Frisur streng aus dem Gesicht genommen und am Oberkopf zu einem Knoten zusammengefasst, von dem aus sich die Haare wie eine steife Fläche über die Schultern legen. Körper, Gewand, Haare oder Schleier weisen, ohne dass eine spezifische Stofflichkeit zu erkennen wäre, die gleiche glatte Oberfläche auf, die jedoch überall eingeritzt und schraffiert ist.

Das Gesicht und die Hände sind nur andeutungsweise ausgearbeitet. Durch ihre leicht gedrehte und aufrechte Haltung sowie ihre schlanke hohe Gestalt, die durch die Frisur noch unterstützt wird, wirkt die Figur anmutig. Zugleich wirkt sie aber auch verletzlich aufgrund der Gesten wie der auf der Stirn ruhenden Hand, des schützenden linken Armes über dem Bauch, des Umfangens des rechten Ellbogens und des kindlich anrührenden Motivs der schräg aufeinander liegenden Füße. Die zentrale Aufstellung der Plastik bietet Gelegenheit, um sie herumzugehen und die Richtungsänderungen in der Skulptur, das sich Öffnen und Schließen zu erfassen.

Heine-Denkmal (2012)
Bert Gerresheim

Beton, patinierte Bronze, 300 × 180 cm

Inschrift: „Das Leben ist weder Zweck noch Mittel; das Leben ist ein Recht“

Zentrale Wegachse Universitätscampus, vor Roy-Lichtenstein-Saal

Ilka Mildenberger

Eine Stiftung von Lutz und Wulff Aengevelt sowie der Rheinischen Post Mediengruppe verhalf der Universität zu einem neuen Denkmal, das von dem 1935 in Düsseldorf geborenen Bildhauer Bert Gerresheim ausgeführt wurde. Am 30. Oktober 2012 wurde das Heine-Denkmal auf der zentralen Wegachse des Campus an exponierter Stelle vor dem Roy-Lichtenstein-Saal aufgestellt und feierlich eingeweiht.

Das Ensemble besteht aus einer Bronzeplastik, in der Kunstgießerei Schmäke gegossen und zusammengeschweißt, welche auf einem Treppensockel platziert ist. Zwei quadratische Sockelebenen sind übereinander geschichtet. Durch die Drehung der oberen Platte um 45 Grad entsteht aus der Sockelanlage in Aufsicht die stilisierte Form eines Davidsterns. Auf diesem fußt das bronzene Denkmal Heines als offenes Buch, dessen symbolischer Gehalt sich in der „Mehrdeutigkeit der Formen“ (Neisser S. 4) entfaltet.

Die Perspektive des Betrachters ist nicht auf einen Blickwinkel festgelegt, sondern entfaltet sich in der Allansichtigkeit des Werks, das von allen Seiten betrachtet und betreten werden will. Aus der Vorderansicht öffnet Gerresheim den Blick in das aufgeschlagene Buch. Auf der linken Seite ist die Signatur Heines abgebildet. In eine einzelne auskragende Buchseite ist die Silhouette des Dichters aus dem bronzenen Blatt geschnitten, sodass der aufsteigende Sonnenstand einen Schattenriss des Dichters auf die rechte Buchhälfte projiziert und dort den Textauszug aus Heines *Verschiedenartige Geschichtsauffassungen* von 1833 umrahmt.

weder Zweck noch Mittel;
ist ein Recht.
Recht geltend machen
Tod,
die Vergangenheit,
ist die Revolution.
der Historiker und Poeten
bey diesem Geschäfte:
soll uns nicht verleiten,
zu verfechtende
auf's Spiel zu setzen.

Die Rückseite des Buches zeigt ein Doppelbildnis Heines. Dazwischen ist die Signatur des Künstlers auf einem Handabdruck angebracht. Das bekanntere Bild des jugendlichen Denkers und Dichters, im Profil als Büste abgebildet, wird durch die Darstellung Heines im fortgeschrittenen Alter erweitert. Die Augen des Alten sind geschlossen, die Physiognomie ist von Anstrengung und tiefen Falten gezeichnet. Der expressive Reliefstil des Künstlers macht die Lebens- und Leidensgeschichte Heines deutlich. Die Oberflächenstruktur ist zerklüftet – geradezu aggressiv stört ein tiefer Schnitt die sonst lebensnahe Porträthaftigkeit. Nachhaltig bleibt die Erinnerung an die dichten „Textur- und Schraffurlandschaften" (Mai S. 11) von Gerresheims graphischem Œuvre zurück.

Die Verortung des Denkmals an der Magistrale des Campus stellt eine Korrespondenz zu der Darstellung des jungen Heine auf dem Vorplatz der Universitäts- und Landesbibliothek her, die 1994 nach einem Bozzetto Hugo Lederers für das Heine-Denkmal nachgegossen und auf dem Campus aufgestellt wurde. Die Referenz an Lederer wird durch formelle Aspekte bildlich ausgedrückt: Gerresheim orientiert sich in der Gestaltungsweise des getreppten Sockels an Lederer, wenngleich er sich anstelle des Klinkers für eine vertikale Betonstruktur entscheidet und derart das Kunstwerk den Betonfassaden der Universitätsgebäude einschreibt.

Mit ausgewählten Symbolen generiert Gerresheim Bedeutung: Der Davidstern bildet das Fundament des Denkmals. Das einst von den Zionisten selbst gewählte Motiv, der Schild Davids, verweist auf die jüdische Herkunft Heines und wurde gleichzeitig zum Symbol, welches die Brandmarkung der Juden, ihren Ausschluss und ihre Verfolgung bezeichnet. Mit offener Schere und ‚Lazarusschelle', einem mittelalterlichen Zeichen für Aussätzige, die Gerresheim bereits 1981 als sprechende Attribute eines Lebens unter der Zensur für das Heine-Denkmal am Schwanenmarkt auswählte, ist an die berufliche Enttäuschung des Dichters in Berlin aufgrund seiner jüdischen Herkunft und die Flucht aus der politischen Unterdrückung erinnert. Das erste Heine-Denkmal des Künstlers am Schwanenmarkt war zugleich Zeichen der Problemgeschichte einer widersprüchlichen Heine-Rezeption, die sich in einem Denkmalstreit um „geplante und realisierte, um gestürzte und umfunktionierte Denkmäler" (Müller-Hofstede S. 141) Heines materialisierte, in dem es die Erinnerung an den jüdischen Schriftsteller zu tilgen galt und der de facto erst mit dem Denkmal am Schwanenmarkt beendet wurde. Bereits 1981 hat Gerresheim die Figur Heines auf sein Antlitz reduziert und das Abbild mit Symbolen konfrontiert. Gerresheim, für den ab 1958 Literatenporträts einen wichtigen Gegenstandsbereich seines Werks darstellen, legte mit dem ersten Heine-Denkmal am Schwanenmarkt eine fragmentierte, begehbare Landschaft an und beschäftigte sich vorrangig mit dem Porträt des Dichters, darunter auch seiner Totenmaske, sodass „dem Betrachter ein mehrfaches und damit vieldeutiges Gesicht begegnet" (Kruse S. 8).

Der Ausspruch von Raddatz, „Heinrich Heine ist ein Plural" (Neisser S. 4), gilt als Anregung für das Denkmal damals wie heute. In einer Achse mit Lederers Sockelfigur des jungen Schriftstellers ergänzt Gerresheim den Campus durch das Monument mit Doppelbildnis und erweitert die Retrospektive des Dichters um eine neue Sinnebene. Nicht zuletzt ist das monumentale Buch Verweis auf das literarische Œuvre des Dichters und fungiert als Symbol für Wissen und Wissensvermittlung, mit dem der *genius loci*, das geistige Klima der Universität, aufgenommen und eine Verbindungslinie zur Lebensrealität am Campus hergestellt wird. Als Denkmal der literarischen Persönlichkeit Heinrich Heine ist das Ensemble Manifest für eine historische und gewissermaßen „überzeitliche Identifikationsfigur" (Benner S. 23), die (wenngleich nachträglich) in die Gründungsgeschichte der Universität eingeschrieben wurde.

Literatur

Benner 2003; Funken [1]2012; Kortländer 2003; Kruse [2]1980; Mai [2]1980; Meinschäfer 2012; Müller-Hoffstede 1983; Neisser [2]1980; Ausst.-Kat. Passionsspuren 1999; Roemer 1995; Scheiner 2004; Scholem [1]2010

Graffiti der Cafeteria der Philosophischen Fakultät (1992)
Loomit, Grey (Bomber), Darco (Gor), Kane

Lackfarbe aus Spraydosen auf Betonwand

23.01 Ebene 00, vor Hörsaal 3D

Sarah Czirr

Die beim Umbau des Gebäudes 23.01 im Jahre 2013 zerstörten Graffiti der Cafeteria der Philosophischen Fakultät gehörten wie nur wenige Werke zum integralen Bestandteil des Campus der Universität und verwiesen auf ein wichtiges Kapitel ihrer Geschichte. 1992 – fast fünf Jahre nachdem der lange Streit um die Namensgebung der Universität beigelegt war – wandte sich der AStA an das Rektorat mit der Bitte um Zustimmung für die künstlerische Gestaltung dieses Ortes. Der AStA, der im Namensstreit entschieden für Heinrich Heine eingetreten war und sein Bild bereits seit 1975 in seinem Briefkopf führte, entschied sich bewusst für die Kunstform des Graffiti, die damals weniger als Kunst denn als ein Phänomen der Jugendkultur wahrgenommen wurde. Ikonografisch war der Bezug zu Heinrich Heine als Namensgeber der Universität gewünscht.

Entscheidungsgrundlage war eine Mappe mit Zeichnungen von Loomit, der einer der bedeutendsten deutschen Graffiti-Künstler ist und der schon früh auch außerhalb von Streetart bekannt wurde. Nachdem das Rektorat zugestimmt hatte, erging der Auftrag an ihn und die Sprayer Grey (Bomber), Darco (Gor) und Kane. Innerhalb von vier Tagen entstand eine genuin ortsspezifische Arbeit aus sogenannten Murals oder Concept Walls. Das Gesamtwerk gliederte sich in drei durch Doppelpfeiler getrennte Wandflächen, deren ornamentale Rahmen die Bilderreihe verklammerten. Die zwischen den Doppelpfeilern vorhandenen Flächen wurden ebenfalls mit Ornamenten gefüllt. Des Weiteren wurde die schräge Decke zum Treppenabgang sowie die rechts daran anschließende Wandfläche gestaltet.

Bei der von Kane gestalteten Wand, die den Anfang bildete, schwebten vor einem himmelsähnlichen Hintergrund die gelben Buchstaben seines Namenszuges, von dem sich oben mittig wie eine Papierbahn die gelbe Farbe löste. Die Buchstaben erschienen verräumlicht und materialisiert, und der Schriftzug wurde zum Ort einer Handlung. Aus einer Schublade entschwebte ein menschenähnliches Kopfwesen mit einer Wunde an der Schläfe, die Hand an die Stirn gepresst. Seine Gedanken verkündete eine Spruchblase: „ALL these WORDS. … MAKe Me CRAZY".

Ausgangspunkt für das nächste, von Loomit realisierte Bild war wie in allen Werken der Namenszug. Loomit arbeitete mit zwei unterschiedlich farbigen Konturen, einer roten und einer hellblauen, die alle dreifarbigen Buchstaben umrahmte gleich einem schwebenden Planeten vor dreifarbigem Hintergrund. Trennendes Element innerhalb der Komposition bildete ein Balken mit der Signatur Loomits. Darunter liest man FBI (Fabulous Bomb Inability), ein Verweis auf die 1986 gegründete *Writercrew*, der Loomit und Darco angehörten. Den beiden Bereichen links und rechts waren Figuren zugeordnet: eine Eule und ein Hase mit Krone über ein Buch gebeugt sowie ein greiser Mann mit weißen Haaren, ebenfalls mit Buch und einer Spraydose in der rechten Hand.

Das anschließende Bild wurde von Grey gestaltet. Den Hintergrund bildete eine in Lila- und Silbertönen gestaltete Struktur, die an eine Platine denken ließ. Die unteren Zweidrittel waren gefüllt mit einer Art Maschine aus Metallrohren, die den Namenszug des Künstlers bildeten und in ein an ein neurologisches System erinnerndes rosa Geflecht eingebunden erschienen. Darauf war eine sitzend in sich gekehrte Figur mit farblich korrespondierendem rosa Schädel dargestellt. Erläutert wird das Werk durch den Satz „LIFE IS A PROGRAMM, AND DEATH IS NOT THE END. …". In einer Inschrift unten rechts bekannte sich der Künstler zur *Zulu Nation*, einer Bewegung, die innerhalb der Hip-Hop-Kultur dem Gangwesen eine gewaltfreie, mit den Mitteln der Kunst agierende Lebensform entgegenstellte. Greys Arbeit war inhaltlich und formal sehr komplex gestaltet, was auch darin zum Tragen

Loomit, Grey (Bomber), Darco (Gor), Kane

kam, dass bei ihm der Schriftzug im Vergleich zu den anderen Werken am stärksten in die Gesamtkomposition eingebunden war.

Den Abschluss bildete eine dreiteilige Arbeit von Darco (Gor), Loomit und Kane, die sich rechtwinkelig über zwei Wände erstreckte, die aber trotz des einheitlichen Hintergrundes doch eher separat wahrgenommen wurde. Das seitliche Wandbild zeigte einen bärtigen Hip-Hopper mit einer Spraydose, der durch den Schriftzug „Kane“ trat wie durch eine Wand. Die Szene wurde durch den Spruch darunter „WHO GIVES A RUSTY FU..?!“ kommentiert. Das größte und durch seine Ikonografie als Hauptbild zu lesende Bild gliederte sich in zwei Bereiche. Links dominierte einmal mehr der Schriftzug des Künstlers: Gor. Das Konterfei Heines im Dreiviertelprofil vor einem gelb gerandeten Nimbus rechts war das Werk Loomits. Der untere Teil des Kreises wurde durch den Schriftzug „HEINES UNI“ und unterhalb in kleineren Lettern „Asta“ vervollständigt. Darunter las man vor grünem Hintergrund die Bildunterschrift: „LE XENOPHILE RADICAL FOU A LIER ENTRE EN ACTION!“.

Der inhaltliche Bezug zum Ort wurde einerseits durch Heine, andererseits durch Verweise auf den Themenkomplex Lernen, Bildung und Wissen (die Schubladen und die Spruchblase im Bild Kanes; die Eule und der greise Mann mit Büchern als Symbol für Weisheit im Bild Loomits; die Computertechnologie als neues Medium der Wissensspeicherung und -verarbeitung im Bild Greys) hergestellt. Zugleich stellt die Realisierung dieser Thematik im Medium Graffiti die etablierte „Ordnung der Zeichen“ (Baudrillard) in Frage. Mit dem ikonischen Bekenntnis zu Heine verband sich die Idee, durch Kunst inspirierende und demokratische Lern- und Lebensräume zu schaffen. Indem sich die subkulturelle Kunstform Graffiti Räume aneignet und darin die Grenzen etablierter Konventionen bewusst sprengt, wird sie als eine adäquate Repräsentation studentischen Selbstverständnisses begriffen.

Graffiti der Cafeteria der Philosophischen Fakultät

Heine-Denkmal (1994)
nach Hugo Lederer

Bronze auf Backsteinsockel (Gesamthöhe 260 cm, Figur 180 cm)

Platz vor der Universitäts- und Landesbibliothek

Eleni Kechagia

Ein Heine-Denkmal nach einer Statuette Hugo Lederers hat am 16. Juni 1994 seine zentrale Stelle in der Mitte des Campus gefunden: auf dem Platz vor der Universitäts- und Landesbibliothek. Der Aufstellungsort des Denkmals wurde nicht zufällig gewählt. Heinrich Heine befindet sich am zentralsten Ort der Universität und begegnet dort den Studierenden, vor der Bibliothek und damit im Zentrum des Campus, an dem Ort, an dem einst auch Einrichtungen wie Audimax und Mensa geplant waren.

Auf dem oberen Sockel der Statue ist die folgende Inschrift zu lesen: „Heinrich Heine, 1797 bis 1856. Gegossen nach einer Bronze-Statuette, die nach einem Werkstattmodell des Bildhauers Hugo Lederer (1870 bis 1940) entstand. Das Heine-Denkmal Lederers in Hamburg wurde 1933 von den Nationalsozialisten demontiert und später eingeschmolzen. Finanziert durch Spenden der Stadtsparkasse Düsseldorf und der Westdeutschen Landesbank. Prof. Dr. Ernst-Adolf Chantelau und Dr. Ora Seewi haben der Universität freundlicherweise die Bronze-Statuette für den Guss überlassen".

Die Bronzestatue steht nicht mittig auf ihrem zweifach gestuften Sockel aus Backstein. Die Stufung ist so angeordnet, dass ein Viereck ein zweites einschließt. Der in zeitgenössischer Kleidung dargestellte Dichter ist frontal ausgerichtet – mit einer leichten Drehung des Oberkörpers und des Kopfes nach rechts; die Gesichtszüge sind nicht detailliert ausgearbeitet. Die jünglinghaft-schmale Gestalt Heines erscheint in einer zwanglosen Körperhaltung: Das rechte Bein ist lässig über das linke gekreuzt, sodass die Fußspitze den Boden berührt. Zwanglos ist auch die Haltung der Arme: Der rechte Arm liegt quer vor dem Körper, während der Ellbogen des linken Armes auf ihn gestützt und die Hand an das spitze Kinn geschmiegt ist – eine für Heine-Bildnisse typische Geste.

Die Diskussion über das Projekt eines Heine-Denkmals in Düsseldorf, wo Heine am 13. Dezember 1797 geboren worden war, reicht lange zurück. Zwei Versuche der österreichischen Kaiserin Elisabeth im Jahr 1888, dem Dichter ein Denkmal in seiner Geburtsstadt zu widmen, trafen bei den Verantwortlichen in Düsseldorf auf wenig Gegenliebe; die Denkmäler wurden in anderen Städten verwirklicht. Heines 50. Todestag im Jahr 1906 belebte die Diskussion über die Errichtung eines Denkmals in Düsseldorf, doch nicht Düsseldorf, sondern Hamburg erhielt 1926 eine Heine-Statue.

1911 erhielt Hugo Lederer (1871–1940) von der Stadt Hamburg den Auftrag für ein Heine-Denkmal. Mit dem Auftrag an den als deutschnational ausgewiesenen Künstler versuchten die Befürworter eines Heine-Denkmals denjenigen den Wind aus den Segeln zu nehmen, die gegen ein Monument für den Spötter und Juden Heine stritten. Bald darauf entstand ein Werkstattmodell, doch erst 1926 kam es zur Aufstellung des 3,40 Meter hohen Denkmals im Hamburger Stadtpark. Während des Krieges wurde das Denkmal von den Nationalsozialisten zu Zwecken der Rüstungsindustrie eingeschmolzen. Waldemar Ottos Denkmal von 1982 spielt auf Lederers Denkmal an, wiederholt es aber nicht.

Die in Privatbesitz befindliche Statuette, die Hugo Lederer als verkleinerte Wiederholung nach seinem Hamburger Heine-Denkmal modelliert hatte, wurde im Jahr 1991 im Schaufenster des Düsseldorfer Sternverlags entdeckt und der Universität gestiftet. Daran gebunden war der Wunsch, mit einer Vergrößerung der Statuette Heine auf dem Campus ein Denkmal zu setzen. Dem Projekt stellten sich zunächst Hindernisse in den Weg: Hugo Lederer gehörte zu den prominentesten Bildhauern, die ihre Kunst in den Dienst des nationalsozialistischen Regimes gestellt hatten. Auch bestand die Gefahr, dass die ahistorische Vergrößerung der Statuette zu einem lebensgroßen Standbild zudem ästhetisch unbefriedigend geraten könnte.

Stefan Saxen, der damals in Bremen Bildhauerei studierte, bekam den Auftrag, das Gussmodell für das Düsseldorfer Denkmal auszuarbeiten. Die Anfertigung und Aufstellung des Denkmals übernahm die Düsseldorfer Kunstgießerei Schmäke, die bereits Lederers Hamburger Heine-Denkmal von 1926 gegossen hatte.

Literatur

Houben 1994; Jochum-Bohrmann 1990; Purpar ^{2}2009; Schubert 1999; Ziegler 2006

Objeto mimético (2006)
Cristián Salineros

Rostfreier Stahl

Zwischen der Universitätsbibliothek und Gebäudegruppe 25

Petra Becker

Die Skulptur *Objeto mimético* des chilenischen Künstlers Cristián Salineros entstand im Rahmen des Förderpreises für Skulptur der Deutschen Bank und wurde am 12. Oktober 2006 im Beisein des Künstlers enthüllt. Es ist eine Dauerleihgabe der Deutschen Bank an die Universität aus Anlass ihres 40jährigen Bestehens.

Auf Hochglanz polierte, ca. zehn Zentimeter breite und nur wenige Millimeter starke Stahlstreifen sind zu einem voluminösen, nahezu eiförmigen Objekt verwoben, das mit seiner Längsachse fast parallel zum Boden verläuft und über dem Boden zu schweben scheint. Dieser Eindruck wird auch durch die Materialwahl und durch das Konstruktionssystem unterstützt. In der glänzenden Oberfläche spiegelt sich die Umgebung der Skulptur. Generell geht es Cristián Salineros in seinem Werk vor allem um das Verhalten von Material und Form des Kunstwerkes in seiner Umgebung.

Nach Aussagen des Künstlers basiert diese Arbeit auf dem Studium von Konstruktionssystemen verschiedener Gattungen: Es handelt sich dabei sowohl um technologische als auch um anthropologische Systeme u. a. aus der chilenischen Kultur, wobei es Salineros vor allem darum ging, diese überwiegend aus dem Kunsthandwerk stammenden Systeme (Korbgeflecht, Webarbeiten) in die Produktion zeitgenössischer Kunst und Technologie zu übertragen und dabei moderne Materialien zu verwenden. Zur Intention des Künstlers gehörte es, dass sich das Objekt in die umgebende Landschaft integriert, er nennt in diesem Zusammenhang den Vergleich mit einem Baum, der aus dem Inneren der Erde heraus in einem Garten wächst. Am jetzigen Aufstellungsort ergibt sich durch das Zusammenspiel von Visualität (Landschaft), Durchgangssituation (Fußgängerweg zur Bibliothek), Architektur und

dem Ort der Kontemplation (Mauern und Treppen, auf denen man sitzen kann) ein öffentlicher Raum, in den sich das Objekt harmonisch einfügt und in dem es nicht zu monumental wirkt.

Das Objekt war ursprünglich für den Innenhof der Deutsche Bank Filiale auf der Düsseldorfer Königsallee konzipiert worden und wäre dort vollständig von Gebäudewänden umgeben gewesen. Dort hätte es eine Verbindung zwischen den einzelnen Gebäudeteilen dargestellt. Es gibt also einen erheblichen Unterschied zwischen dem ursprünglich geplanten und dem jetzigen Aufstellungsort. Es steht im Freien zwischen der Gebäudegruppe 25 und der Bibliothek, doch bleibt es ohne besonderen Bezug zu beiden. Zudem steht das Objekt nicht, wie geplant, im Wasser, durch das es gespiegelt worden wäre, sondern es wurde auf dem Rasen installiert. Des Weiteren ist es nicht parallel zu den Gebäudemauern, sondern etwas schräg versetzt aufgestellt und bildet eine Art Verlängerung des Weges, der vom Parkplatz auf den Campus führt. Der heutige Aufstellungsort stimmt nur wenig mit Salineros' ursprünglicher Idee überein, doch wurde er in Abstimmung mit dem Künstler gewählt. Im Gegensatz zu anderen Objekten von Salineros, die im Freien aufgestellt sind (z. B. *Objeto negro* und *Semillas*, beide in Santiago de Chile), liegt das *Objeto mimético* nicht direkt auf dem Untergrund auf. Möglicherweise liegt in der ursprünglichen Konzeption, d. h. der Aufstellung in einem Wasserbecken, der Grund für das Verbindungsstück zwischen Rasen und dem ovalen Körper des *Objeto mimético*. Der Künstler betont aber, dass für ihn der konkrete Charakter des Aufstellungsortes – ob es sich um einen architektonischen, städtischen, landschaftlichen Raum oder einen Ausstellungsraum handelt – von nachgelagerter Bedeutung war.

Das *Objeto mimético* ist durch seine stark reflektierende Oberfläche, seine ovale Form und das Konstruktionssystem ein Kunstwerk, das sich leicht in beinahe jede Form von Umgebung einfügen könnte. Durch sein transparentes Korbgeflecht mutet es leicht und luftig an und wirkt je nach Lichteinfall und Wetter immer anders auf den Betrachter, ohne jedoch ein Fremdkörper in der Umgebung zu sein.

Literatur

http://www.uni-duesseldorf.de/home/en/about-hhu/further-links/pressebereich/pressemeldungen/news-detailansicht/article/campuskunst-skulptur-objeto-mimetico-jetzt-vor-der-ulb-1.html; Looz-Corswarem/Purpar 1996

Fassadenteile der alten Landes- und Stadtbibliothek (um 1900)

Roter Sandstein

Zwischen der Universitäts- und Landesbibliothek und Gebäudegruppe 25

Elly Tsoutsias

Befindet man sich westlich der Universitäts- und Landesbibliothek, fällt der Blick auf antikisierende Bauelemente. Durch ihre scheinbar beliebige Zerstreuung auf der Wiese wird dem Betrachter der Eindruck eines kleinen archäologischen Ensembles vermittelt. Es handelt sich um gedrungene Wandsäulen in Renaissanceformen mit Kompositkapitellen und Schäften mit Beschlagwerkornament.

Die Fassadenteile stammen von dem ehemaligen Kunstgewerbemuseum am Grabbeplatz, in dem seit 1904 die große Sammlung der Königlichen Landesbibliothek untergebracht war, die damals in *Sammlung der Landes- und Stadtbibliothek* umbenannt wurde. Das Museum sowie der Erweiterungsbau wurden im Auftrag des Central-Gewerbe-Vereins 1889 vom Düsseldorfer Architekten Carl Hecker geplant und der Erweiterungsbau, in dem sich die Sammlung befand, von Johannes Radke vollendet; die feierliche Eröffnung fand am 30. Oktober 1906 statt. Die auf dem Universitätsgelände aufgestellten Säulen, Fragmente eines Reliefs und Elemente eines Frieses sowie das Gitter vom Portal der ehemaligen Landes- und Stadtbibliothek Düsseldorf, das oberhalb der Aufzugstüren im Erdgeschoss der Bibliothek angebracht ist, sind die einzigen Überreste des prächtigen historisierenden Baus.

Das Kunstgewerbemuseum in Düsseldorf wurde als monumentales städtebauliches Gebäude im Stil der holländischen Renaissance erbaut. Das Gebäude war aus Backstein und wurde mit antikisierenden Elementen, Ornamenten, Wappen der Provinzen und Länder und den Symbolen der Gewerbe aus kontrastierendem weißen Haustein besetzt. Die dreigeschossigen Gebäude waren mit Giebeln über den Haupteingängen bekrönt und umrahmten einen Lichthof. Während des Zweiten Weltkrieges wurde der Bau stark beschädigt. Nach der Übernahme

25.02

der Sammlung durch die Universität Düsseldorf und der Errichtung eines neuen Gebäudes auf dem Campus im Jahr 1979 wurde das Kunstgewerbemuseum noch am Ende des selben Jahres abgerissen. Seinen Platz nimmt heute das Gebäude für die Kunstsammlung des Bundeslandes Nordrhein-Westfalen ein.

Literatur

Beyme 1992; Hammerschmidt 1985; Hiller von Gaertringen 1997; Schürmann 1988; Siebert 2004

Felix Klein-Monument. Mathematische Skulptur (1999)
Claudia Carola Weber und Ulrich Forster

Keramik, 250 cm × 140 cm

Innenhof der Mathematisch-Naturwissenschaftlichen Fakultät, Geb. 25.22

Eleni Kechagia

Die *Mathematische Skulptur* befindet sich seit dem 5. Juni 1999 im Innenhof des Gebäudes der Mathematisch-Naturwissenschaftlichen Fakultät. Im Jahr 1999 jährte sich der Geburtstag des berühmten Düsseldorfer Mathematikers Felix Klein zum 150. Mal. Aus diesem Grund wurden die Bildhauer Claudia Carola Weber und Ulrich Forster beauftragt, die sogenannte ‚Diagonalfläche' zu schaffen. Die Skulptur stellt ein mathematisches Objekt dar, eine Entdeckung des Göttinger Mathematikers Alfred Clebsch (1833–1872), der im Jahre 1871 erkannte, dass in der Mathematik auf jeder glatten kubischen Fläche im dreidimensionalen komplex projektiven Raum genau 27 komplexe Geraden liegen.

Diese mathematische Skulptur visualisiert aber nicht als erste die *Clebsche Diagonalfläche*. Schon 1872 konstruierte Adolf Weiler, der bei Alfred Clebsch studierte, das erste kleine Modell. Als Gipskopie war sie Teil einer bekannten Serie von 27 Gipsmodellen algebraischer Flächen, der sogenannten Rodenberg-Serie. 1893 begleitete Felix Klein als Kommissar des preußischen Unterrichtsministeriums die Ausstellung ‚deutscher mathematischer Modelle', in der auch die Rodenberg-Serie gezeigt wurde. Weilers Modell stand Pate für die Keramikskulptur der Heinrich-Heine-Universität, allerdings ist bei der Düsseldorfer Keramikskulptur die Fläche unterhalb der Durchgänge nicht abgeschnitten, sondern nimmt die runde Form des Zylinders an, der sie begrenzt.

Die kubische und in sich symmetrische Skulptur aus gebranntem Ton steht auf einem quadratischen Betonsockel. Drei Flügel ragen empor. Jeder der drei Flügel zeigt mit seiner breiteren Seite nach außen, und auf jedem einzelnen ist mehr oder weniger deutlich eine Nummerierung erkennbar: Die römischen Ziffern I–III sind jeweils

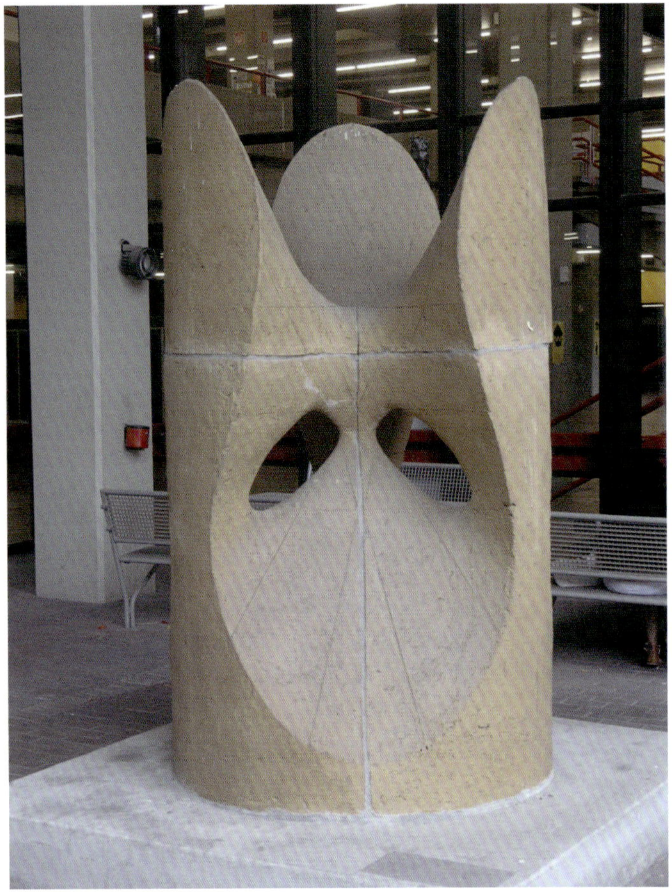

an den ‚Nähten' sichtbar, an denen die verschiedenen Teile der Skulptur zusammengesetzt wurden. Auch die Signaturen wie das Entstehungsjahr am unteren Abschnitt der Plastik sind deutlich sichtbar. Die Inschrift auf dem Sockel lautet: „Diagonalfläche mit den 27 Geraden. Zum 150. Geburtstag von Felix Klein (1849–1925) aufgestellt mit Unterstützung der Gesellschaft von Freunden und Förderern der Heinrich-Heine-Universität. Künstlerische Ausführung von C. C. Weber und U. Forster".

Die Skulptur beruht, dem mathematischen Betreuer dieses Projektes, Rainer Kaenders, zufolge, auf rein mathematischen Grundlagen. Der künstlerische Aspekt trat bei diesem Werk zunächst in den Hintergrund, wie es die Ausführungen des Künstlers Forster anlässlich der Einweihung nahelegen: „Für uns ging es bei dieser Arbeit nicht um Bildhauerei. Vom skulpturalen Standpunkt aus gesehen gibt es zwar einige bildhauerische Arbeiten, mit denen man diese Form vergleichen könnte. Ich denke hier etwa an Arbeiten von Henry Moore oder Hans Arp. Für uns aber – gerade zu Beginn – hat der Bau der Skulptur in erster Linie eine anspruchsvolle handwerkliche Herausforderung dargestellt. Nichtsdestoweniger wurde uns während der Arbeiten an der Plastik zunehmend klar, dass diese Form, als Skulptur, in hohem Maße stimmig ist. Und dies aufgrund ihrer mathematischen Struktur, welche als solche fasziniert. Für mich stellt sich hier die Frage: Wenn es diese Formen außerhalb der Bildhauerei schon gibt, was kann man dem als Bildhauer entgegensetzen oder hinzufügen?" (Kaenders 1999, S. 21).

Literatur

Kaenders 1999; Kaenders 2000

Die Blaue (1995)
Klaus Richter

Farbig lackierter Stahl, 280 × 165 × 70 cm

Campus-Süd, zwischen Studentenwohnanlage und Heine-Saal

Eleni Kechagia

Die aus lackiertem Stahl gefertigte Skulptur *Die Blaue* von Klaus Richter entstand 1995 und wurde im September 1997 aufgestellt. Die Skulptur ist aus 3,5 Zentimeter starken Stahlblechen zugeschnitten und wirkt daher zweidimensional und silhouettenhaft.

Zu sehen ist eine blaue Figur mit voluminösem Oberkörper, kräftigen Beinen und dünnen, überlängten Armen, die auf einem roten Sockel steht. Die eine Tanzbewegung ausführende Figur balanciert auf ihrem rechten Bein. Der Oberkörper drängt dynamisch nach vorn, während beide Hände und das linke Bein nach hinten gestellt sind. Möglicherweise spiegelt sich in dem Tanzmotiv der Schauspielunterricht, an dem der Künstler teilgenommen hat. Weder Gesicht, noch Körperdetails sind zu erkennen: das Geschlecht bleibt unbestimmt. Wie der Künstler betont, will er eine sexuelle Festlegung vermeiden. Er sei an der Figur als solcher interessiert und wolle alle Aufmerksamkeit auf sie konzentrieren. Eine für Klaus Richter wichtige Rolle spielt die Farbe. Er verwendet oft blau, weiß, rot und schwarz. Dabei soll die Farbe jeweils dem Charakter der Figur entsprechen und ist deshalb auch titelgebend. Richter benennt die Figuren gewöhnlich nach ihrer Farbigkeit, weil er Assoziationen mit bestimmten Rollen oder Charakteren vermeiden möchte. Insofern ist die Figur auf dem Campus der HHU schlicht *Die Blaue*. Vorgängerwerke sind *Die Schwarze* (1990–1992), oder *Die Weiße* (1993). Im Laufe der Jahre werden die Figuren auch farblich komplexer. Sie sind nicht mehr einfarbig, sondern verfügen über Körperteile aus verschiedenen Farben. Gelegentlich verwendet der Künstler mehr als eine Figur, bildet Figurengruppen oder Figurentürme. Genauere Bestimmungen und Deutungen seiner Figuren überlässt der Künstler dem Betrachter.

Bibliographie

Arnheim, Rudolf, Die Macht der Mitte, Köln 1983

Bachmann, Vera E., Max Kratz, Skulptur in Licht und Raum, Coesfeld-Lette 1990

Baltrock, Thomas, Lieber Michael, in: Baltrock, Thomas (Hg.), Michael Irmer. Monographie und Werkübersicht, Köln 1997, S. 162–165

Banham, Reyner, Brutalismus in der Architektur – Ethik oder Ästhetik?, Stuttgart 1966

Baudrillard, Jean, Das System der Dinge, Frankfurtam Main 2007

Benner, Iris, Kölner Denkmäler 1871–1918. Aspekte bürgerlicher Kultur zwischen Kunst und Politik, Köln 2003

Stiftung Museum Schloss Moyland/Sammlung van der Grinten/Josef-Beuys-Archiv des Landes Nordrhein-Westfalen (Hg.), Gerhard Marcks Statuen. Plastiken und Zeichnungen aus dem Gerhard Marcks-Haus Bremen, Bremen 1999

Beyme, Klaus von (Hg.), Neue Städte aus Ruinen. Deutscher Städtebau der Nachkriegszeit, München 1992

Bönninghausen, Albert J. von, Augenarzt Professor Dr. Albert Mooren zu seinem 100-jährigen Geburtstag am 26. Juli 1928, Oedt 1928

Brockhaus, Christoph/Leinz, Gottlieb (Hg.), Skulpturen. Wilhelm Lehmbruck Museum Duisburg. Bestandskatalog, Oberhausen 1992

Museum für Kunst und Kulturgeschichte der Hansestadt Lübeck (Hg.), Hede Bühl – Köpfe, Lübeck 1995

Busch, Günter, Gerhard Marcks. Das plastische Werk, Frankfurtam Main 1977

Busch, Wilhelm, Bauten der 20er Jahre an Rhein und Ruhr. Architektur als Ausdrucksmittel, Köln 1993

Buslei-Wuppermann, Agatha, Hans Schwippert 1899–1973. Von der Werkkunst zum Design, München 2007

Bußmann, Klaus (Hg.), 1910. Halbzeit der Moderne. Van de Velde, Behrens, Hoffmann und die anderen, Stuttgart 1992

Catalogo della XXXIII Esposizione Biennale (Ausstellungskatalog), Venedig 1966

Claussen, Gerd, Beitrag zur Geschichte des Baues I der ehemaligen Krankenanstalten des jetzigen Gebäudes 14.79 der Universität Düsseldorf, Dissertation, Düsseldorf 1988

Cook, Peter (Hg.), Archigram, New York 1999

Delvos, Hubert, Geschichte der Düsseldorfer Denkmäler, Gedenktafeln und Brunnen, Düsseldorf 1938

Dezernat Städtische Krankenanstalten (Hg.), Die Chirurgische Klinik der Städtischen Krankenanstalten Düsseldorf, Düsseldorf 1960

Distler, Wolfgang, Vorwort, in: Frauenklinik der Heinrich-Heine-Universität (Hg.), Chronik der Jahre 1971–1991, Düsseldorf 1991, S. 7

Doede, Werner, Lebendiges Erbe. Gedächtnis-Ausstellung Düsseldorf Juli August 1946. Hetjens Museum, Düsseldorf 1946

Durth, Werner, Deutsche Architekten. Biographische Verflechtungen 1900–1970, Braunschweig 1986

Durth, Werner, Düsseldorf: Demonstration der Modernität, in: Beyme, Klaus von u. a. (Hg.), Neue Städte aus Ruinen, München 1992, S. 231–250

Fehlemann, Sabine (Hg.), Friederich Werthmann, Skulpturen. Werkverzeichnis 1957–2002, Wuppertal 2002

Florin, Melanie, Das Majolikahäuschen von Villeroy und Boch im Düsseldorfer Hofgarten, Düsseldorf 2006

Fortser-Hahn, Françoise, Deutsche „Bierburg“ oder „le clou de l'Exposition“? Le Pavillon de l'Empereur auf der Pariser Weltausstellung 1900, in: Fleckner, Uwe/Schieder, Martin/Zimmermann, Michael F. (Hg.), Jenseits der Grenzen: französische und deutsche Kunst vom Ancien Régime bis zur Gegenwart. Thomas W. Gaethgens zum 60. Geburtstag, Köln 2000, S. 315–328

Foucault, Michel, Die Heterotopien. Der utopische Körper. Zwei Radiovorträge, Frankfurtam Main 2005

Foucault, Michel, Die Geburt der Biopolitik, in: ders., Analytik der Macht, Frankfurtam Main 2005

Frenzel, Ursula, Gerhard Marcks 1889–1981. Briefe und Werke, München 1988

Fuhlrott, Rolf/Liebers, Gerhard/Philipp, Franz-Heinrich, Bibliotheksneubauten in der Bundesrepublik Deutschland, Frankfurtam Main 1983

Funken, Wolfgang, Kunst an Schulen in Düsseldorf, Düsseldorf 2006

Funken, Wolfgang, Ars Publica Düsseldorf. Geschichte der Kunstwerke und kulturellen Zeichen im öffentlichen Raum der Landeshauptstadt, Bd. 2, Essen 2012

Gattermann, Günter/Marwald, Hans (Hg.), Universitätsbibliothek Düsseldorf. Beiträge zur festlichen Übergabe des Neubaus am 26.11.1979, Düsseldorf 1980

Greve, Max, Geleitwort zur Feier der Eröffnung der Allgemeinen Städtischen Krankenanstalten und der Akademie für Praktische Medizin in Düsseldorf, Düsseldorf 1907

Gutschow, Konstanty, Kunst am Bau – Beispiel Chirurgische Klinik Düsseldorf, in: Der Architekt IX (1960), S. 137–139

Haberling, Wilhelm, Geschichte der Düsseldorfer Ärzte und Krankenhäuser bis zum Jahr 1907, in: Düsseldorfer Jahrbuch 38, 1936, S. 1–141

Halling, Thorsten/Vögele, Jörg (Hg.), 100 Jahre Hochschulmedizin in Düsseldorf 1907–2007, Düsseldorf 2007

Hammerschmidt, Valentin Wolfgang, Anspruch und Ausdruck in der Architektur des spaeten Historismus in Deutschland (1860 - 1914), Frankfurt am Main 1985

Herchenröder, Christian, Das Transitorische als Bilddimension, in: Baltrock, Thomas (Hg.), Michael Irmer. Monographie und Werkübersicht, Köln 1997, S. 52

Heuter, Christoph, Emil Fahrenkamp. 1885 – 1966: Architekt im rheinisch-westfälischen Industriegebiet, Petersberg 2002

Hiller von Gaertringen, Julia: Stadt und Bibliothek. Die Landes- und Stadtbibliothek Düsseldorf in den Jahren 1904 bis 1970, Düsseldorf 1997

Hitchcock, Henry Russell, HPP. Bauten und Entwürfe, Düsseldorf, Wien 1973

Hoffmann, August, Die Allgemeinen Städtischen Krankenanstalten in Düsseldorf, in: Klinische Wochenschrift, 5, 1926

Hoffmann, Raimund, Gerhard Marcks, Berlin 1982

Jacobsen, Olaf, Zwischen Pragmatismus und Idealismus. Der Hochschulbau in Nordrhein-Westfalen nach dem Kriege, in: Flagge, Ingeborg (Hg.), Architektur des Staates. Eine kritische Bilanz staatlichen Bauens in Nordrhein-Westfalen von 1946 bis heute, Düsseldorf 1984, S. 34–52

Jahn, Wolf, „Seine Welt zeige der Künstler“, in: Baltrock, Thomas (Hg.), Michael Irmer. Monographie und Werkübersicht, Köln 1997, S. 9–17

Jochum-Bohrmann, Ilonka, Hugo Lederer. Ein deutschnationaler Bildhauer des 20. Jahrhunderts, Frankfurtam Main 1990

Kaiser, Gert, Universitätsstraße 1 – eine besondere Adresse, in: Pfeffer, Alla (Hg.), Zeitzeugen. Bekenntnisse zu Düsseldorf, Düsseldorf 2001, S. 93 f

Kesting, Marianne, Die Erlösenden Gluten der Erinnerung. Zu Michael Irmers Bildprozeß *Das alte Land*, in: Baltrock, Thomas (Hg.), Michael Irmer. Monographie und Werkübersicht, Köln 1997, S. 61–63

Klatt, Günter, Bauten für Aus- und Weiterbildung, in: architektur wettbewerbe 104, 1980, Stuttgart 1980, S. 73–75

Knopper, Hans, Max Kratz Skulpturen 1944–1992, Solingen 1995

Költzsch, Georg-W., Peter Brüning, Köln 1988

Körner, Hans/Stercken, Angela (Hg.), 1926–2002 Ge So Lei. Kunst Sport und Körper, Ostfildern-Ruit 2002

Kortländer, Bernd, Heinrich Heine, Stuttgart 2003

Kratz, Max, Momente – Monumente. Verzeichnis des plastischen Werkes, Solingen 2000

Kruse, Joseph Anton, In zerbrochener Vollendung. Heines Grab als Wiege für die Zukunft, in: Neisser, Hans-Joachim (Hg.), Bert Gerresheim. Das Düsseldorfer Heine-Monument, Düsseldorf [2]1980, S. 7–9

Kunst und Bau 1998–2009, hg. v. dem Ministerpräsidenten des Landes Nordrhein-Westfalen, Düsseldorf 2007

Le Corbusier, Ausblick auf eine Architektur, Berlin 1963

Lehmann, Klaus, Bildende Künstler und Autoren Düsseldorf, Düsseldorf 1983

Looz-Corswarem, Clemens von/Purpar, Rolf, Kunststadt Düsseldorf. Objekte und Denkmäler im Stadtbild, Düsseldorf 1996

Lytton, Ursula, Thomas Schönauer, in: Galerie Winter, Wiesbaden, Thomas Schönauer/Michael Burges „Materie, Energie und Raum“, Wiesbaden 2006

Maes, Hans, Liste der öffentlichen Denkmäler, Brunnenanlagen, Gedenktafeln, Schmuckplastiken usw. Aufgestellt im April 1970. Landeshauptstadt Düsseldorf. Hochbauamt und Denkmalpflege, Düsseldorf 1970, S. 32

Maes, Hans (Hg.), Düsseldorf in Stein und Bronze, Düsseldorf [2]1984

Maeße, Jens, Die vielen Stimmen des Bologna-Prozesses. Zur diskursiven Logik eines bildungspolitischen Programms, Bielefeld 2010

Mai, Ekkehard, Das Leidenslager wird zur Landschaft. Gerresheims Heine-Bild: Einsicht in Vieldeutigkeit, in: Neisser, Hans-Joachim (Hg.), Bert Gerresheim. Das Düsseldorfer Heine-Monument, Düsseldorf [2]1980, S. 10–17

Marschall, Sabine, Das Hauptgebäude der deutschen Universität und technischen Hochschule im 19. Jahrhundert, Diss. Tübingen 1993

Meckert, Jörn (Hg.), David Smith. Skulpturen – Zeichnungen, München 1986

Meinschäfer, Victoria, In Bronze gegossen: Das „Buch Heine", in: Magazin der Heinrich-Heine-Universität Düsseldorf 4, 2012, S. 26–30

Meisenheimer, Wolfgang, Der Raum in der Architektur, Strukturen, Gestalten, Begriffe, Diss. Aachen 1964

Meisenheimer, Wolfgang, Das Denken des Leibes und der architektonischen Raum, Köln 2006

Merleau-Ponty, Maurice, Phänomenologie der Wahrnehmung, Berlin 1966

Meyer-Petzold, Roland, Ewald Matarés Kunst der Lehre, Ihre Wirkungsgeschichte an der Kunstakademie Düsseldorf aus der Sicht der Schüler, Düsseldorf 2002. Auszug aus der multimedialen Dokumentation zum EUROGA-Kunstwerk 2002 und Archiv der Kunstakademie Düsseldorf

Mitscherlich, Alexander, Die Unwirtlichkeit der Städte. Anstiftung zum Unfrieden, Frankfurtam Main 1965

Müller, Klaus, Unter pfalz-neuburgischer und pfalz-bayerischer Herrschaft (1614–1806), in: Hugo Weidenhaupt (Hg.), Düsseldorf. Geschichte von den Ursprüngen bis ins 20. Jahrhundert, Bd. 2, Von der Residenzstadt zur Beamtenstadt (1614–1900), Düsseldorf 1988, S. 7–312

Müller-Hoffstede, Ulrike, Heine-Denkmäler, in: Bushart, Magdalena (Hg.), Skulptur und Macht. Figurative Plastik im Deutschland der 30er und 40er Jahre, Ausst.-Kat. Düsseldorf, Berlin 1983, S. 141–153

Münch, Richard, Globale Eliten, lokale Autoritäten. Bildung und Wissenschaft unter dem Regime von PISA, McKinsey & Co, Frankfurt am Main 2009

Murken, Axel Hinrich, Die bauliche Entwicklung des deutschen Allgemeinen Krankenhauses im 19. Jahrhundert, Göttingen 1979

Murken, Axel Hinrich, Beispielhafte Krankenhäuser des Rheinlandes im 19. Jahrhundert, in: Die Kunst des 19. Jahrhunderts im Rheinland, Trier, Eduard/Weyres, Willi (Hg.), Bd. 1, Düsseldorf 1980, S. 383 f

Murken, Axel Hinrich, Vom Armenhospital zum Großklinikum, die Geschichte des Krankenhauses vom 18. Jahrhundert bis zur Gegenwart, Köln 1988

Neisser, Hans-Joachim (Hg.), Bert Gerresheim. Das Düsseldorfer Heine-Monument, Düsseldorf [2]1980

Niederwöhrmeier, Julius, Das Lebenswerk des Düsseldorfer Architekten Bernhard Pfau 1902–1989, Stuttgart 1997

Nietzsche, Friedrich, Menschliches, Allzumenschliches, Stuttgart 1964, S. 218
Orth, Hans Joachim (Hg.), Düsseldorf Creativ, Düsseldorf 1980
Passionsspuren Bert Gerresheim, Ausst.-Kat. Köln, Köln 1999
Penker, Georg, Im Dialog mit der Natur, Köln 1997
Perica, Blazenka/Elolf, Uwe (Hg.), Thomas Schönauer. ... und sie drehen sich doch, Emmerich am Rhein 2003
Peters, Paulhans, Die Jahre von 1960 bis 1977. Nachtrag, in: Benevolo, Leonardo, Geschichte der Architektur des 19. und 20. Jahrhunderts, Bd. 2, München [2]1982, S. 566–572
Pevsner, Nikolaus, Europäische Architektur von den Anfängen bis zur Gegenwart, München 1997
Plassmann, Max, Zur Baugeschichte der Heinrich-Heine-Universität Düsseldorf, in: Pilger, Andreas/Zuber, Uwe (Hg.), Staatliche Architektur und Stadtplanung nach 1945. Das Beispiel der Landeshauptstadt Düsseldorf (Veröffentlichungen des Landesarchivs Nordrhein-Westfalen 22), Düsseldorf 2008, S. 41–52
Plassmann, Max, Heinrich-Heine-Universität Düsseldorf. Von der Gründung bis zur Exzellenz, Düsseldorf 2014
Pressestelle der Heinrich-Heine-Universität Düsseldorf (Hg.), Campus-Kunst. Auch die Bildende Kunst ist auf dem Universitätsgelände zu Hause, In: Düsseldorfer Uni-Zeitung, Jahrgang 18, Nr. 5/89, Düsseldorf 1989
Purpar, Rolf: Kunststadt Düsseldorf. Objekte und Denkmäler im Stadtbild, Düsseldorf [2]2009
Rektor der Heinrich-Heine-Universität Düsseldorf (Hg.), Personen- und Vorlesungsverzeichnis Wintersemester 2002/2003, Düsseldorf 2002
Renner, Karl, Die Geschichte der Düsseldorfer Universitätskinderklinik von ihrer Begründung im Jahre 1907 bis zum Jahre 1967, in: Schadewaldt, Hans (Hg.), Arthur Schloßmann und die Düsseldorfer Kinderklinik. Düsseldorfer Arbeiten zur Geschichte der Medizin, Heft 27, Düsseldorf 1967, S. 13
Roemer, Werner, Bert Gerresheim. Retrospektive 1960–1995, Kevelaer 1995
Rudloff, Martina (Hg.), Gerhard Marcks 1889–1981 Retrospektive, München 1989
Ruhrberg, Karl, Figuren im leeren Raum, in: Baltrock, Thomas (Hg.), Michael Irmer. Monographie und Werkübersicht, Köln 1997, S. 124–125
Schadewaldt, Hans (Hg.), Universität Düsseldorf, Düsseldorf 1966

Schadewaldt, Hans, Die Medizin in Düsseldorf bis zur Gründung der Akademie für praktische Medizin im Jahre 1907, in: ders. (Hg.), Von der Medizinischen Akademie zur Universität Düsseldorf 1923–1973, Berlin 1973, S. 17–28

Schadewaldt, Hans, Die Napoleonische Universität in Düsseldorf 1811 – 1813, in: ders. (Hg.), Von der Medizinischen Akademie zur Universität Düsseldorf 1923–1973, Berlin 1973, S. 30–35

Schadewaldt, Hans, Die Bildhauerin Dr. Marianne Kiesselbach, in: Das Tor, 50.1984, Heft 12, S. 10–12

Scheiner, Jens J., Vom Gelben Flicken zum Judenstern? Genese und Applikation von Judenabzeichen im Islam und christlichen Europa (849–1941), Frankfurt a. M. 2004

Schloßmann, Arthur (Hg.), Die Düsseldorfer Kranken-, Heil- und Pflegeanstalten, Düsseldorf 1926

Scholem, Gershom, Das Davidschild. Geschichte eines Symbols, Berlin [1]2010

Schürmann, Sonja, Düsseldorf. Eine moderne Landeshauptstadt mit 700-jähriger Geschichte und Kultur, Köln 1988

Schwarz, Rudolf, Vom Bau der Kirche, Würzburg 1938

Schwickerath, Peter, Skulptur D-88. Fotografiert von Bernd Jansen, Neuss 1988

Schwippert, Gerdamaria/Werhahn, Charlotte (Hg.), Hans Schwippert, Düsseldorf 1984

Sieben, Friedhelm, Universität Düsseldorf, in: Die Bauverwaltung, Heft 1/72, S. 2–9

Siebert, Irmgard (Hg.), Beiträge zum Doppeljubiläum der Universitäts- und Landesbibliothek Düsseldorf, Düsseldorf 2004

Smithson, Peter, The idea of architecture in the '50s, in: Architects' Journal, 21. Januar, 1960, S. 124

Smithson, Alison & Peter, Banham's bumper book on brutalism, in: The Architects' Journal, 28. December 1966, S. 1590

Smithson, Alison, Italienische Gedanken, weitergedacht, Basel 2001

Stachelhaus, Heiner, Über Michael Irmer, in: Baltrock, Thomas (Hg.), Michael Irmer. Monographie und Werkübersicht, Köln 1997, S. 236–237

Stercken, Angela (Hg.), Kunst – Sport – Körper. Die Gesolei von 1926. Dokumentation, Weimar 2004

Streblow, Karl-Eberhard, Die Verwaltung der Städtischen Krankenanstalten Düsseldorf 1907 bis 1972, in: Schadewaldt, Hans (Hg.), Von der Medizinischen Akademie zur Universität Düsseldorf. 1923–1973, Düsseldorf 1973, S. 93

Trier, Eduard, Bildhauertheorien im 20. Jahrhundert, Berlin 1992

Tüshaus, B./Schneider, Th., Gebäude für Krankenpflege und öffentliche Wohlfahrt: 1. Pflege- und Waisenhäuser. 2. Krankenhäuser, in: Düsseldorf und seine Bauten, Düsseldorf 1904

Wattolik, Eva, Die Parodie im Frühwerk Roy Lichtensteins. Comic-Gemälde 1961–1964, Weimar 2005

Weber, Wolfgang E. J., Geschichte der europäischen Universität, Stuttgart 2002

Weidenhaupt, Hugo, Von der französischen zur preußischen Zeit (1806 – 1856), in: Weidenhaupt, Hugo (Hg.), Düsseldorf. Geschichte von den Ursprüngen bis ins 20. Jahrhundert, Bd. 2, Von der Residenzstadt zur Beamtenstadt (1614–1900), Düsseldorf 1988, S. 313–479

Weiss, Evelyn, Kasimir Malewitsch, Werk und Wirkung. Ausstellung im Museum Ludwig Köln, 10. November 1995 bis 28. Februar 1996, Köln 1995

Wenk, Silke, Henry Moore. Large Two Forms. Eine Allegorie des modernen Sozialstaates, Frankfurtam Main 1997

Wiener, Jürgen (Hg.), Die Gesolei und die Düsseldorfer Architektur der 20er Jahre, Köln 2001

Wiener, Jürgen, Architektur, Stadt- und Landschaftsplanung der Heinrich-Heine-Universität: Eine Bestandsaufnahme, in: Jahrbuch der Heinrich-Heine-Universität Düsseldorf 2007/2008, S. 743–771

Wisbrun-Irmer, Nicola, Vorwort, in: Baltrock, Thomas (Hg.), Michael Irmer. Monographie und Werkübersicht, Köln 1997, S. 7

Wisbrun-Irmer, Nicola, Biographie, in: Baltrock, Thomas (Hg.), Michael Irmer. Monographie und Werkübersicht, Köln 1997, S. 242–244

Woelk, Wolfgang, Gesundheit in der Industriestadt, Medizin und Ärzte in Düsseldorf 1802–1933, Düsseldorf 1996

Zemter, Wolfgang (Hg.), Friederich Werthmann. Frühe Arbeiten 1958–1962, Witten 2006

Zentralarchiv für Hochschulbau Stuttgart (Hg.), Institutsbauten – Hochschulgebäude in der BRD, München 1980

Zielinski, Helmut Reinhold. (Hg.), 75 Jahre. Katholische Klinikseelsorger an den Medizinischen Einrichtungen der Universität Düsseldorf 1907–1982, Düsseldorf 1982, S. 98

Pressemeldungen, Zeitungen etc.

Anonym, Edens-Büste wird im Hörsaal aufgestellt, in: Düsseldorfer Uni-Zeitung, Jahrgang. 2, Nr. 1/73

Anonym, Bronzeplastik verbindet Kliniken, in: Düsseldorfer Uni-Zeitung, Jahrgang 16, Nr. 5/87

Düsseldorfer Uni-Zeitung, Jahrgang 18, Nr. 5/89

Campus Kunst, in: Düsseldorfer Uni-Zeitung, Jahrgang 20, Nr. 5/91

Düsseldorfer Uni-Zeitung, Jahrgang 22, Nr. 4/93

Houben, Alfons, Wallfahrtsort für Heine-Fans?, in: Westdeutsche Zeitung vom 17.06.1994, Düsseldorf 1994

Pressemeldung auf der Homepage der Heinrich-Heine-Universität Düsseldorf vom 24. Oktober 2006: CampusKunst: Skulptur Objeto mimético jetzt vor der ULB

Klapheck, Anna, Die lehrbare Kunst. Die Düsseldorfer Akademie und die Zukunft unserer Kunsthochschulen, in: Rheinische Post vom 30. März 1966, Düsseldorf 1966

Rheinische Post vom 13. Oktober 2006

Universitäts-Archiv Düsseldorf, Akten 1/2 492, 1/2 698(1), 1/2 733, 1/5 140

UAD 8/1, 26: Universität Düsseldorf, Landschaftsplan 1968, aufgestellt vom Staatshochbauamt für die Universität Düsseldorf, erarbeitet von Georg Penker

UAD 1/5, 117, Protokoll der Baukommission vom 15.1.1965

UAD 1/5, 117, Protokolle der Baukommission 13.2. und 26.8.1968

UAD 1/5 261, (die Wettbewerbsunterlagen wurden am 11.7.1972 ausgegeben)

UAD 1/5, 117, Protokoll der Baukommission vom 17.12.1973

Willhardt, Rolf, Campus-Kunst, in: Düsseldorfer Uni-Zeitung. Jahrgang 20, Nr. 5/91, Düsseldorf 1991

Internet

http://www.deutsche-bank-kunst.com/ausstellungen/foerderpreisskulptur/de/ (08.02.2007)

http://www.geocities.com/bocetositio (08.02.2007)

http://www.artemayor.cl/artesvisuales/actividades/exposiciones2.htm#2 (03.03.2007)

http://www.macacos.de (Dienstag 14.11.2006)

http://www.uni-duesseldorf.de/home/Informationen/pressemeldung?nr=4975&url_alt=http://www.uni-duesseldorf.de/home/Informationen/index_html&jahr=2006&monat=06

http://www.gallery-neher.com/galerie-neher.php/cat/6/artist/57/title/Hede+Buehl

http://www.richter.scharlowskywebservice.de/ (05.10.2007)

http://www.ils.kun.nl/~R.Kaenders/ (05.10.2007)

http://www.bpb.de/publikationen/PC2C51,3,0,Dichterliebe_und_Denkmalstreit.html#art3 (05.10.2007)

http://www.phil-fak.uni-duesseldorf.de/geschichte/summerschool (05.10.2007)

http://www.uni-duesseldorf.de/home/Ueber_uns/Chronik

http://www.tmk-architekten.de/ (26.01.2007)

http://www.xxarchiv.de

http://www.heinlewischerpartner.de/projekte/opz_duesseldorf/index.html (15.11.2006)

http://www.heinlewischerpartner.de/projekte/duesseldorf_zom2/index.html (15.11.2006)

Abbildungsnachweis

Heinrich-Heine-Universität: 1.1

Heinrich-Heine-Universität, Peter Sondermann: 1.2

Jürgen Wiener: A.1–A.6; 2.1, 2.7, 2.8, 2.10; B.1–B.17; 3.1; C.1–C.18; 4.3, 4.4; D.1–D.6; E.8–E.12; 6.2; F.1–F.37; G.1–G.26; 8.1, 8.4–8.8; H.1–H.48

Bildarchiv der Mediathek der Kunstgeschichte: 2.2–2.6; 3.2–3.7; 4.1, 4.2; 5.1–5.5; E.1–E.7; 6.1, 6.3, 6.4; 8.2, 8.3

Dominika Jerkic: 2.9

Katalog

Jürgen Wiener: Moorenbrunnen von Joseph Hammerschmidt, Relief Hexenwahn von Karl K. Damian, Mutter und Kind von Marianne Kiesselbach, Schlossmannbrunnen von Ernst Gottschalk, Stehender Jüngling von Gerhard Marcks, Große Sitzende von Max Kratz, Farb-Raum von Martin Gerwers, Ohne Titel (1992) von Michael Irmer, Kopf von Hede Bühl, Batlas II von Thomas Schönauer, Endiadioin von Friedrich Werthmann, Heine-Stein von Michael Kienemund, Brushstroke von Roy Lichtenstein, Die Sinnende von Marianne Kiesselbach, Graffiti der Cafeteria der Philosophischen Fakultät von Loomit, Grey, Darco und Kane (Abb.3), Objeto mimético von Cristián Salineros, Fassadenteile der alten Landes- und Stadtbibliothek, Felix Klein-Monument. Mathematische Skulptur von Claudia C. Weber und Ulrich Forster, Die Blaue von Klaus Richter

Michael Irmer: Ohne Titel (1989) von Michael Irmer

Christian Herrmann: Tages- und Nachtzeiten von Ulrich Erben; Heinrich-Heine-Universität

Ivo Mayr: Heine-Denkmal (2012) von Bert Gerresheim

Tahar Guellil: Graffiti der Cafeteria der Philosophischen Fakultät von Loomit, Grey, Darco und Kane (Abb. 1 und 2)

Eleni Kechagia: Heine-Denkmal (1994) nach Hugo Lederer